CIÊNCIA E PRÁTICA DA CORRIDA
ASPECTOS FISIOLÓGICOS E METODOLÓGICOS DO TREINAMENTO

Editora Appris Ltda.
1.ª Edição - Copyright© 2024 dos autores
Direitos de Edição Reservados à Editora Appris Ltda.

Nenhuma parte desta obra poderá ser utilizada indevidamente, sem estar de acordo com a Lei nº 9.610/98. Se incorreções forem encontradas, serão de exclusiva responsabilidade de seus organizadores. Foi realizado o Depósito Legal na Fundação Biblioteca Nacional, de acordo com as Leis n°s 10.994, de 14/12/2004, e 12.192, de 14/01/2010.

Catalogação na Fonte
Elaborado por: Guedes Dayanne Leal Souza
Bibliotecária CRB 9/2162

T655c
2024
	Tomazini, Fabiano
	   Ciência e prática da corrida: aspectos fisiológicos e metodológicos do treinamento / Fabiano Tomazini, Ana Carla Santos Mariano, Leandro José Camati Felippe, Marcos David Silva Cavalcante. – 1. ed. – Curitiba: Appris, 2024.
	   280 p. ; 23 cm. – (Educação física e esportes).
	
	   Inclui referências.
	   ISBN 978-65-250-5544-2
	
	   1. Aptidão física. 2. Exercícios aeróbicos. 2. Exercícios físicos – Aspectos fisiológicos I. Tomazini, Fabiano. II. Mariano, Ana Carla Santos. III. Felippe, Leandro José Camati. IV. Cavalcante, Marcos David Silva. V. Título. VI. Série.
	
	                                                              CDD – 613.7

Livro de acordo com a normalização técnica da ABNT

Appris editora

Editora e Livraria Appris Ltda.
Av. Manoel Ribas, 2265 – Mercês
Curitiba/PR – CEP: 80810-002
Tel. (41) 3156 - 4731
www.editoraappris.com.br

Printed in Brazil
Impresso no Brasil

Fabiano Tomazini
Ana Carla Santos Mariano
Leandro José Camati Felippe
Marcos David Silva Cavalcante

CIÊNCIA E PRÁTICA DA CORRIDA
ASPECTOS FISIOLÓGICOS E METODOLÓGICOS DO TREINAMENTO

Appris editora

Curitiba, PR
2024

FICHA TÉCNICA

EDITORIAL	Augusto Coelho
	Sara C. de Andrade Coelho
COMITÊ EDITORIAL	Andréa Barbosa Gouveia - UFPR
	Edmeire C. Pereira - UFPR
	Iraneide da Silva - UFC
	Jacques de Lima Ferreira - UP
	Marli Caetano
SUPERVISOR DA PRODUÇÃO	Renata Cristina Lopes Miccelli
PRODUÇÃO EDITORIAL	Bruna Holmen
REVISÃO	Ana Lúcia Wehr
DIAGRAMAÇÃO	Andrezza Libel
CAPA	Mateus de Andrade Porfírio
REVISÃO DE PROVA	Jibril Keddeh

COMITÊ CIENTÍFICO DA COLEÇÃO EDUCAÇÃO FÍSICA E ESPORTE

DIREÇÃO CIENTÍFICA Valdomiro de Oliveira (UFPR)

CONSULTORES
- Gislaine Cristina Vagetti (Unespar)
- Carlos Molena (Fafipa)
- Valter Filho Cordeiro Barbosa (Ufsc)
- João Paulo Borin (Unicamp)
- Roberto Rodrigues Paes (Unicamp)
- Arli Ramos de Oliveira (UEL)
- Dartgnan Pinto Guedes (Unopar)
- Nelson Nardo Junior (UEM)
- José Airton de Freitas Pontes Junior (UFC)
- Laurita Schiavon (Unesp)

INTERNACIONAIS
- Wagner de Campos (University Pitisburg-EUA)
- Fabio Eduardo Fontana (University of Northern Iowa-EUA)
- Ovande Furtado Junior (California State University-EUA)

Aos meus pais, Enivaldo Tomazini e Tereza Fermino Tomazini, por toda dedicação que tiveram em minha educação e formação como pessoa.

AGRADECIMENTOS

Gostaria de agradecer a todos os demais autores por terem aceitado o convite para ajudar a elaborar e escrever esta obra, assim como ao professor e amigo Dr. Adriano E. Lima da Silva, meu orientador de mestrado e doutorado, por ter escrito o prefácio.

Também gostaria de agradecer às pessoas que colaboraram de alguma forma para minha formação, seja ela como motivação e conhecimento, entre as principais posso citar os meus mentores/professores: Tarcísio Gasparini, meu principal incentivador quando comecei a correr em 1997; a professora Zuleica Felippe do colégio que estudei no ensino fundamental e médio, que me incentivou a cursar a faculdade de Educação Física; o professor João Laerte, do extinto Clube de Regatas Tietê; o professor Edelson Moreira do Sesi de Santo André, clubes em que treinei na adolescência; o amigo e treinador Adilson Ferreira da Silva; os professores do curso de graduação em Educação Física da Universidade Mackenzie, em especial o professor doutor Eduardo Vinícius Mota e Silva, meu orientador de iniciação científica e de trabalho de graduação interdisciplinar (TGI); o professor doutor Rômulo Bertuzzi, da Escola de Educação Física e Esporte da Universidade de São Paulo, que proporcionou que eu realizasse estágio no Laboratório de Determinantes Energéticos de Desempenho Esportivo (Ladesp); o professor Ernani Machado, que proporcionou que eu realizasse estágio no Centro de Excelência Esportiva de São Paulo; e o professor Adauto Domingues, que proporcionou que eu realizasse estágio no extinto Clube de Atletismo Bmf&Bovespa, no antigo Centro Esportivo e Recreativo de Vila São José, na cidade de São Caetano do Sul (SP).

Professor doutor Fabiano Tomazini

Tente aprender algo sobre tudo e tudo sobre algo

(Thomas Henry Huxley)

PREFÁCIO

Há, aproximadamente, 4 milhões de anos, surgiram os primeiros hominídeos na África — os *Australopithecus*. Nesse mesmo período, mudanças climáticas reduziram a extensão de florestas tropicais, dando lugar a um ambiente mais aberto — as savanas. Com essa nova configuração ambiental, um deslocamento por bipedalismo tornou-se vantajoso, e o *Australopithecus* foi desafiado a percorrer longas distâncias na busca por alimentos. Foram provavelmente essas mudanças ambientais que favoreceram o aparecimento do *homo sapiens* e o surgimento de caçadores-coletores. Estima-se que caçadores-coletores percorriam entre 10 e 20 quilômetros por dia na busca por alimentos. Assim, o processo evolutivo forçou os humanos a se adaptarem a deslocamentos de longas distâncias.

Contudo, com o advento da agricultura e de forma mais significativa após a revolução industrial, os humanos passaram a realizar deslocamentos cada vez mais curtos. Isso fica evidente quando se compara o gasto energético diário de indivíduos da tribo Aché (caçadores-coletores recentes) e trabalhadores(as) de escritório. Enquanto os Aché despendem, aproximadamente, 50% do seu gasto energético total com atividades físicas (48,6% mulheres e 53,4% homens), trabalhadores(as) de escritório não chegam a 30% (27,2% tanto para mulheres quanto para homens). Esse comportamento sedentário em populações urbanas levou ao aparecimento de inúmeras doenças não transmissíveis, como obesidade, diabetes e hipertensão. Mas nem tudo está perdido... Aqueles que conseguem correr 12 quilômetros por dia têm um gasto energético de atividade física e total que fazem frente aos dos Aché. O desafio se torna, portanto, correr os 12 quilômetros por dia!

Enquanto a humanidade trava sua batalha contra o sedentarismo, uma análise de mais de 70 mil eventos de corrida ao redor do mundo mostrou que o número de corredores amadores aumentou de pouco mais de 1 milhão, em 1986, para, aproximadamente, 9 milhões, em 2018. Nove milhões podem ser quase nada frente aos quase 8 bilhões de habitantes do planeta, mas nada que uma porcentagem não acalme nossos corações aflitos: aumento de 1 para 9 milhões representa 900%!

Esse aumento na busca pela corrida como forma de se praticar exercício físico é facilmente constatado por um olhar um pouco mais atento sobre o número de assessorias de corrida que se espalham pelas grandes cidades. Essas assessorias, por sua vez, demandam um número crescente de profissionais capacitados para atuarem como treinadores(as) de corrida. Não somente em assessorias, profissionais que atuam de forma personalizada (*personal trainer*) também relatam o aumento crescente na busca por treinamento de corrida.

Foi baseado nessa demanda e nos quase 15 anos que pratico corrida de forma amadora que passei a ministrar uma disciplina optativa de Corrida de Rua no curso de Educação Física da Universidade Tecnológica Federal do Paraná. Diferentemente de outras disciplinas que leciono, essa me impôs — e continua me impondo — desafios extras. O principal deles é que o braço do conhecimento científico é curto demais para alcançar todos os aspectos que envolvem a prescrição de treinamento de corrida. A ciência moderna, principalmente na área de saúde, é quase que inteiramente alicerçada no pensamento hipotético-dedutivo proposto por Karl Popper, que estabelece que uma hipótese de pesquisa deve ser elaborada usando um pensamento lógico-dedutivo, ser devidamente testada e, posteriormente, ser aceita ou refutada. As hipóteses são normalmente testadas com testes estatísticos de probabilidade, uma prática corriqueira que teve início a partir da revolução estatística do começo do século XX a partir dos trabalhos de Ronald Fisher e Karl Pearson. E quais são as limitações desse tipo de ciência na prescrição de treinamento de corrida?

Vejamos um exemplo prático da ciência Popperiana-Fisheriana-Pearsoniana aplicada à corrida. Suponhamos que eu queira saber se, durante uma maratona, é melhor ingerir carboidrato na forma de gel ou líquido. Como cientista, eu posso usar o pensamento hipotético-dedutivo Popperiano e elaborar a seguinte hipótese: "O carboidrato em gel *deve* ser melhor *porque* poderia promover *menor* desconforto gástrico e, consequentemente, resultar *em melhor* desempenho na prova". Elaborada minha hipótese, posso recrutar, digamos, 20 corredores (10 homens e 10 mulheres), pedir para que eles(as) corram duas maratonas, uma ingerindo carboidrato em gel e outra ingerindo carboidrato na forma líquida. Usando um teste de probabilidade (teste t de Students, que a título de curiosidade, Students era Ronald Fisher), posso obter um de dois resultados possíveis: 1) as diferenças de desempenho na maratona ingerindo gel ou líquido foram ao acaso, ou seja, as chances de ir melhor ingerindo gel ou líquido são as mesmas; 2) as diferenças de desempenho na maratona ingerindo gel ou líquido não foram ao acaso, ou seja, as chances de ir melhor ingerindo gel ou líquido não são as mesmas e, portanto, existe uma forma de suplemento de carboidrato que é melhor do que a outra. Suponhamos que o gel tenha sido melhor nesse meu experimento. Logo, como cientista, posso escrever um artigo sugerindo que corredores(as) de maratona deveriam ingerir carboidrato em gel, ao invés de líquido, durante uma maratona. Como uma escrita científica necessita convencer pessoas sobre um dado argumento, não tem como fugir do fato que um artigo científico é escrito com algum grau de propaganda e coerção, nas palavras de Paul Feyerabend (FEYERABEND, 1988). Suponhamos, então, que o modelo dominante passa a ser usar carboidrato em gel durante maratonas.

Agora, vamos transportar esse conhecimento científico para a prescrição individualizada. Minha atleta fará uma maratona daqui a 15 dias. Dentre os vários fatores que tenho que pensar, está a estratégia de suplementação de carboidrato durante a prova. Resolvo usar carboidrato em gel, uma vez que a literatura científica sugere que essa seria a melhor forma de suplementação de carboidratos. Acontece que a natureza muitas vezes se nega a se encaixar em modelos científicos, e minha atleta interrompe a prova no quilômetro 30 por conta de fortes dores abdominais. Tento no futuro usar carboidrato na forma líquida, e ela vai super bem. O que aconteceu? Ocorre que o mundo das probabilidades estatísticas encontra grandes dificuldades em se encaixar por completo no âmbito individual. Em outras palavras, minha atleta destoa da maioria na qual o modelo científico foi derivado e, portanto, para ela, aquilo simplesmente não se aplica. Experimentos de laboratórios também exigem controle rígido de variáveis intervenientes (exemplo: temperatura e umidade relativa do ar), um impossível no "mundo real". Obviamente, como cientista, não quero desprezar a ciência ao apontar essas limitações. Ela é bastante útil em *direcionar* a atuação prática, que seria muito mais difícil e demorada sem esse conhecimento, mas o conhecimento científico *per se* é *insuficiente* para dar conta de todos os aspectos que envolvem a prescrição de treinamento individualizada.

Assim, constata-se que prescrição de treinamento para corrida, assim como para qualquer outro esporte, reside em um terreno em que, de um lado, habita a ciência e, de outro, o olhar cuidadoso de um treinador(a) experiente e a experiência do(a) próprio(a) atleta. A dificuldade em lecionar uma disciplina voltada a treinamento de corrida é justamente essa. Enquanto é relativamente simples mostrar, em termos científicos, diversos conceitos relacionados à corrida, é muito difícil determinar outros aspectos não cobertos pela ciência. A resposta temida por todo estudante "depende" passa a ser frequente nas aulas, e o professor da disciplina distraído da filosofia de Freiriana começa a sofrer os males da incerteza. A ausência de livros didáticos dedicados ao tema só agrava o problema.

Acho que é nesse contexto que Fabiano Tomazini, Ana Carla Santos Mariano, Leandro José Camati Felippe e Marcos David Silva Cavalcante resolveram desafiar o embaraço mental entre ciência e prática ao propor este livro, cujo título já mostra o desafio enfrentado: *Ciência e prática da corrida*. Os autores abordaram nesta obra um amplo espectro de tópicos relacionados à corrida, que perpassam desde aspectos morfológicos, fisiológicos, biomecânicos e psicológicos voltados à corrida, até estratégias de planejamento e controle de treinamento. O que não faltam são dados científicos e relatos de experiência neste livro. O especial desta obra é justamente o diálogo ousado que os autores estabeleceram entre conhecimento científico e experiência prática. Acredito que isso só tenha sido possível porque os autores apresentam uma formação única. Ao mesmo tempo que foram atletas e treinadores de algum esporte, possuem uma formação científica robusta, com produção científica internacional invejável. Vida de professor nunca é fácil, mas ao menos a minha passará a ser um pouco mais fácil a partir desta obra. Espero que a sua, leitor e leitora, também seja!

Professor doutor Adriano E. Lima-Silva
Departamento de Educação Física da Universidade Tecnológica Federal do Paraná

APRESENTAÇÃO

A corrida de rua é uma das modalidades esportivas que mais cresceu e cresce no Brasil e no mundo, seja por pessoas que buscam um estilo de vida mais saudável, seja por atletas que buscam melhorar seu desempenho. Devido à sua facilidade e praticidade, consequentemente, levou ao aumento no número de praticantes, cresceu também a demanda por profissionais da área de Educação Física e Esporte qualificados para atuarem nesse seguimento, nos aspectos relacionados à orientação, à prescrição e à preparação física dos praticantes.

Porém, ninguém começa correndo 10 quilômetros da noite para o dia, isso é um processo que leva tempo. Como dizem: "a melhor forma de se ficar bom em alguma coisa é praticando", ou seja, deve-se repetir várias e várias vezes. E com a corrida não é diferente. Para isso, devem ser realizados diariamente os treinos, sendo, portanto, necessário repetir os mesmos movimentos e exercícios, várias e várias vezes para otimizar os resultados.

A ideia de escrever esta obra, *Ciência e prática da corrida: aspectos fisiológicos e metodológicos do treinamento*, surgiu dessa necessidade em auxiliar na formação de futuros (graduandos) profissionais da área de Educação Física e Esportes, pós-graduandos, profissionais formados, e na capacitação de treinadores que já trabalham ou pretendem trabalhar com corrida — do iniciante, muitas vezes sedentário, ao atleta de alto rendimento/elite —, não sendo uma tarefa fácil reunir informações de realidades completamente diferentes.

Ao longo do texto, podem ser apresentados termos diferentes para descrever um mesmo fenômeno ou a mesma coisa, por exemplo, é o termo recuperação, que pode apresentar diferentes sentidos, dependendo do contexto apresentado, como recuperação muscular, que se refere à recuperação após o exercício físico, recuperação entre estímulos, que diz da pausa entre estímulos em um treino intermitente (tiros), e retorno após recuperação, que é a retomada da rotina de treinamento após a recuperação de uma estrutura (muscular, tendínea, ligamentar ou óssea) que sofreu uma lesão etc.

O objetivo desta obra não é tornar-se um livro referência no assunto, muito menos um guia definitivo, até porque seria muita pretensão de nossa parte, principalmente devido à grande quantidade e dinâmica das informações científicas que são geradas diariamente, mas que consiga atender às demandas básicas e esclarecer dúvidas sobre o assunto abordado, além de ser o mais didático possível, fornecendo um passo a passo com informações básicas e complexas no aspecto científico e prático, com base na literatura do passado e do presente, relacionada ao tema.

Por se tratar de um assunto amplo, esta discussão vai muito além dos tópicos abordados, porém procuramos reunir nesta obra os que julgamos mais importantes neste tema, apresentando pontos e contrapontos com base nos objetivos e foco deste livro. Alguns temas são abordados de forma mais genérica, e outros, de forma mais aprofundada, com base no que temos de mais atual na literatura científica e na experiência de pesquisadores e treinadores. Destacamos que não queremos apresentar verdades absolutas, até porque será verificado, ao longo dos capítulos desta obra, que muitas informações (estudos) são contraditórias, portanto devem ser interpretadas de forma crítica.

É importante destacar que a prescrição do treinamento não é "uma receita de bolo" como muitos acham, e sim uma combinação de conhecimento da ciência e experiência prática. Na área de Educação Física, é muito comum ouvirmos dizer que "não existe treino certo ou errado". Eu diria que isso é em parte verdadeiro, pelo fato de que nossa área não é uma ciência exata, ao contrário, por exemplo, da Matemática. Portanto, ela depende de muitos fatores, como fatores fisiológicos, psicológicos, clima e, principalmente, a individualidade biológica. Porém, para tentarmos ser o mais assertivos possível, temos que seguir a ciência, os princípios do treinamento, o bom senso, a ética, a experiência e o chamado *feeling* do treinador. Vale destacar que o conhecimento e o domínio sobre essas informações é o que diferencia o profissional de leigos e/ou pseudoprofissionais. Logo, devemos ter conhecimento de como e por que acontecem os fenômenos ligados aos aspectos fisiológicos e técnicos da preparação física.

Ao longo dos capítulos, vamos tentar responder a uma série de perguntas, apresentando pontos e contrapontos com base na experiência de pesquisadores e treinadores que trabalham ou que já trabalharam com ciência do esporte, desempenho físico e esportivo. Para tal, precisamos compreender melhor alguns aspectos. Por conta disso, este livro foi basicamente dividido em seis partes: 1) Aspectos básicos para iniciar na corrida; 2) Aspectos fisiológicos do exercício físico e da corrida; 3) Avaliação do aluno e monitoramento do treinamento; 4) O que levar em conta ao planejar o treinamento; 5) Organização e planejamento do treinamento; e 6) Tópicos diversos.

Esperamos que gostem e boa leitura.

Os autores

SUMÁRIO

1 INTRODUÇÃO 25

PARTE 1
ASPECTOS BÁSICOS PARA INICIAR NA CORRIDA

2 HISTÓRICO E CENÁRIO ATUAL DAS CORRIDAS DE RUA 33

3 O TREINADOR E O ALUNO/ATLETA 37
    3.1 O TREINADOR 37
    3.2 O ALUNO/ATLETA 40

4 ASPECTOS BÁSICOS A SEREM CONSIDERADOS PARA QUEM VAI COMEÇAR A CORRER 45
    4.1 O DESEMPENHO E FATORES EXTRÍNSECOS/INTRÍNSECOS 45
    4.2 SAÚDE E AVALIAÇÃO MÉDICA 46
    4.3 LOCAIS DE TREINO 48
    4.4 HORÁRIO DE TREINOS E SEGURANÇA 48
    4.5 CONDIÇÕES CLIMÁTICAS E TERMORREGULAÇÃO 50
    4.6 HIDRATAÇÃO 54
    4.7 NUTRIÇÃO 59
    4.8 SONO E DESCANSO 61

PARTE 2
ASPECTOS FISIOLÓGICOS DO EXERCÍCIO FÍSICO E DA CORRIDA

5 SISTEMAS DE FORNECIMENTO DE ENERGIA PARA CORRIDA E BIOENERGÉTICA 65
    5.1 CARBOIDRATOS E LIPÍDIOS 65
    5.2 BIOENERGÉTICA 67

5.3 SISTEMA ANAERÓBIO 68
5.4 SISTEMA AERÓBIO..69
5.5 POTÊNCIA E CAPACIDADE ENERGÉTICA 71

6
AJUSTES MORFOLÓGICOS E FISIOLÓGICOS PROMOVIDOS PELO TREINO AERÓBIO..73
6.1 CONSUMO DE OXIGÊNIO, VENTILAÇÃO E FREQUÊNCIA RESPIRATÓRIA...73
6.2 FREQUÊNCIA CARDÍACA..74
6.3 VOLUME DE EJEÇÃO 74
6.4 DÉBITO CARDÍACO..74
6.5 FLUXO SANGUÍNEO...75
6.6 PRESSÃO ARTERIAL...76

7
ADAPTAÇÕES MORFOLÓGICAS E FISIOLÓGICAS PROMOVIDAS PELO TREINAMENTO AERÓBIO..77
7.1 ADAPTAÇÕES MORFOLÓGICAS AO MÚSCULO CARDÍACO 77
7.2 ADAPTAÇÕES FISIOLÓGICAS CARDIOVASCULARES 78
   7.2.1 Frequência cardíaca 78
   7.2.2 Volume de ejeção 80
   7.2.3 Débito cardíaco 81
   7.2.4 Volume sanguíneo e hematócrito.......................................82
7.3 ADAPTAÇÕES FISIOLÓGICAS PERIFÉRICAS.............................82
   7.3.1 Densidade capilar 82
   7.3.2 Fibras musculares 83
7.4 ADAPTAÇÕES METABÓLICAS..84
   7.4.1 Utilização de substratos energéticos durante o exercício...................84
   7.4.2 Adaptações mitocondriais e atividade enzimática 85

PARTE 3
AVALIAÇÃO DO ALUNO E MONITORAMENTO DO TREINAMENTO

8
MECÂNICA DA CORRIDA E PADRÃO DE MOVIMENTO..................89
8.1 O MOVIMENTO HUMANO AO LONGO DO TEMPO E A CORRIDA.......89

8.2 A MECÂNICA DA CORRIDA 90
8.3 CORRER NA RUA OU NA ESTEIRA?..99

9
ÍNDICES FISIOLÓGICOS RELACIONADOS AO DESEMPENHO ESPORTIVO 101
9.1 CONSUMO MÁXIMO DE OXIGÊNIO E PERCENTUAL DE UTILIZAÇÃO EM ESFORÇO SUBMÁXIMO...101
9.2 ECONOMIA DE CORRIDA 103
9.3 LIMIARES METABÓLICOS E DOMÍNIOS DE INTENSIDADES 104

10
AVALIAÇÃO DA APTIDÃO AERÓBIA: TESTES DE LABORATÓRIO, DE CAMPO E DE PREDIÇÃO 109
10.1 TESTES PRELIMINARES E/OU COMPLEMENTARES 111
10.2 TESTES DE LABORATÓRIO..112
    10.2.1 Teste incremental máximo..112
    10.2.2 Análise de concentração de lactato............................113
    10.2.3 Teste de tempo limite 114
10.3 TESTES DE CAMPO 114
    10.3.1 Teste de caminhada de uma milha............................114
    10.3.2 Teste de caminhada de 3 mil m..................................115
    10.3.3 Teste de campo da Universidade de Montreal 115
    10.3.4 Teste de corrida de 12 minutos 116
    10.3.5 Teste de velocidade crítica 117
    10.3.6 Velocidade aeróbia máxima......................................118
    10.3.7 Apronto 119
    10.3.8 Teste contrarrelógio 119
10.4 EQUAÇÕES DE PREDIÇÃO 120
    10.4.1 Cálculo indireto de consumo máximo de oxigênio......120
    10.4.2 Predição do $\dot{V}O_{2max}$ por meio de protocolo de esteira 120
    10.4.3 Cálculo de gasto energético na corrida a partir do consumo de O_2........121

11
MONITORAMENTO E CONTROLE DA INTENSIDADE DE TREINAMENTO..125
11.1 ANTES DO TREINO 125
11.2 DURANTE O TREINO..126

11.2.1 Percepção subjetiva de esforço 127
11.2.2 Tempo de desempenho – ritmo 128
11.2.3 Frequência cardíaca 128
11.2.4 Limiares metabólicos 129
11.2.5 Percentual do consumo máximo de oxigênio 130
11.3 APÓS O TREINO 130
11.3.1 Monitoramento de variáveis bioquímicas e hematológicas 132

PARTE 4
O QUE LEVAR EM CONTA AO PLANEJAR O TREINAMENTO

12
PRINCÍPIOS DO TREINAMENTO 135
12.1 PRINCÍPIO DA INDIVIDUALIDADE BIOLÓGICA 135
12.2 PRINCÍPIO DA ESPECIFICIDADE 136
12.3 PRINCÍPIO DA ADAPTAÇÃO 136
12.4 PRINCÍPIO DA SOBRECARGA 137
12.5 INTERDEPENDÊNCIA VOLUME VERSUS INTENSIDADE 137
12.6 PRINCÍPIO DA VARIABILIDADE 138
12.7 PRINCÍPIO DA CONTINUIDADE 138
12.8 PRINCÍPIO DA REVERSIBILIDADE 138

13
CAPACIDADES FÍSICAS E SUA ORGANIZAÇÃO NA SESSÃO DE TREINO 139
13.1 FLEXIBILIDADE 139
13.2 COORDENAÇÃO MOTORA 140
13.3 RESISTÊNCIA DE VELOCIDADE 142
13.4 RESISTÊNCIA AERÓBIA 142
13.5 FORÇA 142
13.5.1 Resistência de força 144
13.5.2 Força máxima 144
13.5.3 Pliometria e potência 145
13.5.4 Treino em circuito 146
13.5.5 Força específica: corrida em aclives 147
13.5.6 Força reativa específica: corrida em declives 148
13.5.7 Exercícios de profilaxia 148

13.5.8 Combinação de diferentes tipos de treinos de força.......................150
13.6 ORGANIZAÇÃO DAS CAPACIDADES FÍSICAS NA SESSÃO DE TREINO 155

14
VARIÁVEIS DO TREINAMENTO 159
14.1 FREQUÊNCIA DIÁRIA...159
14.2 FREQUÊNCIA SEMANAL..160
14.3 VOLUME...160
14.4 TEMPO DE DURAÇÃO...161
14.5 REPETIÇÕES...162
14.6 SÉRIES...162
14.7 INTENSIDADE 162
14.8 PAUSA 164
14.9 DENSIDADE 165

15
TIPOS DE TREINOS 167
15.1 CONTÍNUO 167
15.1.1 Contínuo extensivo 167
15.1.1.1 Regenerativo 168
15.1.1.2 Rodagem...168
15.1.1.3 Longão 168
15.1.2 Contínuo intensivo 169
15.1.2.1 Progressivo 169
15.1.2.2 Fartlek..169
15.2 INTERVALADO 171
15.2.1 Intervalado extensivo e intensivo 173
15.2.2 Fracionado 174

16
TÓPICOS COMPLEMENTARES RELACIONADOS AO TREINAMENTO... 177
16.1 TREINAR UM OU DOIS PERÍODOS POR DIA?...........................177
16.2 PROGRESSÃO DE VOLUME VERSUS TEMPO............................178
16.3 EQUILÍBRIO ENTRE OS ESTÍMULOS E RECUPERAÇÃO...............179
16.4 PROGRESSÃO DO TREINAMENTO...180
16.5 FADIGA...180
16.6 *OVERREACHING* E SÍNDROME DO *OVERTRAINING*......................181

PARTE 5
ORGANIZAÇÃO E CONTROLE DO TREINAMENTO

17
DEFINIÇÃO DE NÍVEIS DOS ATLETAS 187
17.1 INICIANTE.....187
17.2 INTERMEDIÁRIO 188
17.3 AVANÇADO.....189

18
ORGANIZAÇÃO E ESTRUTURAÇÃO DO TREINAMENTO.....193
18.1 PERIODIZAÇÃO DO TREINAMENTO 194
18.2 SESSÃO DE TREINO.....194
18.2.1 Parte inicial: aquecimento.....194
18.2.2 Parte principal: o treino propriamente dito.....195
18.2.3 Parte final: volta à calma e profilaxia.....195
18.3 MICROCICLO.....195
18.4 MESOCICLO.....196
18.5 MACROCICLO.....199
18.6 CICLO OLÍMPICO.....201
18.7 MODELOS DE PERIODIZAÇÃO 201

19
POLIMENTO, DESTREINAMENTO E RETREINAMENTO 205
19.1 POLIMENTO (*TAPERING*).....205
19.2 DESTREINAMENTO 205
19.3 RETREINAMENTO.....206

20
CONTROLE DA INTENSIDADE DE TREINO E COMPETIÇÃO.....207
20.1 PERCEPÇÃO SUBJETIVA DE ESFORÇO.....207
20.2 RITMO 207
20.3 FREQUÊNCIA CARDÍACA 210

21
CONTROLE E MONITORAMENTO DA CARGA DE TREINO 211
21.1 QUANTIFICAÇÃO DE CARGA EXTERNA.....211
21.2 QUANTIFICAÇÃO DE CARGA INTERNA.....212

21.3 VARIABILIDADE DA FREQUÊNCIA CARDÍACA..........................214
21.4 RELÓGIOS, APLICATIVOS E PLATAFORMAS DE GERENCIAMENTO...215

PARTE 6
TÓPICOS DIVERSOS

22
TÓPICOS DIVERSOS 219
22.1 SISTEMA IMUNOLÓGICO E EXERCÍCIO FÍSICO........................219
22.2 O MOMENTO ADEQUADO PARA SE CORRER UMA MARATONA 220
22.3 MARATONA SUB-TRÊS HORAS. É POSSÍVEL? 224
22.4 ESTRATÉGIAS DE PROVA E MODELOS DE REGULAÇÃO................225
22.5 USO DE SUPLEMENTOS ALIMENTARES 227
    22.5.1 Cafeína...228
    22.5.2 Beta-alanina 228
    22.5.3 Bicarbonato de sódio..229
    22.5.4 Maltodextrina..229
    22.5.5 Repositor hidroeletrolítico..230
    22.5.6 Combinado de carboidratos e proteína 230
    22.5.7 Outros/promissores 231
22.6 SUPERCOMPENSAÇÃO DE CARBOIDRATOS..........................232
22.7 HIPERTENSÃO, DIABETES E CORRIDA 233
22.8 CICLO MENSTRUAL E CORRIDA 236
22.9 GRAVIDEZ E CORRIDA 236
22.10 FATORES PSICOLÓGICOS E DESEMPENHO 238
22.11 CALÇADO 239
22.12 MEIAS DE COMPRESSÃO E DESEMPENHO 242
22.13 LESÕES 243
22.14 TÉCNICAS DE RECUPERAÇÃO 248
    22.14.1 Crioterapia..249
    22.14.2 Massagem 249
    22.14.3 Meias de compressão 250
    22.14.4 Botas de compressão pneumática..........................250
    22.14.5 Outras técnicas 250
22.15 BOLHAS NOS PÉS E ASSADURAS.......................................251
22.16 CÃIBRAS MUSCULARES DURANTE E APÓS A MARATONA...........251
22.17 JETLAG..252
22.18 TREINAMENTO NA ALTITUDE 253
22.19 *DOPING*..254

23
CONSIDERAÇÕES FINAIS..257

REFERÊNCIAS 261

SOBRE OS AUTORES..295

INTRODUÇÃO

Desde que o *Homo Erectus* começou a se deslocar de forma bípede no Leste da África, há cerca de 4 e 5 milhões de anos, o ser humano (*Homo Sapiens*) é a única (com exceção dos cavalos) espécie que consegue correr longas distâncias de forma contínua e sem se cansar.

Devido à necessidade de sobrevivência em um ambiente como as savanas, evolutivamente, a forma como nos deslocamos foi extremamente aperfeiçoada a fim de conseguirmos nos deslocar cada vez mais rápido e mais longe. Os caçadores-coletores, com objetivo de se deslocar mais rápido a fim fugir de animais selvagens de grande porte e, principalmente, para otimizar a caça de animais de pequeno e médio porte, predominantes na época, corriam munidos de lanças. Diante disso, surgiu o que conhecemos hoje por "caça por perseguição" ou "caça por persistência", sendo literalmente uma perseguição por vários quilômetros/horas em um ambiente hostil e quente. Essa técnica tinha como objetivo levar a interrupção da fuga do animal, devido à exaustão física ou por hipertermia (LIEBENBERG, 2006).

Além disso, outras estruturas corporais também evoluíram para que conseguíssemos nos "tornar corredores", entre as principais modificações estão: a) perda da pelagem da pele e desenvolvimento de glândulas sudoríparas, facilitando a troca de calor com o ambiente e evitando o superaquecimento; b) desenvolvimento de ligamento nucal, auxiliando na sustentação da cabeça; c) desenvolvimento de músculos robustos nas costas, evitando que a parte superior do corpo se desequilibre para frente; d) modificações na estrutura da coluna, pelve, a fim de suportar a tensão e o peso corporal durante o deslocamento bípede; e) movimento dos braços para equilibrar o corpo no deslocamento; f) mãos livres para manipular ferramentas/lanças e facilitar o deslocamento com a coluna ereta; g) glúteos desenvolvidos, auxiliando a manter o tronco ereto sobre os membros inferiores, auxiliando a visualização com maior facilidade das possíveis presas e predadores; h) tendão calcâneo alongado, funcionando como uma mola propulsora ao se deslocar; i) desenvolvimento do arco transverso nos pés, proporcionando mais rigidez e sustentação para o corpo; e j) dedos dos pés menores, facilitando o deslocamento e uma corrida mais eficiente. Um estudo mostrou que o aumento do comprimento dos dedos em apenas 20% permite duplicar o trabalho mecânico dos pés (ROLIAN et al., 2009). Todos esses fatores contribuíram e contribuem para que possamos caminhar e correr curtas, médias e longas distâncias.

O ser humano sempre foi muito ativo fisicamente até meados da metade do século XVIII, com o início da Revolução Industrial, com o surgimento da industrialização, a partir desse momento, as pessoas se tornaram cada vez menos ativas, principalmente a partir do início do século XX, com o desenvolvimento e a comercialização dos primeiros automóveis. A partir da década de 1960, o menor gasto energético aliado ao maior consumo de alimentos industrializados fez com que muitas pessoas desenvolvessem doenças crônicas não transmissíveis, como diabetes, hipertensão e colesterol elevado (BLÜHER, 2019), impactando negativa e diretamente nos hábitos e na saúde das pessoas.

Segundo o estudo realizado pela Pesquisa Nacional por Amostragem de Domicílios, divulgado pelo Instituto Brasileiro de Geografia e Estatística em parceria com o Ministério do Esporte, estimou-se que, em nosso país, no ano de 2015, a população com 15 anos ou mais, cerca de 62,1% (seis em cada 10) das pessoas seria sedentária (IBGE, 2017). Diante desse cenário, com a conscientização das pessoas sobre a necessidade da prática regular de exercícios físicos, nos últimos 20-30 anos, cresceu muito a conscientização e a prática de exercícios físicos pela população, em especial a corrida.

Sobre a prática regular de exercício físico, só o fato de se realizar muitos passos por dia (> 2 mil) já é significativamente associado com menor causa de morte entre adultos (homens e mulheres), sendo que, quanto maior esse número, menor é a taxa de mortalidade (SAINT-MAURICE et al., 2020). Um estudo importante de 2011, publicado na revista *Lancet*, avaliou e acompanhou mais de 416 mil pessoas (homens e mulheres) por um período de oito anos, e concluiu que apenas 15 minutos diários ou 90 minutos por semana de exercício físico de moderada a alta intensidade é suficiente para reduzir a taxa de mortalidade em 14% e aumentar a expectativa de vida em três anos (WEN et al., 2011). Em outro estudo de revisão de 2015, mais de 122 mil participantes (pessoas acima de 60 anos) obtiveram uma redução de 22% na taxa de mortalidade com baixas doses de moderada a alta intensidade (HUPIN et al., 2015). Já outro verificou que corredores possuem maior longevidade comparados com não corredores; os corredores vivem em média três anos a mais (LEE et al., 2017), mesmo sendo atletas de elite, comparados com pessoas da população em geral (LEMEZ; BAKER, 2015). Esses benefícios proporcionados pela prática regular de exercício aeróbio, no caso a corrida, são em parte explicados pelo aumento da atividade da enzima telomerase (DENHAM; SELLAMI, 2021), e telômeros – marcador de idade biológica – mais longos (DENHAM *et al.*, 2016). Esses estudos mostraram que atletas de *endurance* possuem maior expressão desses marcadores, o que reduz o risco de desenvolvimento de doença cardiovascular, metabólica e, consequentemente, morte prematura; além de outros benefícios bem estabelecidos na literatura.

Para as pessoas que buscam perda de peso, a corrida é uma perfeita aliada por proporcionar grande perda calórica, o que contribui para o emagrecimento e a perda de gordura corporal. Ao contrário do que se acreditava, que, na idade adulta, as pessoas tinham a tendência de aumentar a massa corporal devido a uma redução do metabolismo, um estudo recente mostrou que o metabolismo humano não se altera entre os 20 e 60 anos (PONTZER; YAMADA; SAGAYAMA, 2021). Na verdade, o que se altera ao longo da idade adulta é que as pessoas se tornam menos ativas fisicamente e possuem maus hábitos alimentares, resultando no ganho de massa corporal (kg). Como a corrida é uma modalidade esportiva que consiste no transporte do corpo e possui grande gasto calórico, atua de forma benéfica nesse sentido, aliada a bons hábitos alimentares.

O exercício físico também parece promover um menor risco para o desenvolvimento de alguns tipos de câncer e a menor incidência de artrite em comparação com a população em geral. Além do que, caso a pessoa esteja em tratamento, é indicado que ela continue a praticar exercício físico no auxílio do tratamento, além de manter um acompanhamento mais próximo dos profissionais de saúde.

Outra doença muito atual é a depressão. Segundo a Organização Mundial da Saúde (OMS), a depressão é uma doença que afeta, aproximadamente, 320 milhões de pessoas no mundo todo. A prática de exercícios físicos, entre eles a corrida, pode ser um grande auxílio no tratamento. Um estudo realizado pela Universidade de Toronto observou que a prática de 20 a 30 minutos de atividade física por dia, a longo prazo, pode afastar o risco de desenvolver a depressão (MAMMEN; FAULKNER, 2013).

Além dos benefícios físicos e ao sistema cardiovascular, a corrida também promove enormes benefícios psicológicos, contribuindo para a saúde mental. A corrida é capaz de aumentar a sensação de bem-estar, pelo fato de aumentar a produção de hormônios e neurotransmissores, como dopamina, adrenalina, endorfina e serotonina, levando à maior disposição física e mental, à melhora do estado de humor, à sensação de bem-estar, à melhora da cognição, ao aumento da concentração e da qualidade do sono, ao alívio da ansiedade e do estresse e ao aumento da autoestima, assim como ao aumento de endocanabinoides que favorecem o estado de prazer e analgesia, levando a um estado de recompensa (DIETRICH; McDANIEL, 2004). Em um estudo realizado com corredores recreacionais que foram orientados a correr 30 minutos em quatro diferentes intensidades, foi observado que a sinalização endocanabinoide é modulada pela intensidade do exercício, sendo a intensidade moderada entre 70 e 80% da frequência cardíaca máxima capaz de aumentar significativamente os níveis de endocanabinoides pós-exercício (RAICHLEN et al., 2013).

Na década de 1960, ficou mundialmente conhecida uma propaganda de uma empresa japonesa que lançou o primeiro pedômetro e sugeria que uma pessoa precisa caminhar 10 mil passos por dia para obter vários benefícios para a saúde, sendo recomendada pela OMS. Esse número se tornou uma referência até há alguns anos. Mais recentemente, um estudo mostrou que esse número seria algo em torno 7,5 mil passos por dia para se obter os benefícios e aumentar a longevidade (LEE et al., 2019). Atualmente, o Colégio Americano de Medicina do Esporte (American College of Sports Medicine – ACSM) recomenda que as pessoas pratiquem um mínimo de ≥ 30 minutos por dia, ≥ 5 dias por semana, totalizando ≥ 150 minutos por semana de treino aeróbio de intensidade moderada; ≥ 20 minutos por dia, ≥ 3 dias por semana, totalizando ≥ 75 minutos por semana de treino em intensidade vigorosa ou uma combinação de treinos com exercícios de intensidade moderada e vigorosa, totalizando um gasto energético de 500 a 1 mil MET. min^{-1} por semana (ACSM, 2014). Consideramos que uma pessoa que deseja iniciar na corrida tenha uma frequência mínima inicial entre três e quatro vezes na semana em dias intercalados, o que já é um bom começo.

Por outro lado, em relação à saúde de atletas de alto rendimento, um estudo que avaliou 2407 atletas de diferentes modalidades esportivas e 1712 indivíduos saudáveis com idade de 20 anos, entre os anos de 1920 e 1965, constatou que os atletas de endurance têm menor incidência em desenvolver doença coronária, diabetes tipo 2, menor risco relativo para desenvolver hipertensão e para uso hospitalar (KUJALA et al., 2003). Nessa mesma linha, outro estudo, que comparou 900 ex-atletas de elite finlandeses de diversas modalidades esportivas, que competiram entre os anos de 1920 e 1965, aos seus irmãos, verificou que os atletas de *endurance* aumentaram sua longevidade em, aproximadamente, dois a três anos ou mais, mantiveram-se mais ativos fisicamente, fumavam menos e relataram com maior frequência sua saúde como muito boa (KONTRO *et al.*, 2017).

A corrida de rua é uma das modalidades esportivas que mais crescem no Brasil e no mundo, devido a vários fatores, principalmente pelos benefícios à saúde, desafios e, em comparação com outras modalidades, por não requerer um local específico para prática, com baixo custo e pelo fato de poder ser praticada individualmente. Por isso, é um campo de trabalho em constante crescimento para os profissionais de Educação Física, que pretendem trabalhar com crianças, adolescentes, adultos iniciantes, atletas recreacionais e de alto rendimento, o que requer conhecimento específico e capacitação.

Pensando nesse sentido, o conhecimento de várias áreas faz-se necessário. Pesquisadores veem o treinamento esportivo como ciência, e treinadores veem como uma "arte". Acreditamos que o treinamento de corrida/preparação física é uma combinação de ambos, ciência e prática. Pensando nisso, nos aspectos ligados à preparação física dos praticantes de corrida, vamos abordar, principalmente, os aspectos fisiológicos e metodológicos do treinamento de corrida com base nos fundamentos/modelos/princípios dos principais pesquisadores do passado e do presente, das áreas de fisiologia do exercício e treinamento esportivo, com suas contribuições para a ciência do esporte e do exercício, em destaque entre eles estão: David B. Dill, Angelo Mosso, August Krogh (vencedor do prêmio Nobel de Fisiologia ou Medicina de 1920), Archibald V. Hill (vencedor do prêmio Nobel de Fisiologia ou Medicina de 1922), Hartley Lupton, Otto F. Meyerhof e Cyril N. H. Long, com seus estudos clássicos da fisiologia do exercício de 1923 e 1924, os alemães Herbert Reindell, Helmut Roskamm, e Woldemar Gerschler, fisiologistas escandinavos Per-Olof Ästrad, Eric Hohwü Christensen, Rune Hedman, e Bengt Saltin, entre outros, David Costill, Hartley Kenneth Cooper, Leev P. Matveev, Tim Noakes e Markus Amann; treinadores renomados como: Lauri Pihkala, Gustaf G. R. M. Holmér (Gösta Holmér ou Gosse Holmer), Gösta Olander, Arthur Lydiard, Renato Canova, Percy W. Cerutty, Woldemeskel Kostre, Mikhail Igloi, Woldemeskel Kostre, David E. Martin, Peter N. Coe, Loyd (Bud) Winter, Raoul Mollet, Ernst V. Aaken, Peter I. Tchaikovsky, Naftali Temu, professor doutor Paulo Roberto de Oliveira, professor Carlos Gomes Ventura, professor Asdrubal F. Batista, professor Luiz Alberto de Oliveira, professor Carlos Alberto Cavalheiro, professor doutor Ricardo D'Angelo, doutor Fernando R. de Oliveira e professor Adauto Domingues, entre outros, para ajudar a embasar nossa discussão ao longo dos capítulos desta obra.

PARTE 1

ASPECTOS BÁSICOS PARA INICIAR NA CORRIDA

2

HISTÓRICO E CENÁRIO ATUAL DAS CORRIDAS DE RUA

A corrida é certamente uma das modalidades esportivas mais antigas já praticadas e literalmente compõe os movimentos mais básicos historicamente realizados pelos seres humanos, confundindo-se com a própria história do ser humano. Quando o homem se tornou bípede na África, há, aproximadamente, 4,4 milhões de anos, a corrida era utilizada para deslocamento em maior velocidade e maiores distâncias, para perseguir a caça, além de busca por água e deslocamento de grandes distâncias com fins migratórios. Dessa forma, de maneira involuntária, o ser humano conseguiu aperfeiçoar o sistema aeróbio e as características físicas favoráveis à prática da corrida.

Segundo alguns registros, os gregos já praticavam a corrida por volta do século XIV a. C. Há séculos, a corrida já era utilizada como forma de disputa em competições e jogos, quando os primeiros Jogos Olímpicos da Antiguidade surgiram no ano de 776 a. C. em Olímpia, na Grécia. O atletismo era a base dos Jogos, entre as disputas que existiam. No início, eram apenas corridas de velocidade (por exemplo, 200 jardas) e aos poucos foram incorporadas provas como lançamento do disco, dardo, salto em distância etc.

Os Jogos foram realizados até o século V d. C. Anos mais tarde, ressurgiram em Atenas, na Grécia, os Jogos Olímpicos da era Moderna, em 1896, idealizado por Barão de Coubertin, cujo objetivo era difundir os valores do esporte e estimular a união dos povos dos cinco continentes. A modalidade atletismo era a grande atração. Existiam desde provas de velocidade (100 metros) até provas de longa distância (40 quilômetros), esta última inspirada na história do soldado grego Feidípedes, que correu, aproximadamente, 40 quilômetros entre Maratona e Atenas, em 490 a. C., e teria morrido logo após dar a notícia da vitória grega sobre os persas, o que foi conhecido como batalha de Maratona. Desde então, a corrida de 40 quilômetros torna-se algo "místico" no "mundo das corridas", e, a partir dos Jogos Olímpicos de Londres, em 1908, foram acrescentados 2.195 metros, para que a família real britânica conseguisse assistir à largada da prova em frente ao Castelo de Windsor e a chegada fosse com a volta na pista do Estádio Olímpico, tornando-se a distância oficial da Maratona até os dias atuais.

No começo do século XX, com as primeiras edições dos Jogos Olímpicos, o espírito de participação/confraternização que deu a sua origem vai perdendo espaço para a competição propriamente dita, tornando-se uma forma de competição mais parecida com o que conhecemos atualmente. Dessa forma, métodos de treinamento e preparação física vão se tornando cada vez mais importantes na base de "tentativa e erro". Como exemplo, temos o grande campeão europeu Emil Zatopek, que popularizou o treino intervalado, ao desenvolver seu próprio método de treino, "a Zatopek", bem peculiar para época, que consistia em realizar de 20 a 30 repetições variando entre de 200 e 400 metros, com tempo de duração variando entre duas e três horas cada sessão (VOLKOV, 2002). Segundo alguns relatos, poderiam chegar até 80 repetições por dia, realizadas da seguinte forma: duas sessões de treino por dia, por exemplo, 40 repetições de 400 metros no período de manhã e 40 repetições de 400 metros no período da tarde. Na época, funcionou bem, pois foi campeão dos 5 mil metros, 10 mil metros e da maratona nos Jogos de Helsinque em 1952, além de ser campeão dos 10 mil metros na edição anterior (1948) e, por diversas vezes, campeão europeu. Porém, atualmente, sabemos (como veremos neste livro) que não existe essa necessidade de um volume de treino para conseguir excelentes resultados.

Ao longo do tempo, as corridas de rua e as tradicionais maratonas foram surgindo, como a maratona de Boston em 1897, maratona de Nova Iorque em 1970, a de Berlim em 1974, a de Paris em 1976, entre outras. No Brasil, tivemos a tradicional corrida de São Silvestre a partir de 1925, Volta da Penha em 1930 – ambas em São Paulo –, maratona do Rio de Janeiro em 1979, Porto Alegre em 1983, Blumenau em 1984, entre outras. Dessa forma, estimulou-se o crescimento do atletismo em nosso país.

No Brasil, a corrida de rua começou a ser mais difundida a partir da década de 1970, pela influência dos livros do americano Kenneth Cooper, o qual relatava os benefícios da corrida quando realizada de forma regular. Seus ensinamentos sobre os benefícios da prática regular de exercícios físicos aliados a hábitos saudáveis foram tão difundidos que a corrida em nosso país, até alguns anos atrás, era popularmente chamada de *cooper*, no senso comum. Nos anos posteriores, só aumentou o número de praticantes, assim como o número de corridas amadoras. No final da década de 1990 e início dos anos 2000, acontece o *boom* do aumento de praticantes e eventos de corrida. Nos últimos anos, tem crescido bastante o número de corridas de 21.097 metros, eventos de corrida de montanha – também conhecida como *trail run*.

É difícil fazer uma estimativa no número de praticantes de corrida no Brasil atualmente, pelo fato de os dados disponíveis serem bastante desencontrados e devido ao aumento contínuo. Estima-se que, atualmente, exista entre 8 e 9 milhões de corredores no Brasil, sendo, aproximadamente, 1 milhão apenas em São Paulo, estado com maior número de praticantes e eventos, principalmente provas de 10 quilômetros, com um crescimento de participação mais expressivo no sexo feminino nos últimos anos.

As regiões Sul e Sudeste ainda lideram no número de praticantes de corrida, talvez por serem as regiões mais populosas do Brasil, assim como nunca se viajou tanto dentro do próprio país como para outros países com objetivo de realizar corridas de longa distância. Os atletas que mais viajam para competir no Brasil são os das regiões Norte e Nordeste (THUANY *et al.*, 2021). Trata-se de um campo de trabalho crescente e com grande capacidade para ser explorado pelos professores de Educação Física.

O estilo de vida cada vez mais sedentário, por conta das facilidades do mundo moderno, contribuiu para tornar as pessoas cada vez mais sedentárias e inativas. Por conta disso, os motivos que levam à prática da corrida variam desde a procura por hábitos de vida mais saudáveis até a busca por superar desafios, como realizar maratonas (TOMAZINI; MOTA; SILVA, 2013).

A corrida realizada na dose correta torna-se um fator associado na prevenção de doenças cardiovasculares e mortalidade prematura (LAVIE *et al.*, 2015). Estudos têm demonstrado que o exercício realizado em intensidades mais altas produz efeitos mais favoráveis na diminuição do risco de doenças e mortalidade em comparação com exercícios de menor intensidade (SWAIN; FRANKLIN, 2006; WEN *et al.*, 2014). Por exemplo, no estudo de Wen e colaboradores (2014), para alcançar esses benefícios, foi comparado o tempo equivalente de caminhada para se alcançar os mesmos benefícios da corrida. Seriam necessários ~30 minutos de caminhada por dia para se alcançar os benefícios de 10 minutos de corrida ou ~115 minutos de caminhada por dia para se alcançar os benefícios de 30 minutos de corrida. Portanto, após um período de adaptação inicial com a caminhada, é interessante progredir para a corrida, mesmo que o objetivo não seja competir, até porque alguns benefícios só são obtidos com maiores intensidades, que só são possíveis com a corrida; algumas pessoas simplesmente procuram a caminhada e/ou a corrida como forma de se manter ativas por recomendação médica, para se manter saudáveis e fazer amizades.

Esta obra reúne informações básicas e complexas sobre aspectos fisiológicos e metodológicos do treinamento de corrida e visa a suprir certa carência de materiais dessa natureza na língua portuguesa. Portanto, o objetivo deste livro é fornecer informações científicas e práticas a fim de capacitar estudantes e profissionais da área de Educação Física que desejam trabalhar como treinadores de corrida, atuando na preparação física de pessoas que querem começar a correr ou que já correm, visando à melhora de seu desempenho.

3

O TREINADOR E O ALUNO/ATLETA

3.1 O TREINADOR

Trabalhar com pessoas é, antes de tudo, gratificante e desafiador. Fazer parte do processo de conquistas, por mais simples que seja, é desafiador e, ao mesmo tempo, muito bacana observar o aluno/atleta evoluindo a cada dia, muitas vezes partindo do zero e alcançando um grande objetivo, como completar uma maratona sub-3 horas. Além disso, ter que compreender uma rotina de compromissos, estudos, trabalho, família, dificuldades financeiras, família, amigos, relacionamento, saúde etc.; tudo o que possa interferir direta ou indiretamente no desempenho e, mesmo assim, conseguir alcançar o que foi proposto/solicitado.

Para tal, o treinador deve ser uma pessoa capacitada, tanto profissionalmente quanto no trato com o seu aluno. Além de orientar, deve ser claro e preciso nas informações que transmite, passar confiança, segurança e credibilidade. Sempre deve ser ético, profissional e ter bom senso. O professor é visto pela sociedade como o exemplo a ser seguido, pela sabedoria (conhecimento) que transmite e atitudes; e caso aconteça algo fora desse contexto, será visto de forma negativa, podendo manchar sua reputação e até de forma indireta toda a categoria. Lembre sempre que construir uma imagem positiva é difícil, mas arruiná-la é muito fácil. Portanto, sempre pense muito sobre seus atos, atitudes e ações. Só prometa ao seu aluno aquilo que você consegue entregar, seja realista, ético e positivo, pois assim você ganha em credibilidade e confiança.

Quando falamos em ser uma pessoa capacitada e profissional, isso envolve todo o conhecimento que é adquirido na formação, que nunca termina. Portanto, o conhecimento e profissionalismo nos diferenciam de pseudoprofissionais, que, aliás, são muitos, sempre foram, mesmo após a regulamentação da profissão de Educação Física – Lei 9696/98. O avanço das redes sociais, além de se tornar um aliado, também se tornou uma vasta fonte de informação e, ao mesmo tempo, um terreno fértil para disseminação de "conhecimento ruim" sem nenhuma base científica. Existe uma regra de ouro, que é a seguinte: não transmita informação de algo que você não tenha certeza, não possui conhecimento, principalmente quando envolve conhecimento de outra área que não seja a sua. É preciso ter responsabilidade sobre as informações que você transmite. Dessa forma, você fica respaldado e evita críticas, transmite credibilidade, além de contribuir para melhor visão da área e do profissional de Educação Física por parte da sociedade. Devemos sempre procurar fontes de informação confiáveis.

Atualmente, no campo de trabalho e nas redes sociais, existem milhares de pessoas que acham que entendem de treinamento e prescrição/orientação — pseudoespecialistas —, pelo fato de praticar o esporte por anos, orientam e acabam por exercerem a profissão irregularmente e de forma amadora, muitas vezes, sem nenhum critério, aproveitando-se de uma fiscalização falha ou até mesmo inexistente. Sabemos que a experiência prática conta muito, mas vai muito além disso. O conhecimento acadêmico/científico é o grande diferencial. Costumo fazer uma analogia, que é a seguinte, por exemplo, quando uma pessoa está com um problema de saúde e precisa de uma cirurgia, ela procura um médico, formado, especialista no assunto, que seja referência no que faz; então, por que com o profissional de Educação Física seria diferente, sendo que também trabalhamos diretamente com a saúde das pessoas? A respeito daquele amigo ou conhecido que pede (sem perguntar quanto custa) uma planilha de treino, achando que não precisa de uma avaliação médica e avaliação física prévia, seja profissional e cobre pelo serviço. A formação gera custos financeiros, de tempo — muitas horas de estudo —, portanto nosso trabalho deve ser valorizado, começando por nós, como qualquer profissional da área da saúde. O valor cobrado deve ser proporcional à qualidade do serviço (que sempre deve ser a melhor possível) e à sua formação.

Para o treinador, é possível atuar basicamente de três formas: a distância, presencialmente ou semipresencialmente (formato híbrido). Atualmente, com as facilidades do mundo moderno, como a internet e as redes sociais, popularizou-se o treinamento a distância, tipo prescrição a distância. Quanto a esse último, não que seja ruim, mas é preciso analisar esse modelo de trabalho pelas suas vantagens e desvantagens. A vantagem é que, mesmo longe, o aluno consegue ser orientado. Sendo um aluno que o treinador conheça já algum tempo, acreditamos que pode funcionar bem esse modelo. Já as desvantagens ou limitações estariam relacionadas ao fato de, mesmo recebendo *feedback*, não poder acompanhar pessoalmente o desenvolvimento do treinamento é um fator limitante. É importante destacar que, não que seja necessário o treinador estar presente em todos as sessões/treinos, mas por mais que seja possível, realizar filmagens e fotos, é preciso levar em consideração que nada substitui a presença de treinador experiente acompanhando e ao mesmo tempo fornecendo um *feedback* ao aluno, no que diz respeito ao que ele pode melhorar ou corrigir. Como diria o saudoso professor doutor Fernando Roberto de Oliveira (*in memoriam*): "Cavalo também corre". Portanto, não é algo tão simples quanto parece, e o conhecimento em diversas áreas e experiência faz-se necessário.

O contexto diário do professor exige uma série de decisões e atitudes, a fim de resguardar a integridade física e moral de seu aluno. Por exemplo, não expor o aluno/atleta com situações vexatórias ou constrangedoras, como cobrar o atleta em público no dia da competição de algo que não foi ensinado e treinado ou de um desempenho ruim; não colocar seu atleta para treinar ou competir sabendo que ele não está bem de saúde ou lesionado; não fazer "vista grossa" caso fique sabendo que ele toma substâncias proibidas para melhorar o desempenho. O treinador também exerce uma função de líder e formador de opinião, o qual deve orientar seus alunos, principalmente os mais jovens, quanto a suas atitudes e ações.

Quanto à sua personalidade e forma de agir, basicamente há três tipos de treinadores:

1. permissivo: o permissivo é o que permite que o atleta faça parte de suas decisões, por exemplo, sugere um tipo de treino a ser realizado. Nesse caso, dependendo do público, o treinador pode ser visto como uma pessoa "sem voz" e perder o controle da situação em momentos de decisão;

2. autoritário: o autoritário é o que toma todas as decisões, que muitas vezes impõe sua autoridade, até mesmo como forma de impor medo ou intimidação, para conseguir o que deseja. Pode funcionar para algumas pessoas, mas não para todas;

3. permissivo e autoritário: talvez esse seja o modelo ideal de treinador, pois é o líder que transmite seus conhecimentos e sua admiração, sem que tenha que impor medo ou intimidação, e, ao mesmo tempo, sabe ouvir seus alunos.

Outro fator que podemos considerar é o perfil profissional (conhecimento), basicamente também temos três tipos:

1. especialista: o treinador especialista é aquele que sabe muito de determinado assunto, e só. Por exemplo, o treinador que sabe apenas aplicar um tipo de treino para uma população específica. Quando surge um novo problema, muitas vezes, enfrenta limitação para resolver e dar uma solução de imediato;
2. generalista: o treinador generalista é aquele que sabe um pouco de tudo, mas não é especialista em um assunto;
3. especialista e generalista: o treinador especialista/generalista é aquele que é especialista em um assunto e sabe um pouco de tudo, pelo menos o básico, para exercer um trabalho de qualidade e, ao mesmo tempo, consegue sanar de imediato um problema novo.

Quanto ao tipo de personalidade e ao perfil profissional, é difícil dizer qual é o melhor, pelo fato de ser muito particular de cada um e depender do público com o qual o treinador trabalha ou pretende trabalhar. Por exemplo, o nível de cobrança do treinador para uma pessoa que apenas busca saúde ou um atleta que busca melhorar seus resultados em segundos constantemente é completamente diferente. Talvez o melhor seria a combinação do permissivo/autoritário com o especialista/generalista. Independentemente de qual tipo de personalidade e perfil profissional o treinador tenha, é importante que ele tenha bom senso, seja ético, coerente e profissional, tenha respeito, saiba ouvir, tomar as decisões corretas e seja uma pessoa carismática e agradável.

3.2 O ALUNO/ATLETA

Antes de iniciar a prescrição de qualquer forma de treinamento, é importante conhecer um pouco sobre a pessoa que pretende começar a treinar, ou seja, conhecer o aluno/atleta e entender os motivos que o levaram a procurar um treinador e a corrida.

O(s) aluno(s) pode(m) ter diversos objetivos e níveis de condicionamento físico, por exemplo, sedentário, fisicamente ativo, atleta recreacional, atleta de alto rendimento e/ou atleta de elite. Em nosso país, com uma população estimada atualmente em torno de 203 milhões de pessoas (IBGE, 2023), a distribuição estimada seria como segue na Figura 1, a seguir.

Figura 1 – Distribuição estimada do nível de condicionamento físico da população brasileira

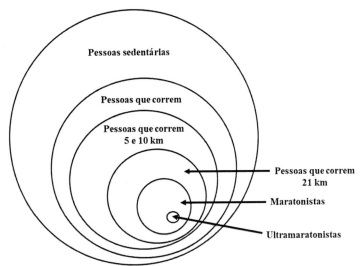

Fonte: elaborado pelos autores

Como podemos observar, a chance de treinarmos uma pessoa sedentária, fisicamente ativa ou um atleta recreacional é próxima de 90%, principalmente em início de carreira, o que também não exclui a possibilidade de se encontrar com um atleta de alto rendimento/elite. Para se ter ideia, nos Estados Unidos, cerca de 15% da população corre, e cerca 1% corre maratona. Em média, o desempenho dos atletas recreacionais do mundo é como segue no Quadro 1.

Quadro 1 – Média de desempenho de atletas recreacionais de acordo com as principais distâncias de corridas no ano de 2018

Gênero	5 km	10 km	21.097m	42.195m
Masculino	34min00seg	59min00seg	1h50min	4h22min
Feminino	40min00seg	1h12min	2h12min	4h52min

Fonte: elaborado pelos autores, adaptado de Andersen (2019)

Os motivos que levam as pessoas a procurarem a corrida e, consequentemente, um treinador variam desde a procura por bem-estar físico psicológico, perda de peso, alívio do estresse, superar desafios, realizar maratonas, fazer novas amizades e procura por hábitos de vida mais saudáveis (busca ou manutenção da saúde); essa população possui uma média de idade em torno de 38,6 anos de idade (TOMAZINI; MOTA; SILVA, 2013).

Portanto, antes de iniciar, é importante realizar um bom bate-papo com a pessoa, e de preferência aproveitar para realizar uma anamnese para conhecer seu histórico de vida e esportivo. Por exemplo, 1) histórico de vida: qual função/cargo trabalho atualmente, se realiza viagens com frequência etc.; 2) família: se é casado(da), se possui filhos etc.; 3) histórico de saúde (pessoal e familiar): se possui alguma doença crônica (diabetes, hipertensão, cardiopatia) ou outra, se já teve alguma lesão grave decorrente do esporte que pratica (ou praticou) e se está totalmente recuperado(a); 4) histórico esportivo: se já praticou esporte ou corrida, se está parado ou treinando há quanto tempo, melhores tempos em cada distância; 5) objetivos e metas: saber quais são seus objetivos e metas atualmente com a prática da corrida, o que espera do treinador, quanto tempo, qual frequência e que horário dispõe pra treinar atualmente.

Esses são apenas alguns exemplos de como e quais informações são importantes no momento de conhecer o aluno. Esse tipo de entrevista pode e deve ser muito mais detalhado dependendo de como vai evoluindo a conversa, a critério do treinador, se achar necessário obter mais informações. É importante que a pessoa sinta confiança e profissionalismo, para que todas as informações necessárias sejam transmitidas na sua totalidade e com exatidão.

É importante destacar que cada pessoa tem um perfil. Por exemplo, existem pessoas que estão muito dispostas a treinar e realizar tudo o que foi solicitado/proposto. Essas são as que treinar**ão** em qualquer condição climática, local e horário. A disciplina é que vai determinar se o aluno/atleta vai alcançar boa parte dos resultados almejados. Por exemplo, mesmo que as condições não estejam favoráveis para o treino, como clima (calor, frio, chuva), motivação baixa, sono, preguiça etc., a disciplina fará com que o aluno durma cedo, acorde cedo, se alimente e descanse adequadamente e saia de casa para treinar; já a maioria não possui toda essa disciplina e vontade.

A maioria das pessoas precisa de desafios para se manter motivadas e alcançar os seus objetivos, outras precisam de "apertos" e se sentem bem ao serem "cobradas" pelo treinador para que seja realizado o que foi programado, e outras, talvez a minoria, não precise de nada disso. Uma estratégia interessante é programar provas controle e, pelo menos, uma corrida-alvo no ano. Assim, o aluno/atleta treina focado em uma meta/objetivo (exemplos: completar a prova x, diminuir o tempo em dois minutos na distância y, reduzir cinco quilos de massa corporal).

Um fato muito comum é que algumas pessoas subestimam o que foi proposto pelo treinador e treinam "a mais" ou "a menos" e não relatam, ou simplesmente faltam com a verdade ao serem questionadas pelo treinador. Portanto, é uma relação de confiança entre ambos, que só é conquistada ao longo do tempo.

4

ASPECTOS BÁSICOS A SEREM CONSIDERADOS PARA QUEM VAI COMEÇAR A CORRER

A pessoa que pretende iniciar na corrida ou que já treina visando ao desempenho, deve estar atenta a vários aspectos, entre eles: 1) fatores extrínsecos/intrínsecos; 2) saúde e avaliação médica; 3) locais de treino; 4) horário de treinos e segurança; 5) condições climáticas e termorregulação; 6) hidratação; 7) nutrição; e 8) sono e descanso.

4.1 O DESEMPENHO E FATORES EXTRÍNSECOS/INTRÍNSECOS

Basicamente, o desempenho físico/esportivo depende da combinação de cinco fatores, que são:

1. treinamento adequado;
2. alimentação adequada;
3. descanso;
4. disciplina;
5. dedicação.

Quando um deles não é realizado de forma adequada, muito provavelmente os objetivos traçados não serão atingidos, pois um depende do outro para que o máximo de rendimento possa ser alcançado. Além disso, outros fatores também têm influência direta ou indireta no resultado.

A competição faz parte do esporte, principalmente no alto rendimento. Nas modalidades individuais, como a corrida, que é realizada ao ar livre, o resultado depende de vários aspectos. Já está bem estabelecido na literatura que muitos fatores (extrínsecos e intrínsecos) podem interferir no resultado (KONINGS *et al.*, 2018). Com base nesses dois fatores, podemos citar os principais:

Fatores extrínsecos: condições climáticas (calor, chuva, frio, vento etc.), horário, altitude, altimetria da prova, tipo de terreno, tipo de música (NOAKES, 2011a) e existência de remuneração ou premiação (HULLEMAN *et al.*, 2007; SKORSKI *et al.*, 2017).

Fatores intrínsecos: estado de saúde, autoconfiança, aumento da taxa cardíaca, intensidade imposta ao exercício, respostas intramusculares (metabólitos), estoques de glicogênio, dor muscular, fadiga muscular/mental, dor muscular, experiência/informações prévias, conhecer o ponto final da prova ou tempo de duração, uso agudo ou crônico de substâncias proibidas ou medicamentos (NOAKES, 2011a, 2012), estratégia de prova estabelecida antes e no decorrer da prova (ABBIS; LAURSEN, 2008; FOSTER *et al.*, 1994) e hipoglicemia ou hipertermia (BURKE *et al.*, 2019).

Ao longo desta obra, vamos tentar abordar esses tópicos dentro do contexto do treinamento da corrida.

4.2 SAÚDE E AVALIAÇÃO MÉDICA

Este tópico talvez seja um dos mais importantes, principalmente para quem vai iniciar na prática esportiva, pelo fato de ser uma fase investigativa do quadro geral de saúde e, a partir da liberação da avaliação médica, o aluno estará apto para receber a prescrição do treinamento.

Antes de iniciar qualquer programa de exercício físico, no caso a corrida, é muito importante a pessoa se certificar que está apta à prática. Na década de 1970, quando houve o *boom* da prática da corrida nos Estados Unidos, o doutor Kenneth Cooper publicou as primeiras recomendações sobre o que deveria ser considerado nessa avaliação inicial (COOPER, 1970). De acordo com a resolução n.º 391/2020 do Confef, art. 4º, é prerrogativa do profissional de Educação Física avaliar, coletar dados, reunir elementos, considerar fatores de risco, interpretar informações e exames, solicitar, quando julgar necessário, exames complementares e consultas para avaliação médica, conhecer, aplicar e interpretar testes de laboratório e de campo, avaliação física, definir indicações etc. Porém, a avaliação especializada da área médica sempre deve ser considerada e realizada.

Basicamente, o futuro atleta deve procurar um médico clínico geral, ou, se possível, um médico especializado em cardiologia, ortopedia e um dentista. Por que essas três especialidades? A avaliação médica (*check-up*), primeiramente, pode ser realizada por um clínico geral, que, posteriormente, pode dar encaminhamento para um especialista em cardiologia, pois é muito importante a avaliação do sistema cardiovascular, principalmente o coração. O histórico familiar e pessoal de doenças cardíacas (cardiopatias) é avaliado em uma consulta, é mensurada a pressão arterial, ausculta cardíaca e de pulmões; já os exames solicitados podem ser análises clínicas (hemograma completo, fezes e urina), fezes e urina, eletrocardiograma de esforço, raio X de tórax e ecocardiograma, além de outros exames que considerar importantes; no caso das mulheres, além dos citados anteriormente, para a saúde feminina, como exame ginecológico etc.

Segundo as novas diretrizes da Sociedade Brasileira de Cardiologia e da Sociedade Brasileira de Medicina do Esporte, para pessoas acima dos 35 anos, é recomendado, além da consulta com um médico especializado, realizar eletrocardiograma de esforço (até a exaustão) e exames de análises clínicas (GHORAYEB *et al.*, 2019). Algumas doenças cardíacas, infelizmente, só se manifestam quando o organismo é altamente solicitado, como no caso do exercício físico de alta intensidade, atuando como um "gatilho" para uma enfermidade que pode levar a um mal súbito durante o exercício físico. Portanto, essa avaliação (*check-up*) deve ser realizada em intervalos regulares, de preferência anualmente.

Já a avaliação com o médico ortopedista é importante para analisar, principalmente, o aparelho locomotor (membros inferiores) e a coluna vertebral. É preciso uma avaliação postural e ortopédica completa, pois, caso haja alguma alteração significativa, essas estruturas, quando apresentam, por exemplo, desvios significativos, podem ser agravadas ou levar a lesões quando submetidas à sobrecarga imposta pelo treinamento. Importante deixar claro que os critérios de escolha, solicitação dos exames e avaliações são de exclusividade do médico.

Avaliação da saúde bucal com dentista também é importante para verificar possíveis cáries, que podem ser "portas" para infecções e outras possíveis doenças da cavidade bucal. Essa avaliação deve ser feita, de preferência, semestralmente.

Porém, com a pandemia de 2020-21, muitas pessoas foram acometidas com Covid-19, portanto o *check-up* para retorno à prática de exercício físico, independentemente de qual tenha sido o quadro do paciente, deve ser mais minucioso, principalmente se houve comprometimento no sistema cardiorrespiratório, mesmo a pessoa sendo atleta e tendo poucos ou nenhum sintoma (assintomático); é necessário realizar um acompanhamento médico de curto, médio e até longo prazo (se for o caso), pois alguns estudos recentes indicam que as consequências (até sequelas) da Covid-19 podem ser persistentes por um longo período (meses).

Como na maioria das vezes, uma avaliação especializada da área médica e exames levam certo tempo, e na maioria das vezes o aluno pretende iniciar antes que essa avaliação seja concluída, recomenda-se que o profissional de

Educação Física realize uma avaliação do aluno, como anamnese, aplique o Questionário de Prontidão para Atividade Física (PAR-Q) e tente extrair o máximo de informações possíveis sobre o estado de saúde do aluno. E considerando que o exercício físico é seguro para a maioria das pessoas, o indicado é começar aos poucos e de forma progressiva, respeitando a individualidade dele. Em caso de dúvida, aguarde o parecer médico para iniciar.

Todos esses cuidados, principalmente com relação à avaliação médica, trazem respaldo e segurança tanto para o cliente quanto para o trabalho do treinador.

4.3 LOCAIS DE TREINO

O atleta sempre deve treinar, de preferência, em locais que ofereçam o mínimo de segurança, como parques e pista de atletismo, onde a circulação de veículos é proibida e tem circulação de várias pessoas. Caso isso não seja possível, e o atleta precise correr na rua, por exemplo, corra no sentido contrário da via (contrafluxo) e dos veículos, do lado esquerdo da via — próximo ao meio-fio —, além de vestir roupas que chamam a atenção (cores fortes). Dessa forma, além de o atleta visualizar o veículo que se aproxima, ele também será visto. É preciso tomar cuidado ao correr com fones de ouvido, pois podem atrapalhar ouvir buzinas e sons dos veículos, além de causar distração.

4.4 HORÁRIO DE TREINOS E SEGURANÇA

O indicado é treinar em horários favoráveis à prática de exercício físico. No período da manhã, antes das dez horas, e no período da tarde, após 16 horas, por conta da maior incidência dos raios solares ultravioletas (UVs), alta temperatura e grande amplitude térmica (podendo chegar a 15-20° C) no período compreendido entre esses horários; sendo que, nesses horários, pode haver grande variação, dependendo da região do país, da estação do ano, do tipo de relevo e vegetação. Normalmente, o período da manhã, bem cedo, é considerado o melhor horário, por conta da baixa concentração de poluentes (em grandes centros urbanos), da maior umidade relativa do ar (URA), pela menor temperatura ambiente e maior luminosidade, o que ajuda a evitar acidentes, como tropeçar em raízes de árvore, pisar em buracos ou pedras.

A maior parte da população, assim como a maioria dos corredores, concentra-se em grandes centros urbanos, logo estão mais expostos aos efeitos de poluentes. Um estudo verificou os efeitos da poluição no organismo durante o exercício físico em um grande centro urbano. O estudo realizado com corredores testou o efeito (agudo) da corrida realizada em intensidade moderada em 30, 60 e 90 minutos sobre os marcadores inflamatórios e os efeitos cardiovasculares em duas condições (em laboratório com ar filtrado e o outro em condições normais – ar poluído do centro da cidade de São Paulo). Os resultados mostraram que, ao realizar exercício de longa duração (90 minutos), marcadores inflamatórios com isoleucina 6 (IL-6), fator de crescimento vascular endotelial e aumento da pressão arterial (sistólica e diastólica) foram significativamente maiores que na condição de ar filtrado (PASQUA *et al.*, 2020). Já outro estudo mais recente, realizado com indivíduos fisicamente ativos, testou os efeitos de se realizar exercício de alta intensidade em ambiente com poluição atmosférica da cidade de São Paulo. Foi observado que realizar exercício de alta intensidade nessas condições causa um impacto negativo na pressão arterial sistólica, inibindo o efeito hipotensor 10 minutos após o exercício, prejudica o balanço pró e anti-inflamatório das interleucinas 6 e 10 e causa alterações nas vias metabólicas associadas ao metabolismo dos lipídios (CRUZ *et al.*, 2021).

Com base nos estudos citados, realizar corrida de longa duração em ambientes com alta concentração de poluentes, como na cidade de São Paulo, pode provocar aumento de fatores inflamatórios, aumento de pressão arterial e alterações no metabolismo energético; reduzindo os efeitos benéficos do exercício. Portanto, o recomendado, se possível, seria utilizar ambientes distantes dos grandes centros urbanos para realizar exercícios como a corrida, principalmente treinos de alta intensidade e longos.

O período noturno também é um bom horário para treinar, mas, dependendo da pessoa, pode interferir no sono, enquanto para outros pode ser benéfico, dependendo de pessoa para pessoa. É preciso evitar correr à noite em ruas com pouco iluminação, trilhas e locais ermos, pois existe o risco de tropeçar em raízes de árvores ou oscilações do terreno e por conta do risco de pisar em algum buraco/pedra e torcer o tornozelo; dependendo do local, além do risco da segurança. Outra desvantagem de se treinar à noite é o fato de não haver exposição à luz solar, que auxilia na síntese de vitamina D.

Caso o atleta tenha preferência ou única opção de treinar à noite, por questão de segurança, deve-se evitar locais escuros ou isolados; é altamente recomendado treinar acompanhado, com um amigo(a) ou em grupo, em parques com boa iluminação e pistas de atletismo, para evitar atropelamentos por veículos, assaltos e, caso apresentar algum mal-estar, tenha alguém para ajudar. O atleta deve ser orientado caso desconfie de alguém ou de alguma atitude suspeita, deve seguir a intuição e dar meia-volta.

Em dias chuvosos, a primeira condição para realizar o treino é não haver raios, relâmpagos e/ou trovões; se, durante o treino, as condições mudarem, é aconselhado interrompê-lo e procurar abrigo seguro, nunca embaixo de árvores ou objetos metálicos. Caso tenha vento, é aconselhado usar um agasalho conhecido como "quebra-vento". Assim que o treino terminar, o atleta deve imediatamente, se possível, tomar banho quente e/ou trocar toda a roupa molhada por roupas secas e agasalhar-se. Caso o atleta tenha acesso a uma esteira rolante, provavelmente essa será a melhor opção para esse momento.

O atleta deve treinar sempre que possível com alguém ou em grupo, caso vá treinar sozinho, sempre avise alguém sobre o local para onde está indo, o trajeto de ida e volta (caso seja diferente) e a que horas pretende retornar. Sempre carregue consigo identificação com número(s) de telefone de contato, endereço, nome da pessoa responsável para comunicar, em caso de emergência e dinheiro.

4.5 CONDIÇÕES CLIMÁTICAS E TERMORREGULAÇÃO

Em nosso país, que possui dimensões continentais, predominantemente de clima tropical, e com grandes variações climáticas, dependendo da localização (Região Norte, Nordeste, Sul etc.), o clima é um dos fatores que têm grande interferência na rotina de treinamento, principalmente em dias muito quentes/frios e/ou chuvosos. Diante de tantas variações climáticas, o corpo humano em condições "normais" tende a permanecer com uma temperatura interna bem controlada e constante, próxima dos $37 \pm 1°$ C devido a reações metabólicas, aumentando a temperatura com o exercício físico, devido à atividade muscular. A quebra de adenosina trifosfato (ATP) gera calor, ~70% da energia é perdida em forma de calor, e a temperatura interna atinge em torno de 38-39° C. Acima desses valores, pode trazer vários prejuízos. Diante disso, o organismo possui algumas formas de perder calor.

O ser humano possui algumas formas de realizar trocas térmicas com o ambiente, também conhecidas como processos de termorregulação. São eles: 1) condução, que ocorre entre o contato de alguma parte do corpo com uma superfície mais fria e não ocorre durante o exercício físico; 2) radiação, que ocorre pela emissão de raios infravermelhos, ocorre a troca (perda) de calor com o ambiente, caso o corpo humano esteja mais quente que a temperatura ambiente, e ocorre o ganho de calor por meio dos raios solares; 3) convecção, é o processo de correntes de ar, quando o vento, em contato com a pele, dissipa o calor corporal para o ambiente; 4) evaporação, que se dá por meio da respiração e da sudorese – nesta última, ao evaporar o suor, ocorre o resfriamento do corpo humano, sendo essa a principal forma de troca de calor com o ambiente durante a corrida. Portanto, na corrida, a perda de calor ocorre pelos três últimos mecanismos, principalmente pelo último, ou seja, em ambientes quentes é recomendado usar roupas leves e estar com maior superfície corporal exposta para troca de calor com o ambiente.

Em dias muito quentes e secos, em ambientes abertos, deve-se evitar treinar em horários desfavoráveis (entre dez e 16 horas) com maior temperatura e incidência solar. Caso não tenha outra opção, é recomendado o uso protetor solar, vestimentas leves, viseiras e óculos escuro, pois, caso ocorra um estado de hipertermia (temperatura corporal central > 40° C), pode haver prejuízos e até o risco de morte. Se for possível, é melhor realizar os treinos no início da manhã, final da tarde ou à noite; caso não seja possível, é melhor utilizar ambiente fechado, climatizado, que possua esteira rolante, como em academias.

Em ambientes muito quentes, é preciso ficar atento a alguns sinais e sintomas que podem indicar distúrbios causados pelo exercício físico combinado com o calor. São eles: espasmos musculares, câimbras, sede, excesso de sudorese podendo progredir para pele seca e quente, fadiga, fraqueza, enjoo, vômito, náuseas, palidez, dor de cabeça, calafrios, pulso fraco e acelerado e/ou inconsciência. Nesse caso, são indicados a interrupção do exercício físico e a procura de um local com sombra e de temperatura agradável, ingerir líquidos em grande quantidade e, se for o caso, procurar ajuda médica.

Em um estudo recente, que analisou a influência das condições ambientais no desempenho de maratonistas que finalizaram a maratona de Nova Iorque entre os anos de 1970 e 2019, foi verificado que, com uma alta temperatura (17,1 – 24,5° C), o tempo de prova dos corredores aumentou, em média, oito minutos, assim como também foi observado que, com uma menor (26 - 43%) URA e menor velocidade (8,1 – 16,1 km/h^{-1}) do vento, o tempo de conclusão foi menor (KNECHTLE *et al.*, 2021). Outro estudo de revisão recente analisou as condições ambientais de 1258 corridas de longa distâncias, entre 1936 e 2019, em 42 países. Foi verificado que a temperatura do ar é o fator climático mais importante a afetar o desempenho de *endurance*, sendo a temperatura do ar entre 10 e 17,5 ° C a ideal para se alcançar os melhores desempenhos (MANTZIOS *et al.*, 2022).

Geralmente, em nosso país, não temos muito problema com o frio, mas, na estação do inverno, nos estados da Região Sul, o frio costuma ser muito intenso, principalmente em locais de serra. Portanto, em dias muito frios, é aconselhado usar agasalho fino, quebra-vento ou manguitos, calça ou bermuda térmica, luvas e gorro; sendo muito importante proteger as extremidades (mãos, cabeça, antebraços e orelhas) e a região do peitoral. As vestimentas como agasalhos/camisetas também podem ser usadas em várias camadas finas. Dessa forma, à medida que for aquecendo com a corrida e/ou o próprio clima, o atleta pode ir retirando. A temperatura de 26° C é considerada termoneutra, ou seja, qualquer temperatura abaixo desse valor é favorável para a perda de calor. Para realizar a prática de exercício físico de forma segura e com bom desempenho, veja, a seguir, no Quadro 2, as classificações e recomendações.

Quadro 2 – Classificações da temperatura e umidade relativa do ar e recomendações para prática da corrida

Temperatura em ºC	URA %	Cor de classificação	Nível de estresse térmico	Recomendações / Riscos
10 a 22	60 a 70	Verde	1	Condições ideais. Prática recomendada.
6 a 9 23 a 28	31 a 59	Amarela	2	Prática liberada, mas com atenção. Usar roupas adequadas e monitorar a hidratação.
< 1 a 5 29 a 34	< 21 a 30 71 a 80	Vermelha	3	Ambiente frio ou quente e seco. Alerta! Risco de hipotermia e/ou hipertermia. Monitorar a hidratação e o tempo de exercício.
< 0 > 35	< 20 > 81	Preta	4	Ambiente muito frio ou muito quente. Umidade do ar muito baixa ou muito alta. Prática não recomendada! Cancelar os treinos e as provas ao ar livre. Grande risco de hipotermia ou hipertermia.

Fonte: elaborado pelos autores, adaptado de Armstrong et al. (2007)

Muitas pessoas gostam de correr ao ar livre, em locais como a praia, pelo fato de que, em aspectos gerais, é agradável, porém esse tipo de ambiente tem uma particularidade: por exemplo, em cidades litorâneas, como as capitais da Região Nordeste, o clima costuma superar facilmente os 30° C na maior parte de ano e com alta URA, usualmente acima dos 70, 80%. Nesse ambiente, o ar fica saturado de vapor d'água, o que dificulta a troca de calor do corpo com o ambiente e pode facilitar um quadro que pode levar a um alto nível de estresse térmico e, por consequência, a um quadro de hipertermia. Nesse tipo de ambiente, é comum a pessoa ter grande sudorese, que pode variar de um a 2,5 litros de água por hora, dependendo da temperatura e de pessoa para pessoa (SAWKA, 1992). Nesse contexto, é comum que a pessoa fique com a roupa molhada devido à dificuldade de evaporação do suor, dando uma falsa sensação de perda de calor.

Por outro lado, ambientes muito frios e secos possuem a desvantagem de dificultar o aquecimento, assim como facilitar a sua perda, caso interrompa o exercício, além de ressecar as vias aéreas superiores (nariz e garganta). Segundo a OMS, os níveis recomendados de URA para o organismo humano são entre 40 e 70%, sendo que, para a prática de exercício físico, o ideal é em torno de 60 a 70%.

Além das recomendações e classificações do Quadro 2, é recomendado observar as seguintes condições: 1) nível de hidratação – a pessoa deve estar atenta à condição de hidratação (com a urina clara); 2) nível de condicionamento físico – pessoas mais bem-treinadas toleram mais condições adversas do clima; 3) altitude – quanto mais alto, mais frio; 4) latitude – quanto mais próximo do equador, mais quente, e vice-versa; 5) relevo – em condições de montanha, o clima e a temperatura podem apresentar muitas variações; 6) clima nublado ou ensolarado; 7) garoa ou chuva – nessa condição, ocorre dificuldade de evaporar o suor devido à maior URA, dificultando a troca de calor com o ambiente; 8) com ou sem, o vento é uma condição que pode diminuir muito a sensação térmica – por exemplo, se estiver um dia frio e com bastante vento, a sensação térmica será muito menor que a temperatura registrada; 9) ambiente aberto ou fechado – em ambiente aberto, como podemos observar, a pessoa fica exposta a várias condições que interferem na prática, diferentemente de um ambiente fechado e climatizado.

Além dessas recomendações, antes de realizar uma prova em ambiente quente, é sugerido realizar algo chamado de aclimatização, visando a otimizar adaptações fisiológicas que aumentam a tolerância ao calor, como diminuição do limiar para início da sudorese e aumento de sua taxa, aumento do fluxo sanguíneo cutâneo etc. Esses ganhos são obtidos com um tempo entre 7 e 14 dias de treinamento em local com temperatura similar ao da competição (WENDT; VAN LOON; VAN MARKEN LICHTENBELT, 2007).

4.6 HIDRATAÇÃO

O corpo humano (adulto) é formado por, aproximadamente, 60% de água. Para que todas as funções vitais do organismo mantenham-se dentro da normalidade, é necessário manter uma hidratação adequada (estado "eu hidratado") tanto para saúde de uma forma geral como para um bom desempenho esportivo. Basicamente, a quantidade de água que uma pessoa deve ingerir diariamente pode ser calculada com base em uma simples equação:

Ingestão (ml) = massa corporal x 35 ml

Exemplo: uma pessoa que possui 70 kg de massa corporal

Ingestão (ml) = 70 x 35 ml. Total: 2.450 ml

Como o nosso organismo perde grande quantidade de água ingerida, seja pela urina, seja, principalmente, pela transpiração (sudorese) durante a prática esportiva, nossa perda hídrica e a ingestão hídrica devem estar equilibradas. Por exemplo, se um atleta perde 1 kg em uma sessão de treino, ele deve ingerir, no mínimo, cerca de 1 litro de água, dependendo das condições climáticas. Tem atletas que podem chegar a perder cerca de 3 litros por hora, assim como também perdemos sais minerais como potássio, sódio e cloreto pela transpiração, que também devem ser repostos.

A água é de grande importância para nosso organismo, para as células, pela regulação de suas funções e eliminação de toxinas, e para regulação da temperatura corporal. Durante o exercício físico aeróbio, devido à contração muscular, a temperatura corporal pode aumentar a uma temperatura semelhante a um estado febril. Cerca de 75% do calor gerado pelos músculos é perdido e deve ser dissipado do organismo, sendo uma das principais formas a sudorese.

Para o sistema circulatório, a perda exacerbada de líquido pode acarretar o aumento da pressão arterial além do que acontece devido ao exercício e um maior trabalho cardiovascular devido à maior viscosidade sanguínea, além de aumentar a percepção subjetiva de esforço; já os sais minerais são importantes para o sistema nervoso e para o trabalho muscular (contração muscular). Devido à perda de ambos em excesso, pode haver vários prejuízos ao atleta, como perda de desempenho. Quando a perda de sais minerais como sódio (sal) é exacerbada, por exemplo, pode ser observada na pele e na roupa devido à transpiração.

Em pessoas saudáveis, um bom indicativo do estado de hidratação é a coloração/tonalidade da urina, que pode variar de transparente até a cor marrom ou castanho. De transparente a amarelo bem claro, é um estágio considerado normal; já se estiver amarelo-escuro, provavelmente a pessoa está em um estágio inicial de desidratação, deve ficar atenta e ingerir água; quando estiver alaranjado, é indicada a ingestão imediata de água em abundância, pois já se encontra em estágio de desidratação leve; já se a urina estiver na cor marrom ou castanho com odor forte, a pessoa apresenta um estado de muita desidratação — nesse último estágio, além de ingerir água em abundância, a pessoa deve evitar exercício físico e procurar ajuda de um profissional da área da saúde. Além disso, a pessoa deve ficar atenta para não confundir a coloração da urina com algum estado de desidratação, pois a ingestão de algum alimento que possui pigmentação avermelhada/alaranjada, como beterraba ou medicação, pode alterar a coloração da urina.

O exercício físico muito intenso e/ou prolongado associado a condições climáticas desfavoráveis, como altas temperaturas e alta umidade, combinadas com a falta de hidratação adequada, pode acarretar uma síndrome conhecida como rabdomiólise.

A rabdomiólise é decorrente de dano muscular, resultando em extravasamento para o plasma de componentes intracelulares, como potássio, cálcio, fósforo, creatina quinase (CK), lactato desidrogenase (LDH) e excesso de mioglobina.

A coloração da urina é um indicativo, variando de vermelho-escuro a marrom-claro (como café), como citado anteriormente, podendo causar distúrbios como insuficiência renal aguda, fraqueza muscular, taquicardia, febre, agitação, confusão, náuseas, colúria e hematúria, urina escura como café ralo e diminuição da quantidade de urina (oligúria e/ou anúria), devendo ser tratados imediatamente por equipe médica (LONG; KOYFMAN; GOTTLIEB, 2019). A rabdomiólise era algo mais comum no passado, quando não existia cintos e mochilas de hidratação, e os atletas maratonistas e ultramaratonistas tinham que realizar treinos muito longos seguidos, fazendo com que a hidratação adequada fosse comprometida. É algo que dificilmente ocorrerá se o atleta seguir todas as recomendações (rotina de treinos, hidratação e descanso) do seu treinador, porém, em algum momento, pode ocorrer, e tanto o atleta como o treinador devem estar atentos aos sintomas.

Não é recomendada a perda de mais do que 3% de peso corporal em líquido, porém, em treinos ou corridas longas, esse valor pode ser facilmente ultrapassado. O treinador pode ter um parâmetro de quanto o atleta perdeu de líquido durante um treino, calculando a taxa de sudorese. A taxa de sudorese é considerada um índice da capacidade evaporativa e da dissipação de calor durante determinado período, por exemplo, uma hora, e pode ser calculada por meio da equação a seguir.

$$\text{Taxa de sudorese} = \frac{\frac{PI+PF-PU}{(kg)}}{\frac{Tempo\ de\ treino}{(horas)}}$$

Legenda: PI, peso inicial, peso inicial antes do exercício; PF, peso final, peso final após o exercício; PU, perda de urina. É necessário que a pessoa se pese ao retornar do treino, urinar e pesar novamente. A diferença de peso é a perda urinária.

Exemplo: ao realizar o controle do peso corporal pré e pós-treino, mais o quanto foi ingerido de líquido durante o exercício, menos o volume de urina. Por exemplo, peso inicial de 70 kg, menos o peso pós-treino (66 kg) somado o quanto foi ingerido durante o exercício, 1 litro de água, com um volume de urina igual a 0, dividido pelo tempo de exercício (duas horas); o saldo da taxa de sudorese foi de 5 kg, dividido pelo tempo do exercício que foi de duas horas, a taxa de sudorese desse atleta foi de 2,5 litros por hora. Como é recomendado que a perda de peso corporal não ultrapasse os 3%, para esse indivíduo com 70 kg, o ideal é que chegue, no máximo, aos 68 kg. Então, esse atleta deve ingerir em torno de 1,5 litros de líquido por hora ao longo do exercício, para que, ao término da atividade, esteja próximo dos 68 kg.

Também pode ser calculada de forma mais simples, pela diferença de peso (kg) pré e pós-treino. A diferença (kg) seria o que o atleta perdeu de líquido (ml/litros) e deve ser reposto. A recomendação é que se realize a ingestão de água aos poucos e de forma frequente até chegar ao valor de 150% do pré-treino. Por exemplo: se a pessoa perder 2 kg de peso corporal, ela deve ingerir/repor 3 mil ml de líquido (SHIRREFFS et al., 1996). Em treinos muito longos, meia-maratona e maratona, dependendo das condições climáticas, é possível perder acima de 5% do peso corporal – desidratação séria (CASA et al., 2000) – e até 11% em provas de ultramaratona (IRVING et al., 1990). Nesse último caso, pode ocorrer um quadro de hipertermia, choque térmico e até risco de morte. Sendo que, a partir de 2% do peso corporal, já se torna prejudicial para o desempenho e, a partir de 7%, pode levar ao quadro de fadiga térmica quando a temperatura corporal supera os 39,5 °C (COSTA et al., 2014; MEYER; PERRONE, 2004).

Vale destacar que, com o treinamento aeróbio realizado de forma crônica, o processo de termorregulação do atleta torna-se mais eficiente devido a alguns ajustes e adaptações que ocorrem no organismo. Por exemplo, ocorre uma diminuição no limiar de sudorese, ou seja, o atleta vai transpirar mais antes (mais precoce) para uma mesma carga de trabalho; também ocorre aumento das glândulas sudoríparas e do volume plasmático, otimizando a troca de calor com o ambiente, levando a uma menor temperatura corporal para uma mesma carga de trabalho. Porém, se o atleta já iniciar o treino ou a prova desidratado, todo esse mecanismo fica comprometido, e não há treinamento ou adaptação que garantam melhor termorregulação nesse caso.

Dependendo da temperatura ambiente e da umidade relativa do ar (URA), do tempo de duração do exercício, da intensidade, do nível de condicionamento físico e da taxa de sudorese do atleta, as recomendações de hidratação mudam, mas, em linhas gerais, é recomendada a ingestão de 500 ml de água, uma ou duas horas antes do exercício físico, e mais 200 ml de água, 30 minutos antes. Durante o treino, caso o exercício tenha duração de até uma hora, é recomendada a ingestão apenas de água; já, se o tempo de duração for maior (90, 120, 150 minutos etc.) que uma hora, a reposição deve ser, no mínimo, igual à perdida, porém, devido à dificuldade de reposição adequada durante o exercício, isso nem sempre é possível.

Além disso, é recomendada a ingestão de carboidratos para manter os níveis de glicemia estáveis e para poupar os estoques de glicogênio, podendo ser dissolvido em água com uma concentração de carboidratos (CHO) em torno de 4 a 8%, de 15 a 20 minutos, em 180 a 300 ml, alternando o consumo com água até completar um consumo de 600 a 1200 ml por hora de líquidos, ou em gel, que já é pronto para consumo. Ainda, levando em consideração que, para cada litro de sudorese, perdemos 1 grama de sódio, a sua reposição na bebida esportiva deve ser entre 0,5 e 0,7 g/L, que pode ser dissolvido em água ou realizado o uso de cápsulas de sal. Com isso, além de se repor os sais minerais, será evitado o estado de hiponatremia, que é quando ocorre a reposição exacerbada (> 3,5 litros) de líquidos, gerando desequilíbrio na proporção da quantidade de água e sais minerais. Todas essas recomendações devem ser testadas antes de um evento, pois nem sempre a pessoa pode ter uma boa aceitação, por exemplo, ao CHO gel.

Após o exercício, é recomendada a ingestão de 400 a 600 ml de água imediatamente. Alternativas têm sido sugeridas, como ingestão de leite, por conter proteína, carboidratos, micronutrientes e água (SHIRREFFS; WATSON; MAUGHAN, 2007; JAMES *et al.*, 2018). Um estudo que comparou o índice de hidratação de várias bebidas, duas horas após o exercício, mostrou que o leite desnatado, o leite integral e o suco de laranja tiveram um índice de hidratação maior, comparados com água pura (MAUGHAN *et al.*, 2016).

O caldo de cana, também conhecido popularmente como "garapa", é altamente nutritivo devido ao seu alto valor energético (sacarose), carboidratos, vitaminas, minerais e água (STANCANELLI *et al.*, 2006; NOGUEIRA *et al.*, 2009). Outra bebida que pode ser benéfica é a cerveja, quando realizado o consumo de forma moderada, devido à oferta de minerais, carboidrato e água (JIMÉNEZ-PAVÓN *et al.*, 2015). O consumo de forma moderada é o recomendado, pelo fato de, em altas quantidades, a cerveja ser diurética, podendo contribuir para piora do quadro de desidratação.

Maior cuidado deve ser tomado no período do verão, em que ocorrem maiores temperaturas. Durante os treinos, também é importante fazer a reposição de líquidos, principalmente em dias quentes e treinos longos. O atleta pode levar consigo um cinto ou uma mochila de hidratação com água, porém, como foi citado anteriormente, não é aconselhável só fazer a reposição com água. O atleta pode fazer o consumo de outros tipos de repositores, como maltodextrina, dextrose, carboidrato gel, água de coco, refrigerante à base de coca, repositores eletrolíticos e/ou, se for o caso, soro caseiro (a base de sal e açúcar) e até alimentos – frutas liofilizadas (desidratadas) – que auxiliam a manter o nível adequado da glicemia.

4.7 NUTRIÇÃO

A nutrição é um tema bastante amplo e complexo, pelo fato de levar em consideração a rotina e os hábitos alimentares de cada um, a fase de treinamento e o tipo de prova que o atleta deseja fazer. Pessoas que treinam cerca de três vezes por semana, entre 30 e 40 minutos, geralmente seguindo uma dieta normal, já têm suas necessidades nutricionais atendidas — exemplo: 1800-2400 Kcal/dia (25-35 Kcal/kg/dia para pessoas entre 50 e 80 kg) —, devido ao fato de as demandas energéticas de cada sessão de treino não serem tão altas — 200-400 Kcal/sessão. Já atletas que treinam entre cinco e seis vezes por semana, entre duas e três horas de exercício intenso, podem gastar em torno de 600-1200 Kcal ou mais por hora de exercício, algo entre 40-70 Kcal/kg/dia — 2000-7000 Kcal/dia (KERKSIC *et al.*, 2018).

Em uma conta rápida, podemos considerar algo em torno de 1 Kcal/kg/km como estimativa de gasto calórico. Portanto, para uma pessoa com massa corporal de 70 kg, o custo energético para se correr uma maratona, sendo de aproximadamente, 2.940 Kcal, com um custo um pouco maior para ambos os sexos que possuem uma maior massa corporal, comparado com os de menor massa corporal (LOFTIN et al., 2007). Isso é muito mais do que uma pessoa deve consumir diariamente para manter somente as funções básicas — algo em torno de 2 mil Kcal. Portanto, imagine como deve ser rica a alimentação de quem pretende treinar diariamente. Porém, algumas orientações são gerais para os praticantes de corrida, como se pode observar a seguir.

O atleta deve alimentar-se adequadamente, evitando alimentos de preparo rápido (tipo *fast-food*) frituras (batata frita e *nuggets*), embutidos como salsichas e carnes gordurosas que contribuem para o aumento de marcadores inflamatórios. A preferência deve ser para o tradicional arroz com feijão, ovos, batatas, carnes brancas (peixes e aves), macarrão, pães integrais, frutas, folhas e legumes em geral, sucos naturais e água.

Deve-se evitar "pular" refeições, principalmente o café da manhã e almoço, e fazer refeições intermediárias (lanche da manhã e lanche da tarde) também é importante. Caso a pessoa realize um treino/corrida no período da manhã, a refeição (café da manhã) deve ter um intervalo mínimo de uma hora e, se no período da tarde, a refeição (almoço) deve ter um intervalo de no mínimo três horas. Dependendo da quantidade e do tipo de alimento ingerido, por exemplo, o tempo de digestão será muito diferente, caso a pessoa se alimente com macarrão e salada ou uma quantidade generosa de proteína (churrasco ou feijoada) – com esse último, o tempo mínimo de digestão aumenta para quatro ou cinco horas. Algo que não pode acontecer é a pessoa começar a treinar e sentir desconforto gástrico, pois, certamente, isso vai interferir na qualidade do treino. Outro ponto importante é que a pessoa siga sua rotina de alimentação equilibrada com frutas, legumes, vegetais e boas fontes de macronutrientes, principalmente carboidratos complexos e proteínas menos gordurosas.

A seguir, citamos mais algumas recomendações e dicas importantes sobre o assunto, por exemplo: 1) consumir de forma abundante carboidratos antes (ver recomendações a seguir — Quadro 3; 2) e após cada treino e prova, principalmente os de baixo índice glicêmico — carboidratos complexos (massas em geral), como pães integrais, macarrão, arroz e feijão; 3) evitar alimentos preparados à base de farinha refinada, como pão branco, *donuts*, sonho, bolachas salgadas e recheadas – esses dois últimos, além da farinha refinada, contêm gordura interesterificada, que é prejudicial à saúde; 4) consumir proteínas de diversas fontes, como, leite, ovos, queijo branco, carnes brancas, de preferência, como frango e peixes; 5) evitar alimentos gordurosos, como derivados de gordura saturada processada, em geral, carne de porco como embutidos, bacon e salsicha, e margarinas;

6) evitar alimentos doces, como cereais matinais, barras de cereal, iogurtes com sabor, balas e chicletes; 7) consumir verduras e legumes em geral no almoço e jantar; 8) consumir frutas em geral, amêndoas e castanhas no café da manhã e entre as refeições (lanches); 9) cuidar da hidratação, beber água, sucos naturais de frutas e evitar refrigerantes; e 10) sempre que possível, evitar treinar em jejum, sendo o recomendado ingerir alguma coisa leve, como uma torrada, geleia, água ou suco de frutas.

Quadro 3 – Recomendações de ingestão de CHO antes de eventos de longa duração

	Exercício intermitente < 90 min.	Exercício intermitente > 90 min.	Exercício > 90 min.
Recomendação	24 horas de ingestão 7 – 12g por kg massa corporal	36 – 48 horas de ingestão 10 – 12g por kg massa corporal / dia	Refeição pré-e-vento (1 – 4 horas) 1 – 4g por kg massa corporal

Fonte: elaborado pelos autores, com base em Burke (2021)

4.8 SONO E DESCANSO

Certamente você já deve ter ouvido dizer que: "descanso também é treino". Isso é uma verdade e deve ter o seu devido valor.

Em geral, sono e descanso andam juntos. Então, é importante que a pessoa mantenha uma rotina de sono adequada, o que é algo muito particular de cada um. Para algumas pessoas, poucas horas de sono são suficientes para acordarem descansadas e se sentirem em condições de desenvolver sem prejuízos as atividades diárias, mas, em geral, uma boa noite de sono (profundo – conhecido como fase REM, do inglês *Rapid Eye Movement*) para a maioria das pessoas é constituída por sete ou oito horas, o que é suficiente para acordar descansado. Um estudo recente demonstrou que uma única noite de privação de sono ou parcial (quatro horas) é suficiente para prejudicar o desempenho físico aeróbio, de força e potência em 11,4% e cognitivo (CULLEN *et al.*, 2019); se a pessoa tiver sete dias consecutivos com pouco sono (< seis horas diárias), apresenta um grande risco de desenvolver resfriado (PRATHER *et al.*, 2015). Já outros estudos observaram que atletas devem dormir > de oito horas por noite para maximizar o descanso (ROBERTS *et al.*, 2019; SARGENT *et al.*, 2021). Porém, outro estudo, que avaliou 175 atletas de elite de 12 modalidades individuais, verificou que a média de tempo de duração do sono é de cerca 6,7 ± 0,8 horas, com índice de *deficit* de sono de 96,0 ± 60,6 minutos; portanto, sendo insuficiente e comprometendo o desempenho nos treinos e/ou competições, apenas 3% relataram ter a necessidade de sono suficiente (SARGENT *et al.*, 2021). Outro estudo verificou que atletas adolescentes que dormiam em média menos de oito horas por noite estavam 1,7 vezes mais propensos a sofrer uma lesão, em comparação com aqueles que dormiam oito horas ou mais (MILEWSKI *et al.*, 2014).

Já o descanso durante o dia também é muito importante, apesar de ser difícil, por conta da rotina diária com trabalho, estudos e compromissos diversos. O atleta deve evitar ficar muito tempo em pé ou agachado na véspera de um teste/avaliação e, principalmente, uma corrida importante. Caso seja possível, também é indicado realizar um cochilo após o treino ou o almoço. Um estudo recente avaliou os efeitos do cochilo no desempenho de corredores e comparou com um grupo controle. Foi observado nos corredores, que cochilaram (20 ± 10 minutos) 90 minutos antes do exercício físico, menor percepção subjetiva de esforço e, consequentemente, maior desempenho em um teste até a exaustão, comparados com o grupo controle; também foi observado que os atletas que dormiram menos de sete horas à noite foram os mais beneficiados com o cochilo (BLANCHFIELD *et al.*, 2018).

É preciso que o treinador fique atento aos sinais e às informações que o atleta relata, sendo, às vezes, preciso colocar na balança o que vale mais a pena: o atleta treinar estando muito cansado — sendo que o treino não será satisfatório — ou deixá-lo dormir, ou até mesmo inserir um dia de descanso no meio da rotina, mesmo sem estar previsto.

PARTE 2

ASPECTOS FISIOLÓGICOS DO EXERCÍCIO FÍSICO E DA CORRIDA

5

SISTEMAS DE FORNECIMENTO DE ENERGIA PARA CORRIDA E BIOENERGÉTICA

A corrida ou o exercício aeróbio, basicamente, podem ser realizados de duas formas: contínua ou intermitente. A forma contínua, como o próprio nome diz, é contínua e não possui interrupções, enquanto a forma intermitente é caraterizada por intervalos entre os estímulos e séries de exercício, ou seja, com interrupções (DAUSSIN *et al.*, 2007, 2008; JACOBS *et al.*, 2013). Dependendo da forma e do tipo do estímulo, pode-se variar a predominância dos sistemas de fornecimento de energia e os substratos energéticos, como veremos a seguir.

5.1 CARBOIDRATOS E LIPÍDIOS

Nos esportes predominantemente aeróbios, as principais fontes de energia são os carboidratos (glicogênio) e as gorduras (triglicerídeos e ácidos graxos livres – AGL) (HARGREAVES; SPRIET, 2006). Com o prolongamento do exercício, à medida que diminuem as reservas de carboidrato, acontece a transferência do metabolismo do glicogênio muscular para o de lipídios (LIMA-SILVA *et al.*, 2007).

As reservas de glicogênio muscular estão diretamente relacionadas ao desempenho final e ao tempo de sustentação do exercício (BERGSTRÖM *et al.*, 1967; LIMA-SILVA *et al.*, 2007). Quanto maior a intensidade, maior será a utilização do glicogênio muscular, assim como o custo energético (HARGREAVES; SPRIET, 2006).

A predominância do substrato energético (carboidrato versus gordura) a ser utilizado durante o exercício físico depende de alguns fatores, entre os quais temos o nível de condicionamento físico, a disponibilidade de substrato, da intensidade e o tempo de duração (ROMIJN *et al.*, 1993; ARETA; HOPKINS, 2018). Dessa forma, neste capítulo, abordaremos os substratos energéticos utilizados nas provas mais curtas até as de maiores distâncias praticadas nas corridas de rua.

O fornecimento de energia para o exercício físico tem como base dois macronutrientes: os carboidratos e lipídios obtidos da nossa alimentação. Os substratos energéticos estocados em nosso organismo (plasma, fígado, músculos e adipócitos), por meio da glicogênese e lipogênese, são quebrados por reações químicas (glicólise e lipólise) para serem utilizados pelas células. Essa energia é medida em quilocalorias (Kcal). Por exemplo, a oxidação de um grama de carboidrato ($C_6H_{12}O_6$) produz quatro Kcal de energia, enquanto um grama de lipídio — glicerol ($C_{57}H_{104}O_6$) produz nove Kcal, porém, além de ser um processo mais complexo e custoso, requer mais oxigênio para produção de energia. Toda essa energia produzida será utilizada na formação de adenosina trifosfato (ATP).

Em repouso, nosso organismo é predominantemente aeróbio, portanto utiliza tanto carboidratos quanto lipídios como combustíveis para produção de energia. No exercício realizado em baixa intensidade e prolongado, a maior parte da energia será proveniente dos lipídios. Já no exercício intenso, o organismo utiliza, principalmente, carboidratos para produzir energia. Quanto mais intenso for o exercício, mais carboidrato será utilizado.

Os carboidratos são facilmente metabolizados pelo organismo. Quando ingeridos e triturados na boca, são digeridos e absorvidos no fígado e, principalmente, no intestino e, posteriormente, direcionados para a corrente sanguínea. São captados pelos músculos e fígado e convertidos (gliconeogênese) em glicogênio. De acordo com as necessidades, o glicogênio estocado no fígado é reconvertido (glicogenólise) em glicose e transportado pelo sangue para os órgãos e músculos para formação de ATP. Durante a atividade física intensa, para gerar energia, a "preferência" de utilização é do glicogênio estocado nos músculos ativos (VIGH-LARSEN et al., 2021). Nada impede também de ser utilizada a glicose plasmática e a proveniente do fígado; tudo depende de vários fatores, como estado nutricional, intensidade e duração do exercício, estado de treinamento. Uma adaptação ao treinamento aeróbio é a maior capacidade de estocar glicogênio, principalmente nos músculos, o que favorece para um maior tempo até a exaustão.

Já os lipídios fornecem muito mais energia por grama (9 Kcal) que os carboidratos (4 Kcal), assim como seu estoque é muito maior. Porém, devido ao seu tamanho, é mais complexo para se fazer a quebra (lipólise), o que dificulta a sua utilização durante o exercício físico mais intenso, ao contrário do exercício menos intenso e mais prolongado. Quando ocorre a lipólise, os triglicerídeos são reduzidos a glicerol e ácidos graxos livres (AGL), os Gales circulam na corrente sanguínea até os músculos, sendo quebrados por enzimas nas mitocôndrias em ácido acético, que é convertido em acetil-CoA, que, por sua vez, entra no ciclo de Krebs e na cadeia transportadora de elétrons para gerar ATP e a contração muscular. Com o treinamento aeróbio, o organismo estoca mais triglicerídeos intramusculares, o que se torna uma vantagem em termos energéticos em treinos e provas de longa duração.

5.2 BIOENERGÉTICA

Quando pensamos em treinamento e fisiologia do exercício, obrigatoriamente pensamos nos sistemas energéticos. Basicamente, os sistemas energéticos são divididos em dois: anaeróbio (alático e lático/glicolítico) e aeróbio (oxidativo). Podemos comparar os sistemas energéticos com um sistema de armazenamento e vazão de água, como uma caixa d'água com várias torneiras de diferentes tamanhos. Quando o exercício é realizado em alta intensidade, o sistema anaeróbio pode ser comparado a duas grandes torneiras abertas ao seu máximo, momento em que acontece uma grande vazão de água (energia – ATP), podendo ser chamada de potência. Já o sistema aeróbio pode ser comparado a uma grande caixa d'água que apresenta uma grande capacidade de armazenamento no sistema, com uma torneira de menor poder de vazão, mas de grande capacidade, sendo sua abertura regulada aos poucos, conforme a demanda da prova (Figura 2).

O que define o início e fim de cada sistema é o tempo de duração e a intensidade. Portanto, a predominância ou contribuição/participação de cada sistema é definida por essas duas variáveis, ou seja, no metabolismo não existe exclusividades dos sistemas, e sim predominância. Consideramos que a predominância do sistema anaeróbio (alático-lático) é em torno de 75 segundos ou algo em torno de 500 metros, e, a partir desse tempo ou dessa distância, o sistema aeróbio (oxidativo) é predominante (GASTIN, 2001; LAURSEN, 2010). Isso em exercícios como a corrida, realizados em alta intensidade por um atleta bem treinado. A seguir, descrevemos com mais detalhes cada um.

Figura 2 – Representação dos sistemas energéticos anaeróbio e anaeróbio

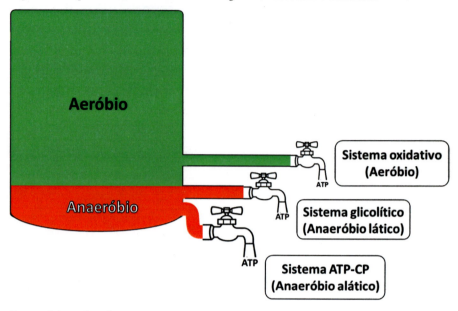

Fonte: elaborado pelos autores

5.3 SISTEMA ANAERÓBIO

O sistema anaeróbio é caracterizado por ser um sistema de rápido fornecimento de energia (ATP). O sistema anaeróbio alático é cerca de 2,5 vezes mais rápido que o aeróbio, por isso é o sistema mais requisitado em esforços de alta intensidade e curta duração, por exemplo, provas de 100 metros rasos, sendo o segundo sistema a ser acionado quando iniciamos a corrida, já que o primeiro é o próprio ATP disponível nos músculos, com um tempo de duração máxima de dois a três segundos, seguido do sistema anaeróbio.

O sistema anaeróbio tem basicamente duas subdivisões: o sistema anaeróbio alático e o sistema anaeróbio lático. O sistema anaeróbio alático tem duração máxima ou predominância em torno de sete a oito segundos, utilizando para sua ressíntese a creatina fosfato, enquanto o lático/glicolítico é de cerca de 75 segundos, utilizando como fonte de energia a glicose proveniente do glicogênio. O sistema anaeróbio, além de ter a limitação no fornecimento de energia, tem como produto final o ácido lático ($C_3H_6O_3$), que rapidamente é dissociado em lactato ($C_3H_5O_3$) e íons de hidrogênio (H^+) devido à alta taxa de quebra de ADP/ATP pelos músculos. O ácido lático já foi considerado um "vilão" do metabolismo anaeróbio até início dos anos

1980, sendo atribuída a ele a causa da fadiga e dor pós-treino (dor muscular de início tardio), até que, em 1983, James A. Schwane e colaboradores demonstraram que não era o ácido lático que causava a dor pós-treino, e sim o processo inflamatório decorrente das microlesões nos músculos, causadas, por exemplo, por corrida realizada em declives (descidas), mesmo sem elevar os níveis de ácido lático (SCHWANE et al., 1983).

O lactato, atualmente, é considerado uma grande fonte de energia, pelo fato de ser removido via oxidação pelos músculos ativos, inativos e miocárdio em até 70% e pela gliconeogênese em até 20% pelo ciclo de Cori para formação de glicogênio. Já o aumento de hidrogênio livre (H^+) e fosfato inorgânico (Pi) é mais prejudicial ao desempenho por levarem à fadiga precoce (aguda) devido à acidose metabólica (HUREAU et al., 2022; ROBERGS; GHIASVAND; PARKER, 2004). A fadiga aguda (durante exercícios intensos) é caracterizada por limitações centrais ou periféricas, nesse caso, principalmente por fatores periféricos, como aumento excessivo e/ou acúmulo de metabólitos como H^+ e Pi (HUREAU et al., 2022), adenosina monofosfato (ADP) e lactato, levando a uma redução do pH muscular e sanguíneo, caracterizando um desconforto muscular — sensação de queimação/dor — a uma redução ou incapacidade (involuntária) de gerar potência ou velocidade, ou até mesmo à interrupção do exercício (BLAIN et al., 2016). Porém, com o treinamento aeróbio, o organismo se torna mais tolerante e consegue realizar maior equilíbrio acidobásico, tendo maior efeito tamponante e, consequentemente, maior eficiência para realizar o exercício físico em alta intensidade.

5.4 SISTEMA AERÓBIO

O sistema aeróbio é o predominante em praticamente todos os momentos de nossa vida, em repouso, caminhando e correndo (dependendo da intensidade), pelo fato de sermos seres dependentes de oxigênio, portanto seres aeróbios.

Como vimos anteriormente, o sistema aeróbio assume a predominância do metabolismo, em torno de 75 segundos (GASTIN, 2001), e tem como base a utilização de substrato energético glicose proveniente do glicogênio sanguíneo, muscular, hepático e as gorduras armazenadas em formato de lipídios, em especial triglicerídeos, que, ao serem quebrados, são divididos em três ácidos graxos e um glicerol – ácidos graxos livres (Figura 3). Como os estoques de carboidratos (glicogênio) são limitados em corridas de longa duração, como maratona e de fornecimento de ATP mais lenta em comparação com o sistema anaeróbio, à medida que o exercício vai se prolongando (horas), a principal fonte de energia passa a ser as gorduras, seja do plasma, seja de3 tecido adiposo e músculos, já que seu estoque é praticamente ilimitado, e, como possui uma maior quantidade de carbonos, gera maior quantidade total de ATP (Quadro 4).

Figura 3 – Percentual de substrato energético utilizado ao longo do tempo por um atleta de *endurance* correndo a uma intensidade entre 65 e 75% do $\dot{V}O_{2max}$

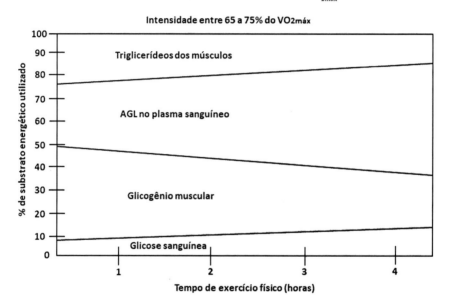

Fonte: elaborado pelos autores, adaptado de Romijn *et al.* (1993)

Quadro 4 – Capacidade de carboidratos e lipídios a serem estocados no organismo e a quantidade de energia fornecida. Dados com base em uma pessoa bem nutrida com 80 kg

Substrato	Gramas (g)	Kcal	Quantidade de ATP produzida
Carboidratos			
Glicogênio muscular	400	1.600	
Glicogênio hepático	100	400	
Glicose plasmática	3	12	
Total	503	2.012	até 38 por molécula
Lipídios			
Tecido adiposo	12.000	108.000	
Triacilgliceróis intramusculares	300	2.700	
Triacilgliceróis plasmáticos	4	36	
AGL plasmático	0.4	36	
Total	12.304	110.772	até 129 por molécula

Fonte: elaborado pelos autores, com base em Mcardle, Katch e Katch (2008)

5.5 POTÊNCIA E CAPACIDADE ENERGÉTICA

Quando falamos em potência e capacidade energética, temos que ter em mente que potência energética é algo que fornece energia de forma rápida, como uma grande torneira aberta no máximo. Já a capacidade seria representada por uma grande caixa d'água, capaz de armazenar um grande volume de água (Figura 2). Basicamente o que define a predominância de um e outro é intensidade, tempo de duração do esforço e aptidão física da pessoa; em linhas gerais, segue como apresentado na Figura 4.

Figura 4 – Metabolismo energético e suas subdivisões

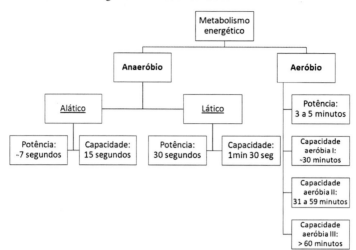

Fonte: elaborado pelos autores

6

AJUSTES MORFOLÓGICOS E FISIOLÓGICOS PROMOVIDOS PELO TREINO AERÓBIO

Ao realizar um tipo de treino, o estímulo gera ao organismo estresse e, consequentemente, uma série de perturbações e ajustes agudos, como aumento do consumo de oxigênio, da necessidade de nutrientes, do fluxo sanguíneo, da pressão arterial, do estresse cardíaco e da temperatura corporal, liberação de hormônios e catecolaminas, entre outros. A maneira e intensidade como os ajustes ocorrerão dependem da maneira com que o exercício é realizado, ou seja, dependendo de sua intensidade, duração e condições ambientais.

Cada sessão de treino promove ajustes fisiológicos agudos que se caracterizam por retirar o organismo de sua homeostase, devido ao aumento imediato da demanda energética da musculatura exercitada, assim como do organismo como um todo. Temos dados relatados na literatura científica com atletas treinados e bem treinados não africanos, porém não encontramos relatos de dados sobre ajustes morfológicos e fisiológicos centrais em atletas africanos, para efeito de comparação. Porém, estão listados aqui alguns dados para termos uma ideia de como seriam, considerando que imaginamos que nesses fatores não deve haver diferenças significativas entre ambos.

6.1 CONSUMO DE OXIGÊNIO, VENTILAÇÃO E FREQUÊNCIA RESPIRATÓRIA

Ao iniciar o exercício físico, os órgãos internos são estressados, pelo fato de ocorrer o aumento das demandas de oxigênio, substratos energéticos, fluxo sanguíneo e hormônios para distribui-los por todo o corpo.

Uma das primeiras necessidades do organismo em atividade é o aumento do consumo de O_2 e, consequentemente, da ventilação pulmonar e frequência respiratória, a fim de distribuir o O_2 para as células. Além disso, dependendo da intensidade, pode ocorrer aumento exacerbado de H⁺, lactato, gerando o aumento da ventilação pulmonar e frequência respiratória, ambos de grande importância para expelir o CO_2 e manter os níveis adequados de pH (FOSS; KETEYIAN, 2010).

Em repouso, a taxa de consumo de ar é de cerca de cinco a seis L/minuto. Já em exercício máximo, essa taxa pode aumentar de 15 a 30 vezes, chegando a cerca de 150 L/minuto (FOSS; KETEYIAN, 2010).

6.2 FREQUÊNCIA CARDÍACA

Com o início do exercício físico, ocorre ativação de quimio e mecanorreceptores que sinalizam o núcleo do trato solitário (hipotálamo), ocorrendo a retirada do sistema parassimpático, o aumento do sistema simpático (bulbo) e, consequentemente, da frequência cardíaca.

Em geral, a frequência cardíaca de repouso de uma pessoa saudável varia entre 60 e 70 batimentos por minuto (bpm), podendo chegar a 190-200 bpm no exercício máximo, retornando aos valores de repouso após alguns minutos/horas ao término do exercício.

6.3 VOLUME DE EJEÇÃO

Durante a contração do músculo cardíaco (sístole), o volume de sangue ejetado do ventrículo esquerdo é denominado volume de ejeção (VE). O volume de sangue contido no final da diástole, antes da contração, no seu completo enchimento, é chamado de volume diastólico final (VDF), e o volume de sangue restante mais o restante no ventrículo é chamado de volume sistólico final (VSF); ou seja, o volume de ejeção é a diferença entre o VDF e o VSF.

Com o treino aeróbio agudo, ocorre um aumento do volume de ejeção de forma momentânea (aguda), devido a uma série de ajustes morfológicos e fisiológicos combinados que aumentam o volume de ejeção com o passar do tempo.

6.4 DÉBITO CARDÍACO

O débito cardíaco (DC) é a quantidade de sangue que o coração bombeia a cada minuto. Quando uma pessoa está em repouso, tem um valor de, aproximadamente, cinco L/min. Já durante o exercício físico intenso, o débito cardíaco pode aumentar até cinco vezes (~25 L/min.), em referência aos valores de repouso (COHEN, 2008). O débito cardíaco pode ser estimado pela seguinte equação: DC (ml. Min^{-1}.) = FC (bpm) x VE (ml). Também pode ser estimado pelo método direto de Fick, proposto por Adolf Fick, pela seguinte equação:

$$DC = \frac{VO_2 \text{ (ml.min}^{-1})}{\text{diferença a-vO}_2} \times 100$$
$$\text{(ml de O}_2\text{por dl de sangue)}$$

O débito cardíaco é diferente entre gêneros. Por exemplo, no homem, o volume de ejeção é em torno de 71 ml, enquanto nas mulheres é em torno de 60 ml. Essa diferença é atribuída à diferença entre as dimensões corporais.

6.5 FLUXO SANGUÍNEO

Devido ao aumento do débito cardíaco durante o exercício e à necessidade de transportar mais O_2 e nutrientes para os músculos, ocorre uma vasodilatação dos músculos ativos durante o exercício, assim como uma vasoconstrição dos órgãos internos (vísceras) e músculos menos utilizados devido à liberação de adrenalina e noradrenalina plasmáticas. Durante o repouso, cerca de cinco L/min. de sangue é distribuído por todo o corpo (órgãos e tecidos). Já durante o exercício aeróbio, o fluxo sanguíneo pode aumentar para cerca de 25 L/min., sendo redirecionado entre 80 e 85% (~20 L/min.) aos músculos ativos, e o restante, 15 a 20%, é distribuído entre os órgãos e tecidos (COHEN, 2008; McARDLE; KATCH; KATCH, 2008).

O aumento do fluxo sanguíneo em resposta ao treinamento aeróbio pode ocorrer por duas razões: aumento no volume sanguíneo e vasodilatação periférica (tratada com detalhes no próximo capítulo). Dois componentes do sangue, o plasma e as hemácias, sofrem modificações com o treinamento (HELLSTEN; NYBERG, 2016; MONTERO; LUNDBY, 2018). Durante o exercício físico, o volume plasmático é diminuído em proporção direta à demanda metabólica e da condição climática de onde é praticado, o que causa queda osmolaridade, e, por consequência, ativa a cascata renina-angiotensina-aldosterona (CONVERTINO *et al.*, 1981). A resposta crônica a esse estímulo é a expansão do volume plasmático (hipervolemia) por meio da retenção do sódio causada pela aldosterona. Além disso, há um aumento no volume de eritrócitos com o aumento no conteúdo de hemoglobina e albumina plasmática (CONVERTINO *et al.*, 1981). Estudos têm observado um rápido aumento no volume sanguíneo, em torno de 10 a 12%, em 24 horas após o exercício, podendo atingir um platô em torno de 14 dias (HELLSTEN; NYBERG, 2016). Esse aumento nas primeiras duas semanas é influenciado, principalmente, pelo aumento no volume plasmático (CONVERTINO, 2007), e, à medida que o treinamento continua, o volume sanguíneo passa a sofrer mais a influência da expansão no volume de eritrócitos, que, em 30 dias de treinamento, pode aumentar em torno de 8 a 10% comparado aos níveis de pré-treinamento (HEINICKE *et al.*, 2001). Por conta dessas adaptações, tem sido observado que sujeitos moderadamente treinados apresentam um volume sanguíneo entre 20 e 25 % maior do que sujeitos sedentários, enquanto atletas de *endurance* altamente treinados podem apresentar um volume quase 50% maior (HEINICKE *et al.*, 2001; SCHMIDT; PROMMER, 2010).

Em síntese, o aumento do volume sanguíneo está associado ao aumento na $\dot{V}O_{2max}$ e à capacidade de se exercitar em intensidades mais altas (TEDJASAPUTRA; BOUWSEMA; STICKLAND, 2016).

6.6 PRESSÃO ARTERIAL

Nesse tipo de exercício físico, o aumento da atividade simpática é desencadeado pela ativação do comando central, ocorre aumento da frequência cardíaca, volume sistólico e débito cardíaco, mecanorreceptores musculares e, dependendo da intensidade, ativação de metaborreceptores musculares decorrentes da produção de metabólitos, levando à vasodilatação da musculatura ativa e gerando redução da resistência vascular periférica. Portanto, durante o exercício aeróbio como a corrida, observa-se aumento da pressão arterial sistólica e manutenção ou até redução da diastólica (BRUM *et al.*, 2004).

Ao longo do tempo, a exposição frequente (crônica) ao(s) estímulo(s) agudo(s) à sobrecarga imposta ao sistema cardiovascular (coração, veias, artérias, músculos etc.) gera uma série de adaptações morfológicas e fisiológicas como resposta às demandas metabólicas impostas pelo exercício físico, proporcionando várias adaptações crônicas importantes, principalmente na função cardiovascular (BRUM *et al.*, 2004), como serão explicadas no próximo capítulo.

7
ADAPTAÇÕES MORFOLÓGICAS E FISIOLÓGICAS PROMOVIDAS PELO TREINAMENTO AERÓBIO

O treinamento físico intenso, em especial o treino aeróbio contínuo e suas variações, é uma das formas mais comuns de treinamento realizadas pelos atletas de corrida. Esse tipo de treinamento tem por finalidade desenvolver a resistência/capacidade aeróbia, melhorando a aptidão física e o desempenho esportivo.

Ao longo do tempo, a exposição frequente e prolongada (crônica), a sobrecarga imposta ao organismo geram ajustes agudos para suprir a demanda metabólica imposta pelo exercício físico, resultam em várias adaptações fisiológicas crônicas centrais e periféricas importantes (BRUM et al., 2004).

Essas adaptações podem ser de origem central, como adaptações morfológicas do músculo cardíaco, aumento no débito cardíaco, aumento do volume sanguíneo e de hemácias no sangue, maior vascularização muscular; ou periférico, como aumento na captação celular de O_2 devido ao maior número e/ou volume mitocondrial e ao aumento nas enzimas oxidativas (JACOBS et al., 2013; MONTERO et al., 2015). São as seguintes.

7.1 ADAPTAÇÕES MORFOLÓGICAS AO MÚSCULO CARDÍACO

Adaptações crônicas promovidas pelo treinamento aeróbio contínuo e intervalado por meio da corrida trazem como resultado adaptações morfológicas dimensionais e funcionais no músculo cardíaco. A velocidade e magnitude das adaptações em resposta aos estímulos variam de acordo com a duração, a intensidade e a frequência dos estímulos (treinos).

O remodelamento cardíaco provocado pelo exercício é caracterizado por uma leve ou moderada hipertrofia excêntrica biventricular, com função diastólica preservada ou aprimorada, dilatação biatrial combinada com o aumento do volume sanguíneo (PEDLAR et al., 2018). Essa adaptação foi inicialmente encontrada em jovens atletas de elite (PELLICCIA et al., 1991), porém se observou o mesmo fenômeno, em menor grau, em corredores recreacionais (ZILINSKI et al., 2015; D'SILVA et al., 2020).

Um dos pioneiros a estudar os efeitos do treino aeróbio contínuo e intervalado no músculo cardíaco (hipertrofia cardíaca) foi o médico alemão Herbert Reindell, em atletas de elite alemães, nas décadas de 1940-1950.

Um estudo de Azevedo e colaboradores (2007) avaliou 162 corredores de longa distância do sexo masculino e observou alterações estruturais, como aumento da cavidade ventricular ≥ 55 mm (15%), espessura relativa de parede ≥ 0,44 mm (11%) e índice de massa ventricular ≥ 132 m² (7%). As principais adaptações no coração, portanto, são os aumentos do ventrículo esquerdo (hipertrofia excêntrica). Essas adaptações resultam no aumento do débito cardíaco máximo, volume de ejeção e enchimento diastólico e espessamento moderado de suas paredes (hipertrofia concêntrica). No estudo realizado por Ghorayeb e colaboradores (2005), com 30 maratonistas saudáveis, observou-se valores significativamente maiores do diâmetro e da espessura diastólica da parede posterior do ventrículo esquerdo, do septo interventricular, do diâmetro do átrio esquerdo e da massa (126 g/m² vs. 70 g/m²) do ventrículo esquerdo, em comparação com um grupo de não atletas. Essas alterações morfológicas adaptativas são consideradas respostas normais ao treinamento aeróbio intenso e prolongado. Em conjunto, essas alterações resultam em maior quantidade de sangue ejetado a cada batimento, o que indica maior eficiência cardíaca.

Por esse motivo, os corações de atletas altamente treinados aerobiamente são relativamente maiores (cerca de 25%) em comparação aos indivíduos saudáveis sedentários. Esse aumento não patológico do coração é conhecido como "coração de atleta", devido ao aumento do volume e da massa. Vale destacar que essas adaptações são parcialmente ou totalmente perdidas quando o treinamento é interrompido (McARDLE; KATCH; KATCH, 2008).

7.2 ADAPTAÇÕES FISIOLÓGICAS CARDIOVASCULARES

7.2.1 Frequência cardíaca

Um dos principais efeitos a longo prazo do treinamento aeróbio contínuo sobre o sistema cardiovascular é a bradicardia de repouso (KRIEGER; SILVA; NEGRÃO, 2001; AZEVEDO et al., 2007). A frequência cardíaca de repouso (FC_{rep}) varia em média entre 60 e 90 batimentos por minuto (bpm) em pessoas saudáveis e sedentárias. Já em atletas bem treinados aerobiamente, como maratonistas, os valores de FC_{rep} podem ficar em torno de 50 bpm, podendo variar entre 40 e 64 bpm, assim como podem possuir uma frequência cardíaca basal (dormindo) menor que 60 bpm (GHORAYEB *et al.*, 2005). A frequência cardíaca tende a diminuir com o aumento da aptidão aeróbia. Em atletas bem treinados aerobiamente, devido ao elevado nível de treinamento, é observada também uma menor frequência cardíaca durante o exercício, o que está ligado à eficiência do coração, devido ao maior débito cardíaco (CAR-RICK-RANSON *et al.*, 2014).

Apesar da frequência cardíaca máxima ($FC_{máx}$) não diferir entre atletas bem treinados aerobiamente e pessoas fisicamente ativas (KARVONEN; KENTALA; MUSTALA, 1957), o fato de o atleta demorar mais para atingir a $FC_{máx}$ permite que ele mantenha o exercício em intensidade mais elevada ou sustente a intensidade por mais tempo. A $FC_{máx}$ pode ser determinada por teste incremental máximo, ou por estimativa por meio da equação 220-idade = $FC_{máx}$ (FOX; NAUGHTON; HASKELL, 1971).

Portanto, o treinamento aeróbio contínuo e intervalado influencia na redução da frequência cardíaca de repouso, além da menor frequência cardíaca para a mesma intensidade absoluta de exercício. A redução da frequência cardíaca de repouso e durante o exercício em indivíduos treinados indica uma maior eficiência cardiovascular e hemodinâmica, devido ao aumento do volume de sangue ejetado a cada batimento, suprindo a oferta de O_2 e nutrientes, mesmo com frequência cardíaca menor. Além disso, a adaptação da frequência cardíaca ao treinamento aeróbio é resultado de um sistema autonômico mais eficiente, com diminuição da atividade simpática, aumento da parassimpática e bradicardia sinusal. Dessa forma, a bradicardia causada pelo treinamento aeróbio, além de aumentar o desempenho durante o exercício, atua como protetor ou na restabilização do sistema cardíaco.

No gráfico a seguir, vemos a comparação da resposta da frequência cardíaca e dos níveis de lactato sanguíneo após treinamento aeróbio (Figura 5).

Figura 5 – Resposta da frequência cardíaca e dos níveis de lactato sanguíneo após seis semanas de treinamento aeróbio em exercício de teste incremental. Setas em vertical representam o limiar de lactato pré e pós-treinamento

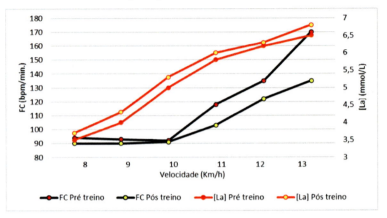

Fonte: elaborado pelos autores, adaptado de Jones e Carter (2000)

7.2.2 Volume de ejeção

O aumento no volume de ejeção (VE) como adaptação ao treinamento aeróbio está bem documentado na literatura. Em um desses estudos, Daussin e colaboradores (2007) observaram que pessoas sedentárias submetidas a oito semanas de treinamento aeróbio intervalado aumentaram o volume de ejeção, a frequência cardíaca e, consequentemente, o débito cardíaco. Da mesma forma, Spence e colaboradores (2011) também verificaram maior volume de ejeção em jovens saudáveis, submetidos a um programa de treinamento aeróbio contínuo de intensidade moderada com duração de 24 semanas. Esse aumento na capacidade de ejetar mais sangue a cada batimento é devido ao aumento na velocidade e capacidade de enchimento da câmara diastólica, o que, por sua vez, aumenta a quantidade de sangue no ventrículo esquerdo, que posteriormente será bombeado para a via sistêmica.

Outro fator é a hipertrofia da câmara cardíaca do ventrículo esquerdo, aumentando a força de contração, facilitando o esvaziamento da câmara (SPENCE *et al.*, 2011). Dessa forma, a menor frequência cardíaca para determinada intensidade é compensada pelo maior volume de ejeção característico de pessoas treinadas aerobiamente, o que acarretará um maior débito cardíaco durante o exercício. Em outras palavras, o coração terá que trabalhar menos para proporcionar uma maior quantidade de sangue para uma mesma intensidade de exercício físico.

Com o treinamento aeróbio contínuo a longo prazo, os atletas altamente treinados aerobiamente têm um volume de ejeção muito maior durante o exercício em comparação com indivíduos sedentários saudáveis devido a um volume sistólico maior, por exemplo, 70 ml contra 100 ml, respectivamente (McARDLE; KATCH; KATCH, 2008).

7.2.3 Débito cardíaco

Para efeito de comparação do débito cardíaco entre um indivíduo saudável sedentário e um atleta bem treinado aerobiamente, é apresentada a Tabela 1, a seguir.

Tabela 1 – Débito cardíaco de um sedentário e um atleta em repouso

Indivíduo	FC	VE	DC
Sedentário	70 bpm	71 ml	4.970 ml. Min^{-1}.
Atleta	50 bpm	100 ml	5.000 ml. Min^{-1}.

Legenda: FC = frequência cardíaca; VE = volume de ejeção; DC = débito cardíaco; bpm = batimentos por minuto; ml. Min^{-1} = mililitros por minuto.
Fonte: elaborado pelos autores, adaptado de McArdle, Katch e Katch (2008)

A diferença entre indivíduos saudáveis sedentários e atletas bem treinados aerobiamente está no fato de que, devido à maior aptidão física do atleta, o débito cardíaco do atleta durante exercício máximo pode chegar a quase o dobro do sujeito saudável sedentário, o que indica uma maior eficiência cardíaca. Isso porque, mesmo mantendo a frequência cardíaca durante o exercício máximo, o maior volume de ejeção aumenta a quantidade de O_2 e nutrientes transportada a cada minuto em atletas (Tabela 2). Dessa forma, os dois fatores que influenciam o débito cardíaco são adaptações importantes ao treinamento aeróbio contínuo e intervalado (HELLSTEN; NYBERG, 2016).

Tabela 2 – Débito cardíaco de um sedentário e um atleta em exercício máximo

Indivíduo	FC	VE	DC
Sedentário	200 bpm	110 ml	22.000 ml. Min^{-1}.
Atleta	200 bpm	175 ml	35.000 ml. Min^{-1}.

Legenda: FC = frequência cardíaca; VE = volume de ejeção; DC = débito cardíaco; bpm = batimentos por minuto; ml. Min^{-1} = mililitros por minuto.
Fonte: elaborado pelos autores, adaptado de McArdle, Katch e Katch (2008)

7.2.4 Volume sanguíneo e hematócrito

O volume sanguíneo é aumentado pelo treinamento aeróbio contínuo, principalmente quando realizado em alta intensidade (WILMORE; COSTILL, 1994). O aumento do volume sanguíneo deve-se ao aumento do plasma sanguíneo, assim como do volume de células vermelhas (McARDLE; KATCH; KATCH, 2008). Normalmente, atletas bem treinados aerobiamente apresentam um aumento da hemoglobina, ocasionando maior oferta de oxigênio aos músculos e, por consequência, maior resistência aeróbia (McARDLE; KATCH; KATCH, 2008).

No estudo de Moore, Parisotto e Sharp (2007), ao avaliar 41 atletas de elite do Quênia, que vivem no Vale do Rift, foi observada uma concentração média de hemoglobina e hematócrito de 16,4 g/dl e 49%, respectivamente, sendo que quase 25% desses atletas apresentavam uma concentração de hemoglobina acima de 17 g/dl e hematócrito acima de 50%. Diferentemente, Prommer e colaboradores (2010) não encontraram diferença significativa na concentração de hemoglobina (16,1 g/dl *vs.* 15,2 g/dl) e volume de sangue (101,9 ml/kg *vs.* 99,6 ml/kg) de atletas nativos de regiões montanhosas (Eldoret) do Quênia, em comparação com atletas de elite alemães que viviam ao nível do mar.

7.3 ADAPTAÇÕES FISIOLÓGICAS PERIFÉRICAS

7.3.1 Densidade capilar

Com a exposição crônica ao treinamento aeróbio, ocorre a formação de novos vasos sanguíneos, o que é chamado de angiogênese. Essa exposição crônica estimula a atividade da enzima conversora de angiotensina I, que produz angiotensina II, que forma os vasos sanguíneos nos músculos (RODRIGUES *et al.*, 2022). A angiogênese favorece a maior distribuição do fluxo sanguíneo periférico e difusão de oxigênio, ou seja, favorece a perfusão sanguínea periférica, promovendo a captação de substratos energéticos e a liberação de oxigênio, levando ao aumento do desempenho físico (SALTIN; GOLLNICK, 1983).

O aumento na densidade capilar observado em atletas aerobiamente treinados é devido ao aumento do fluxo sanguíneo nos tecidos nos músculos esqueléticos dos membros inferiores. Durante o exercício, com o maior fluxo sanguíneo e a atividade metabólica dos tecidos aumentada, os *esfíncteres* pré-capilares são "abertos" (Tabela 3) para suprir a maior demanda de nutrientes e oxigênio (McARDLE; KATCH; KATCH, 2008).

Tabela 3 – Distribuição do sangue com a "abertura" dos *esfíncteres* pré-capilares durante o exercício aeróbio contínuo

Músculo	Repouso	Após exercício aeróbio
Gastrocnêmios	5 ml por 100g	80 ml por 100g

Legenda: ml = mililitro; g = gramas.
Fonte: elaborado pelos autores, adaptado de McArdle, Katch e Katch (2008)

Portanto, todos esses fatores combinados e o aumento da produção de metabólitos musculares promovem a vasodilatação periférica na musculatura ativa, gerando redução da resistência vascular periférica.

7.3.2 Fibras musculares

Estudos indicam que corredores de longa distância apresentam uma grande proporção (69% ou mais) de fibras do tipo I (contração lenta – oxidativas) nos músculos de suas pernas em comparação (51-52%) com pessoas destreinadas (COSTILL et al., 1976; BERGH et al., 1978).

Isso se deve, principalmente, a dois fatores: 1) ao treinamento aeróbio contínuo realizado de forma crônica; e 2) ao processo de seleção natural dos atletas mais resistentes por praticarem corridas de longas distâncias, devido à maior aptidão física. No estudo de Bergh e colaboradores (1978), também foi observado que existe uma relação positiva (r = 0.67) entre os maiores valores de $\dot{V}O_{2max}$ encontrados nos atletas de *endurance* e um maior número de fibras do tipo I nos seus membros inferiores.

Alguns estudos analisaram as adaptações promovidas pelo treino aeróbio contínuo e observaram um aumento na área contendo fibras do tipo I, assim como uma tendência das fibras intermediárias (IIa) a trabalharem como fibras do tipo I, e, consequentemente, uma diminuição das fibras do tipo IIb, conforme Tabela 4 (TAYLOR; BACHMAN, 1999; MAUGHAN; GLEESON; GREENHAFF, 2000).

Tabela 4 – Alterações nas fibras musculares em decorrência do treinamento aeróbio

Parâmetro	Efeito do treinamento	Referências
Área com fibras tipo I	↑	Gollnick et al. (1973); Saltin et al. (1976)
Área com fibras tipo IIa	↑	Andersen; Henriksson (1977); Ingjer (1979)
Área com fibras tipo IIb	↓	Andersen; Henriksson (1977); Ingjer (1979)
Conversão* de fibra (IIb p/ I)	↑	Taylor; Bachman (1999)

Legenda: ↑ = aumento, ↓ = redução, *Em casos excepcionais/extremos.
Fonte: elaborado pelos autores, adaptado de Taylor e Bachman (1999) e Maughan, Gleeson e Greenhaff (2000)

No estudo realizado por Saltin e colaboradores (1995), notou-se existir similaridade entre o percentual de fibras musculares do tipo I dos músculos gastrocnêmios e vastos laterais de corredores de elite quenianos (72,6%) e escandinavos (67,7%). Apesar de ser maior nos primeiros, não houve diferença significativa. Weston e colaboradores (1999) observaram que corredores caucasianos possuem um nível maior (67,1 ± 17,5; 17%) de fibras do tipo I em comparação a corredores africanos (49,0 ± 17,3). Apesar de os valores serem bem maiores, não houve diferença significativa entre corredores caucasianos e africanos. Já no estudo de Coetzer e colaboradores (1993), comparou-se corredores negros e brancos da África do Sul, em corridas de alta intensidade em provas de longa distância, e notou-se que os primeiros conseguem correr em uma intensidade maior, não pelo fato de possuírem mais fibras do tipo I, mas, sim, por produzirem menores concentrações de lactato sanguíneo. Esses estudos demonstram que um maior percentual de fibras do tipo I parece não necessariamente representar uma vantagem aos atletas africanos ou caucasianos.

Talvez a explicação esteja no fato de as provas de corrida de resistência (dos 800 metros à maratona) estarem cada vez mais rápidas, o que demandaria, em contrapartida, a necessidade de maior utilização de fibras glicólicas (tipo IIb), que são de contração rápida. Dessa forma, uma maior porcentagem de fibras de contração lenta não seria um fator tão favorável.

7.4 ADAPTAÇÕES METABÓLICAS

7.4.1 Utilização de substratos energéticos durante o exercício

Uma das adaptações proporcionadas pela exposição crônica do treinamento aeróbio é o fato de nos tornamos "mais aeróbios", fazendo com que utilizemos mais gorduras do que carboidratos, além de conseguir estocar mais glicogênio muscular (McARDLE; KATCH; KATCH, 2008).

7.4.2 Adaptações mitocondriais e atividade enzimática

O treino aeróbio causa aumento (número e tamanho) da atividade das mitocôndrias, conhecido como biogênese mitocondrial, levando a uma maior taxa de oxidação de gorduras (efeito poupador de glicogênio) e diminuição no acúmulo de lactato em determinada intensidade, proporcionando aumento do desempenho (BASSET; HOWLEY, 2000). Nas mitocôndrias, ocorre a geração de energia (oxidação dos substratos energéticos – carboidrato e gorduras) nas células para o exercício aeróbio (SALTIN; GOLLNICK, 1983).

Atualmente, sabemos que essas adaptações que ocorrem no músculo esquelético, mais especificamente no número e tamanho das mitocôndrias e na atividade enzimática aeróbia, possuem alto nível de treinabilidade, permitindo que atletas de *endurance* bem e altamente treinados possam ter maior capacidade de utilizar oxigênio no miócito.

Taylor e Bachman (1999) revisaram estudos sobre as adaptações do músculo esquelético dos membros inferiores e a atividade enzimática das enzimas oxidativas e observaram as seguintes adaptações (Tabela 5):

Tabela 5 – Adaptações promovidas pelo treino aeróbio contínuo na atividade enzimática

Enzima	Músculo	Efeito do treinamento	Referências
SDH	Vasto lateral e gastrocnêmio	↑	Gollnick *et al.* (1973)
CS	Vasto lateral e gastrocnêmio	↑	Henriksson; Reitman (1977)
CYTOX	Vasto lateral	↑	Henriksson; Reitman (1977)
3-HAD	Vasto lateral	↑	Jansson; Kaijser (1987)
MCT 1 e 4	Vasto lateral	↑	Pilegaard *et al.* (1999); Dubouchaud *et al.* (2000)

Legenda: SDH = succinato desidrogenase; CS = citrato sintase; CYTOX = citrocromo oxidase; 3-HAD = 3-hidroxiacil; CoA desidrogenase; MCT1 = transportador monocarboxilato isoforma 1; MCT4 = transportador monocarboxilato isoforma 4; ↑ = aumento.
Fonte: elaborado pelos autores, adaptado de Taylor e Bachman (1999), Pilegaard *et al.* (1999), Dubouchaud *et al.* (2000)

Em conjunto, essas adaptações nas mitocôndrias e na atividade enzimática alteram o metabolismo aeróbio, aumentando a capacidade oxidativa do músculo esquelético, tornando-o mais eficiente e gerando menor acúmulo de lactato e H⁺.

Em resumo, as adaptações centrais e periféricas ocorrem em maior magnitude, de acordo com o tipo de treinamento realizado, como apresentado na Tabela 6, a seguir.

Tabela 6 – Adaptações centrais e periféricas de acordo com o tipo de treinamento realizado

Tipo de treinamento	Magnitude de melhora	Órgãos/tecidos	Magnitude de melhora	Tipo de treinamento
		Coração		
	↓	Frequência cardíaca (repouso)	↓↓	
	↑	Volume sistólico	↑↑	
	↑	Volume de ejeção	↑↑	
	↑	Débito cardíaco	↑↑	
	↑	$\dot{V}O_{2max}$	↑↑	
		Sistema circulatório		
CONTÍNUO	↑	Volume sanguíneo/hematócrito	↑	**INTERMITENTE**
	↑↑	Densidade capilar	↑	
	↑↑	Diferença a-vO₂	↑	
	↓↓	**Gordura**	↓	
		Músculo		
	↑ Tipo I	Tipo de fibra predominante	↑ Tipo II	
	↑↑	Eficiência mitocondrial	↑	
	↑↑	Atividade enzimática	↑	

Legenda: ↑ = aumento, ↑↑ = maior magnitude de aumento, ↓ = redução, ↓↓ = maior magnitude de redução.
Fonte: elaborado pelos autores, adaptado de Langan e Grosicki (2021)

PARTE 3

AVALIAÇÃO DO ALUNO E MONITORAMENTO DO TREINAMENTO

8

MECÂNICA DA CORRIDA E PADRÃO DE MOVIMENTO

8.1 O MOVIMENTO HUMANO AO LONGO DO TEMPO E A CORRIDA

O corpo humano foi moldado ao longo de milhões de anos, desde quando evoluiu dos primatas (chimpanzé) até se tornar bípede, passando por uma série de modificações em suas funções fisiológicas e morfológicas.

Entre essas modificações que os seres humanos sofreram ao longo do tempo, podemos citar, por exemplo, corpos altos e eretos – geram maior área de superfície facilitando o resfriamento –, a perda de uma grande quantidade de pelos e o desenvolvimento de glândulas sudoríparas – sendo uma das poucas espécies com capacidade de suar, e, sem a pelagem, facilita a evaporação do suor e o resfriamento –, além da respiração pela boca quando a demanda por oxigênio for maior, proporcionaram uma melhor termorregulação; auxiliando a percorrer grandes distâncias sem entrar em fadiga por superaquecimento. Outro fator seria o desenvolvimento de tendões dos membros inferiores mais elásticos, capazes de acumular energia elástica, auxiliando na impulsão da corrida. Ao contrário dos pés dos primatas, que são achatados e macios, os pés dos humanos são mais rígidos, auxiliando a propulsividade — devido ao seu arco. Os membros inferiores e suas modificações ao longo do tempo são a base da função mecânica, sendo fundamental para locomoção bípede humana, antes mesmo de surgir o *Homo Erectus*, assim como outras adaptações para a corrida de resistência (VENKADESAN *et al.*, 2020).

Ao longo dos milhões de anos de evolução, a corrida de longa distância sem proteção nos pés (descalço) era algo do cotidiano, devido à necessidade da própria sobrevivência. Isso serviu para adaptar o corpo humano, pela própria seleção natural. Acreditava-se que o fato de se correr descalço minimizaria o pico de impacto, forneceria maior propriocepção e força aos pés. Atualmente, existe uma teoria/hipótese de que um dos benefícios de se correr descalço auxiliaria a evitar lesões (LIEBERMAN, 2012).

O fato é que, ao longo dos anos, principalmente no último século, após a revolução industrial, quando o ser humano moderno se tornou cada vez mais urbano, com o conforto do automóvel e de outras facilidades, também se tornou menos ativo, utiliza diferentes tipos de calçados no seu dia a dia, assim como na prática esportiva. Pode-se dizer que alguns benefícios citados anteriormente foram "perdidos"; talvez a ideia de se correr descalço ou com tênis do tipo minimalista tenha surgido dessa teoria.

Portanto, antes de iniciar a corrida, assim como muitas outras atividades ligadas à prática de exercício físico e esportes, é necessário passar por uma avaliação e um processo de adaptação. No caso, devemos iniciar pela caminhada. Conforme iniciamos com a esta, ocorre um ciclo de passos, algo muito básico — conhecido como ciclo da marcha. À medida que se aumenta a velocidade de deslocamento, por consequência, também ocorre aumento da cadência, ou seja, o número de passos/passadas por unidade de tempo (por exemplo, 160 por minuto). O próximo passo, portanto, é realizar o trote, que é uma fase intermediária entre a caminhada e a corrida, a partir do momento em que a velocidade aumenta, não sendo mais possível manter a caminhada. A partir desse momento, inicia-se o trote e, consequentemente, a corrida.

8.2 A MECÂNICA DA CORRIDA

Antes de começar a falar da mecânica da corrida, é preciso entender o que é caminhada, trote e corrida.

Ao iniciar o trote, ocorre um aumento da velocidade acima do que seria suportado (mais rápido) para continuar caminhando, porém mais lentamente que a corrida propriamente dita. Nesse momento, a pessoa inicia uma corrida leve, mais conhecida como trote (ou *jogging*), e ocorre naturalmente o aumento do tamanho (amplitude) da passada e aumento da cadência.

Quando ocorre um aumento ainda maior da velocidade, o trote se torna a corrida propriamente dita. E quanto isso representa em velocidade de deslocamento e tempo (ritmo)? Apresentamos alguns parâmetros no Quadro 5, a seguir, de acordo com Cooper (1982). Vale destacar que esses parâmetros não devem ser interpretados como sendo valores fixos para qualquer pessoa, pois cada uma possui aspectos de condicionamento físico distintos, antropométricos e biomecânicos únicos, como o tamanho da amplitude da passada de acordo com a estatura e, respectivamente, o tamanho dos membros inferiores. Portanto, pessoas de menor estatura tendem a trotar e/ou correr antes de pessoas de maior estatura.

Quadro 5 – Parâmetros de definição de andar, trotar e correr

Tipo de exercício	Tempo/ km	Velocidade de deslocamento (km/h^{-1})
Caminhada	≥ 7 min 28 s	≤ 8,0
Trote	7 min 27 s – 5 min 35 s	8,1 – 10,7
Corrida	≤ 5 min 34 s	≥ 10,8

Fonte: elaborado pelos autores, com base em Cooper (1982)

Durante a corrida, para que ocorra aumento da velocidade, é necessário que ocorram alguns ajustes, como aumento do tamanho da passada e da cadência. Portanto, o tamanho da passada depende de fatores como tamanho dos membros inferiores, flexibilidade, força aplicada ao solo e velocidade de deslocamento. Quando se atinge o limite do tamanho da passada (recorrentemente em grandes velocidades) para que ainda ocorra aumento da velocidade, como último recurso, ocorre aumento da cadência. Portanto, se você deseja que seu atleta aumente a cadência, é simples: ele deverá deslocar-se/correr mais rápido. Porém, isso é parte de um processo ao longo do tempo.

Em geral, os atletas corredores de longas distâncias têm um padrão de corrida conhecido como pendular. Ou seja, na fase de apoio e impulsão, o joelho da perna que não está em apoio com solo não sobe tanto, ficando levemente direcionado para baixo, ao contrário de atletas de velocidade, os quais possuem um padrão de corrida conhecido como circular, no qual o joelho da perna que não está em contato com o solo sobe muito mais, chegando a quase um ângulo de 90° em um *sprint* final de corrida (Figura 6). Corredores de elite, como Kenenisa Bekele e Mo Farah, possuem um gesto motor de corrida com um padrão que pode ser considerado excelente do ponto de vista do gesto gestual/motor e biomecânico, que seria um padrão intermediário aos dois. Por isso, é importante que o atleta realize exercícios de coordenação motora, conhecidos como exercícios educativos, em que são trabalhados exercícios de forma fracionada com ênfase em cada fase da corrida e para que ocorra transferência positiva no momento da corrida.

Figura 6 – Tipos de padrão de corrida de um corredor velocista e um maratonista

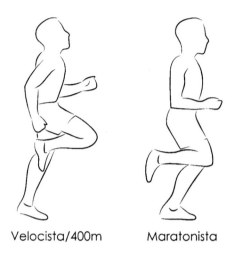

Fonte: elaborado pelos autores

De acordo com as observações empíricas de Jack Daniels nos Jogos Olímpicos de 1984, os atletas olímpicos de corrida de longa distância realizam uma cadência em torno de 180 passadas por minuto (DANIELS, 2013). Por exemplo, um estudo realizado por um grupo de pesquisadores da Universidade de Leeds Beckett, na final dos 10 mil metros do Campeonato Mundial de 2017, analisou a biomecânica com câmeras 3D de alta resolução nas parciais das voltas cinco, 10, 15, 20 e 25. Foi observado que o campeão Mo Farah manteve uma velocidade média de, aproximadamente, 22 km/h^{-1}, uma cadência ~190 passadas por minuto, uma média de tempo de contato em torno de 0,180 e o tempo de voo de 0,187, sendo a última volta em torno de 0,153 e 0,160, respectivamente, aterrissando com uma pisada com padrão mediopé e antepé e uma passada de 2,26 metros de comprimento, em que atingiu uma velocidade superior a 27 km/h^{-1} no *sprint* final da prova, fechando a prova em 26min49seg (AW, 2017). Portanto, esse número de 180 para cadência não é um número fixo e exato para todos.

Atualmente, muito se fala em aumentar a cadência durante a corrida para ser mais eficiente. De certa forma, esse raciocínio tem alguma lógica, pelo fato de, ao aumentar a cadência, ocorrer redução do tempo de contato com o solo e, com isso, menor tempo de sustentação do corpo com o solo, o que levaria a um menor custo de energia e maior eficiência. Porém, é necessário observar que o aumento da cadência é decorrente do aumento da força aplicada no solo e, consequentemente, do aumento da velocidade de deslocamento, como foi descrito anteriormente. Portanto, se um atleta correr a uma velocidade de 10 km/h^{-1}, é praticamente impossível atingir uma cadência de 180-190 passos por minuto, já que a cadência e o tamanho da passada ajustam-se de acordo com a velocidade de deslocamento e o tamanho dos membros inferiores.

Basicamente, existem três formas de se aumentar a velocidade de deslocamento: a primeira é aumentando o tamanho (comprimento) da passada, a segunda é aumentando a cadência, e a terceira e última é a combinação de ambas (Figura 7). Para se ter uma ideia, para se aumentar a velocidade de trote leve de 7,4 km/h^{-1} para 12,5 km/h^{-1}, é preciso aumentar o tamanho da passada em 63% e a cadência em 4%; já, para se aumentar de 12,5 km/h^{-1} para 18,1 km/h^{-1}, é necessário aumentar o tamanho da passada em 30% e a cadência em 11%. Acima disso, os parâmetros são iguais para ambos os parâmetros (SCHACHE *et al.*, 2014).

Figura 7 – Ajustes da passada de acordo com a velocidade de corrida

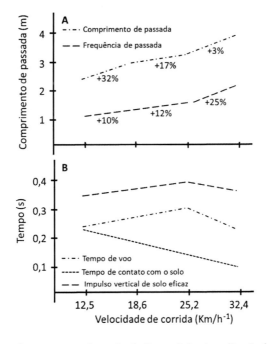

Fonte: elaborado pelos autores, adaptado de Dorn, Schache e Pandy (2012)

Em linhas gerais, a corrida nada mais é que uma sequência de saltos no sentido horizontal, pois, quando a pessoa a inicia, ela tem que aplicar uma determinada força no solo (fase de impulsão/aceleração) para se deslocar para a frente. Por consequência, também existe um deslocamento vertical, no qual os dois pés perdem o contato com o solo (fase de voo). Posteriormente, tem a fase de aterrissagem e apoio no solo – fase de apoio (Figura 8). Os atletas de alto rendimento conseguem fazer todo esse ciclo de forma muito eficiente, ou seja, com maior coordenação de movimentos e menor custo energético, o que, em provas de longa distância, faz muita diferença em termos energéticos e eficiência.

Figura 8 – Fases da corrida

Fonte: elaborado pelos autores

Em um estudo recente de revisão sistemática e meta-análise com 12 estudos, verificou-se que 79% dos corredores de rua (>10 quilômetros) utilizam a pisada com um padrão retropé, sendo essa prevalência aumentada para 86% conforme a distância aumenta (BOVALINO; KINGSLEY, 2021). Outro estudo realizado com corredores de alto rendimento verificou que, entre os top 50 de uma prova de maratona, 62% corriam realizando aterrissagem de retropé (dorsiflexão), 36% de mediopé e 2% de antepé (HASEGAWA; YAMAUCHI; KRAMER, 2007).

A maioria dos atletas, em especial os recreacionais, apresenta aterrissagem de retropé, considerado popularmente como "inadequado", pelo fato de que, ao realizar o primeiro contato com o calcanhar, ocorre uma frenagem do movimento (pico de impacto) toda vez que um dos pés toca ao solo, seguido de um pico de força (pico ativo). Esse primeiro é devido ao impacto gerado pela força de reação do solo, e isso estaria mais associado a lesões. Ao contrário, a aterrissagem com mediopé e antepé, que otimiza a força de reação (energia elástica) do solo, seguida de um pico de impacto menor (LIEBERMAN *et al.*, 2010). Dessa forma, esse último estaria ligado a um padrão de corrida que proporciona uma corrida mais rápida, eficiente por otimizar o impacto/apoio em impulsão, e teoricamente levaria a um menor risco de lesões.

Muitos treinadores e corredores se perguntam se trocar o padrão da pisada (de retropé para antepé) torna o atleta mais eficiente (econômico). Com base nas características biomecânicas descritas anteriormente, estudos científicos verificaram que, além de não existir diferença na economia de corrida e percentual do consumo de CHO entre atletas que possuem um padrão de pisada de retropé e antepé (GRUBER *et al.*, 2013), tentar mudar o padrão de um atleta de retropé para antepé também não altera sua economia (ROPER *et al.*, 2017). Também os corredores que utilizam uma pisada de padrão de retropé correm de forma mais econômica do que quando eles tentam correr com o antepé a longo prazo (MELCHER *et al.*, 2016). Portanto, com base nos estudos apresentados, não é viável, do ponto de vista da eficiência metabólica, trocar o tipo do padrão de pisada de retropé para antepé; até porque é o tipo de pisada mais utilizado por atletas de elite (HANLEY *et al.*, 2019).

A pisada com aterrissagem de retropé gera um pico de impacto que não é observado com os outros tipos (mediopé/antepé) de pisadas, entretanto não existe robusta base científica que recomende que corredores mudem seu tipo de pisada a fim de reduzir o risco de lesões (HAMILL; GRUBER, 2017).

Figura 9 – Comparação dos impactos com diferentes tipos de pisada durante a corrida

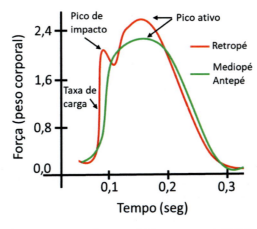

Fonte: elaborado pelos autores, com base em Lieberman *et al.* (2010)

É observado que atletas de alto rendimento, em especial os africanos, têm passadas longas, rápido contato do pé com o solo e apoio de mediopé e/ou antepé. Diante disso, estabeleceu-se um padrão de movimento considerado "ideal para todos" — recreacionais, alto rendimento etc. —, o que não é real. Quem pratica corrida já se deparou com duas perguntas muito comuns: "Existe um padrão de movimento na corrida considerado adequado?" e "Existe um padrão de pisada considerado melhor do que outro?". Vamos tentar responder a seguir.

Com base nessas informações e em outras divulgadas diariamente por pessoas menos capacitadas, é frequente observarmos atletas recreacionais e até profissionais de Educação Física tentando fazer alterações na mecânica de corrida (padrão de movimento) para que o atleta estabeleça um gesto motor considerado como "ideal".

O que vemos atualmente é que, baseado em um modelo biomecânico sem uma robusta comprovação científica, foi estabelecido de forma especulativa um padrão que é ótimo para minimizar lesões, porém muito controverso do ponto de vista científico, já que os estudos disponíveis não conseguem demonstrar um tipo de pisada que é menos lesivo (HAMILL; GRUBER, 2017). Quando observamos atletas de alto rendimento, que possuem padrões de movimento diferentes e conseguem ótimos desempenhos sem lesões, isso fica mais evidente. Já os atletas recreacionais devem tomar cuidado com essa busca pela técnica considerada "ideal", pois, quando se altera a mecânica de corrida de forma repentina, por exemplo, ocorrem alterações biomecânicas importantes, como aumento acentuado do tamanho da passada, levando a uma a fase de aterrissagem muito à frente (> 30 cm) do centro de massa, com o joelho totalmente estendido, levando ao apoio exacerbado de retropé — fenômeno conhecido como *overstriding*. Essas alterações podem aumentar o risco de lesões nos membros inferiores, devido ao aumento da força de frenagem e elevado impacto vertical na aterrissagem, ocasionando sobrecarga nas estruturas inferiores dos membros inferiores. Nesse sentido, um estudo verificou que os corredores recreacionais podem beneficiar-se ao realizar uma cadência ~170 passos/min e uma aterrissagem mais próxima do centro de massa, cujo ângulo da tíbia seja mais verticalizado com apoio de mediopé (LIEBERMAN *et al.*, 2015).

O ideal é que essas alterações/correções na cadência e no comprimento das passadas sejam analisadas caso a caso e realizadas de forma individualizada, caso necessário, com base no tamanho dos membros inferiores, na velocidade de deslocamento e na eficiência metabólica

(BOULLOSA *et al.*, 2020), porque nem sempre o que é melhor para uma pessoa será o melhor para outra. Por exemplo, tomemos como base a mecânica de corrida de um atleta de alto rendimento, como o etíope Kenenisa Bekele (recordista mundial dos 5 mil e 10 mil m), que tem um padrão de movimento de corrida considerado o mais próximo da perfeição ou "ideal". É um atleta que, em competição de provas de 10 quilômetros, tem uma velocidade de deslocamento acima de 20 km/h^{-1}, com apoio de mediopé/antepé, alta frequência de passadas (cadência de 180 passadas por minuto) e grande amplitude. Então, não podemos simplesmente achar, por exemplo, que um atleta amador, que se desloca a 10 km/h^{-1} em uma prova de 10 quilômetros com apoio de retropé, baixa frequência e amplitude de passadas, conseguirá realizar o mesmo padrão de movimento de um atleta de elite que se desloca em uma velocidade acima do dobro de sua; seria no mínimo contraditório achar que isso é possível de ser realizado do dia para a noite.

Em relação às duas perguntas anteriores, a melhor resposta para elas é: depende. Pois nem mesmo os melhores corredores do mundo possuem um padrão de corrida considerado "perfeito", tendo em conta aspectos biomecânicos, fisiológicos e visuais.

Atualmente, com a influência cada vez maior das redes sociais, as pessoas "se apegam" a estereótipos ou parâmetros que são muitas vezes considerados os corretos. Sugerimos que isso deve ser trabalhado caso a caso e com certas ressalvas, pois cada pessoa possui suas características próprias de correr, e, por mais que isso possa parecer incorreto, errado ou "fora dos padrões considerados ideais", são características que muitas vezes, por mais que se tente mudá-las, não haverá alterações significativas. Dentro dessa análise e fazendo um comparativo, ao observar vídeos do incrível corredor de longa distância, Emil Zatopek, campeão europeu, campeão olímpico, recordista mundial de várias distâncias na década de 1950, para os padrões atuais, ele possuía uma forma bem peculiar de correr, considerado totalmente fora dos padrões estabelecidos hoje, porém foi um dos melhores, se não o melhor, corredor do mundo de sua época. Portanto, o fato de correr "fora dos padrões desejáveis" nem sempre pode ser um problema, muito pelo contrário, tanto é que vemos atualmente vários corredores de sucesso correndo dessa forma; no final das contas, o que mais vai importar para o seu aluno – independentemente do nível – é se ele vai conseguir diminuir seu RP em determinada distância, ou seja, o quão rápido ele correu determinada distância. Isso vale para os atletas de elite, para os quais o que realmente interessa é correr cada vez mais rápido, ao invés de "bonito", porque o que importa é chegar em primeiro lugar, ou diminuir pelo menos um segundo.

A melhora no desempenho e a menor incidência de lesões ocorrem devido a uma combinação de fatores, sendo multifatorial, pois existe uma série de variáveis interagindo entre si. Com base nesses dois aspectos, tentar estabelecer um modelo de gesto motor "perfeito e engessado" em um contexto completamente complexo, multifatorial e dinâmico, como a corrida, não é algo tão simples. O indicado não é tentar mudar o padrão de pisada, pois possivelmente o resultado não será o esperado; porém, a busca por um melhor padrão de movimento deve ser constante na rotina de treinos, principalmente de iniciantes e atletas recreacionais. O treinador deve ter em mente sempre o cuidado, conhecimento e bom senso, e o treinamento deve ser individualizado (personalizado) dentro da necessidade de cada um, pois cada pessoa possui um estilo de corrida, seu e único.

Em linhas gerais, o padrão de corrida seria tronco ereto — levemente inclinado à frente — olhar no horizonte, braços e antebraços trabalhando em pêndulo em, aproximadamente, um ângulo 90°, em paralelo, mas cruzando levemente à frente do tronco, quadril alto, pouca oscilação vertical do centro de massa, passadas largas e cadenciadas, fase de recuperação com o calcanhar alto próximo aos glúteos (90 a 120°), com apoio de mediopé ou antepé no solo, um pouco à frente do centro de massa, com tempo de voo superior ao tempo de contato com o solo.

Já quando o atleta corre em subida, descida ou trilha, o padrão da técnica de corrida pode alterar-se completamente. Por exemplo, na subida, a amplitude da passada tende a diminuir, sendo ideal aumentar a inclinação do tronco à frente, realizando passadas mais curtas com apoio de antepé e o trabalho mais intenso dos braços. Na descida, ocorre o oposto, a amplitude da passada e o tempo de voo tendem a aumentar. Portanto, o ideal seria deixar o tronco ereto ou levemente inclinado para trás (dependendo da angulação da descida), diminuir o trabalho dos braços, abrir um pouco os cotovelos. e tocar o solo de retropé. Já em trilhas, o padrão muda totalmente, pois, devido a circunstâncias do terreno, como subidas e descidas acentuadas, pedras, buracos, galhos, lama, terra, grama, raízes, riachos e folhas de árvore etc., o atleta tem que adequar o movimento às condições do ambiente. Com isso, também já não existe um padrão adequado de amplitude e cadência das passadas.

Portanto, o aperfeiçoamento do gesto motor da corrida deve ser buscado constantemente, como aumentar a cadência para evitar que ocorra amplitude acentuada da passada à frente do centro de massa e, consequentemente, o *overstriding*, mas resguardando suas devidas características particulares. Até o momento, não existem evidências científicas que suportam benefícios de mudanças no tipo de pisada, portanto mudar o tipo de aterrisagem de retropé para antepé deve ser evitado. Mudanças na técnica de corrida sempre devem ser analisadas individualmente, de acordo com as necessidades individuais de cada pessoa, pois dependem de cada caso.

8.3 CORRER NA RUA OU NA ESTEIRA?

Muitos corredores ficam na dúvida se é melhor treinar na rua ou na esteira rolante. E quais são as principais diferenças e os benefícios de cada um? O fato é que ambos possuem seus pontos positivos e negativos, ou seja, vantagens e desvantagens, como apresentaremos a seguir.

Respondendo essas duas perguntas, a primeira resposta é que, sempre que possível, o atleta deve treinar em ambiente aberto. Quando falamos em ambiente aberto, entende-se que sua abrangência seja a rua, o asfalto, a terra batida, a grama, o cascalho, a trilha, subidas e descidas. Recomenda-se correr em ambientes abertos pelo fato de que se exige maior força para vencer a inércia e se deslocar à frente, além de se conseguir realizar variações de subidas, descidas, tipos de terreno (asfalto, grama, terra batida etc.). Também, há o benefício do contato com o meio ambiente e com uma condição real de prova — quanto mais próximo da realidade da prova, melhor.

Correr em ambientes abertos também tem seus pontos negativos, como o risco de veículos, buracos, pedras, calçadas irregulares, frio, calor, chuva e vento.

Já a corrida em esteira rolante pode ajudar muito na preparação física do atleta, mas possui suas limitações. Faz com que o atleta realize menos força, pelo fato de estar se movimentando sobre uma superfície (lona) que está em movimento, portanto a força aplicada para se deslocar à frente é facilitada (menor). Para amenizar isso, é sugerido que seja realizado um ajuste de 1 a 2% na inclinação, para que ocorra equivalência da força aplicada ao ser comparada às condições de se correr na rua.

Além disso, a esteira rolante altera a forma (biomecânica) como corremos. O fato de muitos atletas correrem com apoio (aterrisagem) de retropé pode ajudar a realizar o apoio de antepé e retropé, pois minimiza o efeito de "frenagem" do movimento, diminuindo o tempo de contato do pé com a superfície, otimizando a fase de aceleração, além de ajudar a realizar treinos de *sprint* final de uma corrida, utilizando o que é chamado de *overspeed*, no qual é possível realizar repetições/tiros em velocidade supramáxima. Outro fator seria a segurança e o conforto de correr em um ambiente controlado, evitando o risco de acidente com veículos, climatizado com temperatura agradável e constante, principalmente em dias chuvosos, frios ou muito quentes, por exemplo. Em relação a esse último, é possível treinar tranquilamente no horário do almoço, sem se preocupar com o índice de radiação solar e a temperatura. Outro ponto seria o controle constante de velocidade (ritmo) e altimetria, já que algumas esteiras mais sofisticadas permitem programar protocolos de treinos intervalados e *fartlek*, que ajuda bastante no controle, assim como ajustar o amortecimento do *deck* de acordo com a massa corporal do indivíduo, o que pode ser bom para quem está com sobrepeso, obesidade ou retornando de lesão. E, por último, tem a facilidade para realizar a hidratação, sem a necessidade de transportar peso extra durante os treinos longos.

Mas há pontos negativos, como a monotonia de se correr no mesmo local (ambiente) por muito tempo. Muitas pessoas que não estão habituadas costumam queixar-se que "o tempo não passa", por exemplo. Imagine realizar um longão na esteira rolante! Pode ser bem cansativo do ponto de vista psicológico. Outros fatores seriam o risco de bater o pé em alguma estrutura do aparelho, vindo a tropeçar e sofrer uma queda, e o fato de que a esteira, apesar de reproduzir o gesto da corrida, que é muito importante, gera menos esforço em comparação com um ambiente real de corrida.

Em um estudo que comparou um treino intervalado realizado na pista de atletismo e outro na esteira rolante, foi observado que o treino intervalado realizado na pista demandou maior custo energético total ($kJ.kg^{-1}$) e maior custo total ($J.kg^{-1}.min^{-1}$) de economia de corrida (EC) (NIEMEYER; WEBER; BENEKE, 2019).

Em linhas gerais, pode-se dizer que os treinos em esteira são um ótimo complemento para os treinos realizados em ambiente aberto, devendo ser realizados em condições específicas, como dias chuvosos, frios, ou para algum tipo de treino específico, dependendo do objetivo de cada treino.

9

ÍNDICES FISIOLÓGICOS RELACIONADOS AO DESEMPENHO ESPORTIVO

Em um estudo recente de revisão realizado por Alvero-Cruz e colaboradores (2020), analisou-se alguns parâmetros e variáveis fisiológicas relacionadas e que servem como modelos preditores de desempenho em provas de longa distância. Esse estudo reuniu 58 estudos a partir de 1983 até a atualidade, em que foram analisadas 136 variáveis independentes associadas ao desempenho em corridas de longa distância a partir dos 5 mil metros até a maratona. Dessas variáveis, 43,4% pertencem a variáveis derivadas da avaliação do metabolismo aeróbio, 26,5% são variáveis associadas à carga de treinamento (ritmo e carga de treinamento) e 20,6% são variáveis antropométricas, composição corporal e componentes do somatotipo. Com base nos resultados, foi observado que variáveis fisiológicas determinadas em testes de laboratório são as mais comuns nos estudos, seguidas de variáveis de treinamento, antropométricas e composição corporal como preditoras do desempenho.

De acordo com Basset e Howley (2000), os índices fisiológicos relacionados ao desempenho são: consumo máximo de oxigênio ($\dot{V}O_{2max}$) e seu percentual de sua utilização em esforço submáximo, EC e limiares de transição fisiológica (limiares metabólicos).

9.1 CONSUMO MÁXIMO DE OXIGÊNIO E PERCENTUAL DE UTILIZAÇÃO EM ESFORÇO SUBMÁXIMO

O $\dot{V}O_{2max}$ foi descoberto por Archibald V. Hill, em 1923 (HILL; LONG; LUPTON, 1923) e, posteriormente, a sua importância para o desempenho aeróbio, por Sid Robson (ROBINSON, 1938); sendo de extrema relevância para a compreensão e evolução fisiologia do exercício e treinamento físico-esportivo como conhecemos hoje.

Historicamente, o $\dot{V}O_{2max}$ é considerado um bom preditor de desempenho em provas de longa distância, representando a máxima capacidade de captar, transportar e utilizar o oxigênio durante o exercício (HILL; LONG;

LUPTON, 1923). Teoricamente, quanto maior a sua taxa, melhor será o desempenho do atleta nesse tipo prova, por ser considerado o marcador de potência aeróbia. Alguns estudos demonstram que, em grupos heterogêneos de corredores, o $\dot{V}O_{2max}$ é positivamente correlacionado (entre r = 0,80 e 0,90) ao desempenho em provas de longa duração (COSTILL; THOMASON; ROBERTS, 1973; DAVIES; THOMPSON, 1979), e que sua queda acentuada a partir dos 40/50 anos está fortemente associada ao estado de saúde em geral e à mortalidade (RAPP *et al.*, 2018).

Em pessoas sedentárias saudáveis (homens), entre 20 e 29 anos, os valores de $\dot{V}O_{2max}$ variam entre 43 e 52 mL. kg^{-1}. min^{-1}; já em atletas (homens) de fundistas, varia entre 70 e 87 ml. kg^{-1}. min^{-1}; em mulheres atletas fundistas, os valores são entre 60 e 78,7 mL. kg^{-1}. min^{-1} (TJELTA; SHALFAWI, 2016). Corredores quenianos apresentam $\dot{V}O_{2max}$ (~79,9 mL. kg^{-1}. min^{-1}) similar (~79,2 mL. kg^{-1}. min^{-1}) ao de corredores de elite escandinavos (LARSEN, 2003) e americanos - ~80 mL. kg^{-1}. min^{-1} (POLLOCK, 1977). Em outro estudo realizado, no qual foram avaliados 10 corredores de elite (melhor tempo em 10 mil metros em 28min29seg) do Quênia que vivem em Eldoret a 2,1 mil metros e 11 atletas alemães de elite (melhor tempo em 10 mil metros em 30min39seg) que vivem a nível do mar, observou-se que o $\dot{V}O_{2max}$ encontrado (71,5 mL. kg^{-1}. min^{-1} *vs.* 70,7 mL. kg^{-1}. min^{-1}, respectivamente) não diferia de forma significativa (PROMMER *et al.*, 2010). Contudo, é importante notar que o desempenho nos 10 mil metros é inferior ao dos quenianos, apesar de o $\dot{V}O_{2max}$ ser praticamente o mesmo.

Importante notar que corredores africanos de elite de 10 quilômetros são capazes de correr utilizando uma menor (5%) fração do $\dot{V}O_{2max}$ em uma velocidade de 16,1 km.h^{-1} do que corredores caucasianos (WESTON; MBAMBO; MYBURGH, 2000). Portanto, mais importante do que simplesmente ter um alto $\dot{V}O_{2max}$ é ter a capacidade de utilizar uma maior fração desse $\dot{V}O_{2max}$. Em outro estudo, ao compararem corredores negros e brancos da África do Sul, observou-se que os corredores negros conseguem correr usando um maior percentual da intensidade (> 80% do $\dot{V}O_{2max}$) em provas de 10 km e 21.097 metros (COETZER *et al.*, 1993).

O que mais poderia explicar o fato de corredores africanos correrem uma maratona em 2h4min., enquanto corredores escandinavos ou americanos correm em 2h10min.? Um dos fatores poderia ser a capacidade de se consumir menos O_2 para percorrer determinada distância (FOSTER; LUCIA, 2007), também conhecida como economia de corrida.

9.2 ECONOMIA DE CORRIDA

Em relação à economia de corrida, ao contrário do que muitos pensam, o atleta que teoricamente possui uma melhor técnica de corrida não necessariamente é o mais econômico, em comparação com outro atleta que não possui uma técnica tão apurada; não podendo ser otimizada de forma consciente, ou seja, reproduzindo (imitando) um padrão de corrida considerado "perfeito". Isso é devido ao fato de a economia de corrida ser influenciada por inúmeros fatores internos e externos: a) internos – eficiência metabólica, neuromuscular, eficiência biomecânica e cardiorrespiratória; b) externos – relacionados ao treinamento, como treinamento (tipos de treinos, volume) e fatores que otimizam aspectos neuromusculares, por exemplo, *stiffness* musculotendíneo e produção de força (BARNES; KILDING, 2015). A técnica mais econômica é aquela que o corredor realiza de forma espontânea, com comprimento e cadência que melhor se ajustam ao momento (tipo de treino, superfície, calçado, antropometria do atleta etc.).

Quanto maior a economia de corrida, menor será o consumo de O_2 e gasto energético, algo que é muito bom quando se pensa em longas distâncias. Fazendo um comparativo com dois veículos com tanques de combustíveis iguais (capacidade), em termos de eficiência, o carro mais econômico tem mais autonomia que um carro menos econômico.

Nos últimos anos, alguns estudos (WESTON; MBAMBO; MYBURGH, 2000; SAUNDERS *et al.*, 2004; LUCIA *et al.*, 2006; FOSTER; LUCIA, 2007) foram conduzidos no intuito de compreender as variáveis determinantes da economia de corrida durante eventos de longa duração. A economia de corrida é uma medida de eficiência energética e preditora do desempenho nos 10 quilômetros (LIMA-SILVA *et al.*, 2010). Alguns estudos demonstraram que existe uma forte relação entre desempenho em corridas de longa duração e economia de corrida (WESTON; MBAMBO; MYBURGH, 2000; SAUNDERS *et al.*, 2004; LUCIA *et al.*, 2006; KOHN; ESSÉN-GUSTAVSSON; MYBURGH, 2007; LUCIA *et al.*, 2008).

A EC de corrida pode ser mensurada a partir do $\dot{V}O_2$ para determinada intensidade submáxima (exemplo 10, 12 $km \cdot h^{-1}$). Ou seja, quanto menos oxigênio o atleta consumir, maior será a economia de corrida, em comparação consigo mesmo ou com outro atleta em uma mesma intensidade. Um dos fatores que contribuem para uma melhor economia de corrida é o elevado volume de treinamento ao qual os atletas bem treinados aerobiamente são submetidos (NOAKES, 2002).

Quando falamos em atletas de alto rendimento, alguns estudos verificaram que corredores africanos possuem maior economia de corrida comparados com atletas caucasianos e europeus (WESTON et al., 2000; LUCIA et al., 2006; KOHN; ESSÉN-GUSTAVSSON; MYBURGH, 2007; LUCIA et al., 2008). Um diferencial dos atletas africanos é o seu somatotipo (LARSEN, 2003; WILBER; PITSILADIS, 2012) e particularidades estruturais da arquitetura dos tendões e dos músculos das pernas (SAUNDERS et al., 2004; HUNTER et al., 2011). Esse somatotipo privilegiado, somado a essas particularidades musculotendíneas, é uma grande vantagem em relação aos demais atletas do mundo, sendo um dos fatores que os diferenciam em termos de desempenho.

Um estudo recente foi realizado com mulheres corredoras que realizam 5 quilômetros entre 17 e 22 minutos, que foram divididas em um grupo experimental (n=11) e controle (n=11). Foi proposto um treinamento: correr em uma cadência de 180 passos por minuto por 15 minutos em uma velocidade autosselecionada, enquanto o grupo controle realizou um treino normal. Após o período de treinamento, foram realizados dois testes de corrida em velocidades submáximas (~12 e 14 km·h^{-1}). No grupo experimental, verificou-se uma diferença significativa para uma maior economia de corrida com um comprimento de passadas mais curtas e menor frequência cardíaca. Esses resultados seriam em decorrência de que, ao correr em uma maior cadência, houve uma menor demanda de energia, por alterações no padrão de movimento, minimizando o "desperdício" de energia ou por meio de um melhor armazenamento de energia elástica e recuo (QUINN et al., 2021).

9.3 LIMIARES METABÓLICOS E DOMÍNIOS DE INTENSIDADES

Ao longo do século XX, houve uma série de pesquisadores de fisiologia do exercício e ciências do esporte de diferentes partes do mundo, que identificaram basicamente dois pontos (marcadores fisiológicos) que ficaram conhecidos como limiares metabólicos (aeróbio e anaeróbio), o que gerou certo conflito de terminologias ao longo do tempo.

Os limiares metabólicos são bons marcadores de índices fisiológicos relacionados ao desempenho, em provas de longa distância e para prescrição de treinamento. Os limiares metabólicos são basicamente divididos em dois: (i) Limiar de Lactato (LL) ou Limiar Aeróbio (LAe) e (ii) Limiar Anaeróbio (LAn). Porém, nem sempre foi assim. Ao longo dos anos, foram utilizados diferentes termos e métodos para denominar os mesmos "fenômenos". Veja, no Quadro 6, os diferentes termos utilizados, o que gera certa confusão até os dias atuais para os menos familiarizados no assunto.

O Limiar de Lactato (LL) representa, aproximadamente, 40% do máximo, sendo na máxima intensidade que ocorre o consumo de lipídeos. Portanto, ao realizar o exercício nessa intensidade, é considerado quase que exclusivamente no metabolismo aeróbio, sendo uma intensidade ótima para realizar corridas de longa distância em baixa intensidade.

O Limiar Anaeróbio (LAn) é o indicador mais sensível das adaptações induzidas pelo treinamento aeróbio (RABADÁN *et al.*, 2011), sendo considerado o marcador da capacidade aeróbia. Em síntese, quanto mais treinado o indivíduo for, mais aeróbio ele será.

Quadro 6 – Definição de termos para os limiares metabólicos ao longo do tempo

Primeiro limiar	Segundo limar	Método de identificação	Autor e ano
Limiar aeróbio-anaeróbio	-	Lactato sanguíneo	Hollman (1961)
Limiar anaeróbio	-	Lactato sanguíneo	Wasseman; McIlroy (1964)
-	Limiar aeróbio-anaeróbio	Lactato sanguíneo	Mader (1976)
Limiar aeróbio	Limiar anaeróbio-anaeróbio	Lactato sanguíneo	Kinderman (1979)
-	Início do acúmulo de lactato no sangue	Lactato sanguíneo	Jacobs (1981)
	Onset of blood lactate acumulation (OBLA)	[ ] Fixa de lactato – 3,5 mMol.L^{-1}	Sjodin; Jacobs (1981)
-	*Individual Anaerobic Threshold (IAT)*	Lactato sanguíneo	Stegmann et al. (1981)
	Limiar de Conconi	Frequência cardíaca	Conconi et al. (1982)
-	Ponto de compensação respiratória (PCR)	Ventilatório	Simon et al. (1983)
Limiar ventilatório 1 (LV1)	Limiar ventilatório 2 (LV2)	Ventilatório	McLellan (1985)
-	*Maximal Lactate Stade State (MLSS)*	[ ] Fixa de lactato – 4,0 mMol.L^{-1}	Heck et al. (1985)
-	Potência crítica / velocidade crítica	Desempenho físico	Hill et al. (1993)
1° Limiar de lactato	2° Limiar de lactato	Lactato sanguíneo	-

Fonte: elaborado pelos autores, com base em Hollman (1961), Wasseman e McIlroy (1964), Mader (1976), Kinderman (1979), Jacobs (1981), Sjodin e Jacobs (1981), Stegmann et al. (1981), Conconi et al. (1982), Simon et al. (1983), McLellan (1985), Heck et al. (1985) e Hill et al. (1993)

O lactato produzido a partir do LAn tem sido associado à fadiga periférica devido à maior predominância/participação do metabolismo anaeróbio, levando à diminuição (< 7,4) do potencial hidrogênico (pH). Em intensidades acima do LAn, começam a existir acúmulos metabólitos como lactato e íons de hidrogeniônico (H⁺), devido à desproporcional produção em detrimento de sua remoção, levando a um acúmulo progressivo de ambos, resultando na queda do pH, assim como em uma grande produção de CO_2. Na tentativa de removê-los, existe, consequentemente, um aumento na ventilação pulmonar para tentar eliminar essa grande quantidade de metabólitos e CO_2 e restabelecer o pH fisiológico (7,35-7,45), a fim de evitar distúrbio metabólico intracelular e, consequentemente, a fadiga que levará à interrupção do exercício (RABADÁN *et al.*, 2011). Levando em consideração que, quanto mais bem treinado aerobiamente o indivíduo for, o LAn estará localizado em uma intensidade relativamente maior e levará mais tempo para ser atingido. Portanto, menos energia anaeróbia será utilizada, e menos lactato e H⁺ será produzido (CARTER; JONES; DOUST, 1999; JONES; CARTER, 2000).

Em provas de 10 quilômetros ou mais, por exemplo, uma vantagem é o fato de se atingir e manter velocidades maiores no LAn, em domínios de intensidade mais baixa. Isso pode resultar em efeito poupador de glicogênio muscular devido à maior oxidação de lipídios, retardando a fadiga, o que se torna uma grande vantagem em provas de resistência (BERTUZZI *et al.*, 2014).

Os limiares metabólicos delimitam os domínios de intensidade de exercícios, que, de acordo com Gaesser e Poole (1996), podem ser divididos basicamente em três: 1) moderado; 2) pesado; e 3) severo.

Em linhas gerais, o limiar de lactato delimita a transição entre o domínio moderado e o pesado, e o ponto de compensação respiratório (PCR) delimita a transição entre o domínio pesado e o severo, como segue o exemplo do gráfico a seguir (Figura 10), onde uma pessoa fisicamente ativa e um atleta realizaram um teste incremental com início a 8 km·h⁻¹ e incremental de 1 km·h⁻¹ a cada um minuto.

Figura 10 – Comparação do consumo de oxigênio e do limiar de lactato e do ponto de compensação respiratório em um teste incremental máximo em esteira rolante por uma pessoa fisicamente ativa e um atleta de *endurance*

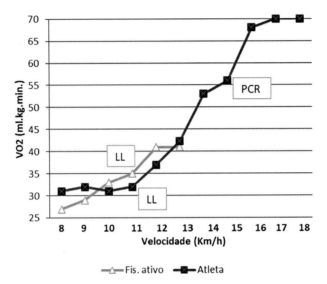

Legenda: LL = Limiar de Lactato, PCR = Ponto de Compensação Respiratório, $\dot{V}O_2$ = Consumo de oxigênio.
Fonte: elaborado pelos autores

No domínio moderado, os níveis de lactato praticamente não se alteram em relação aos níveis de repouso (~ 1 mMol.L^{-1}). É nessa intensidade que se realizam os treinos leves a moderados e rodagens longas (longões) e que o ritmo é confortável, sendo possível correr conversando com alguém.

No domínio pesado, ocorre elevação do lactato até, aproximadamente, 4 mMol.L^{-1}, porém os níveis de produção e remoção estão em equilíbrio, graças ao sistema de tamponamento. Esse é o domínio mais adequado para realizar a maioria dos treinos de corrida, como treinos de rodagens, e corrida curtas e intensas, como contrarrelógio de 10 quilômetros.

Já no domínio severo, não ocorre estabilização dos níveis de lactato, pois os níveis de produção são maiores que os de remoção/oxidação, levando à acidose metabólica. Com isso, ocorre queda no pH sanguíneo, devido ao aumento de H$^+$ livre, assim como aumento da produção de CO_2, ventilação pulmonar e frequência cardíaca e, consequentemente, de percepção subjetiva de esforço. Geralmente, treinos como intervalados e testes contrarrelógios inferiores a 5 quilômetros são realizados nesse domínio.

10

AVALIAÇÃO DA APTIDÃO AERÓBIA: TESTES DE LABORATÓRIO, DE CAMPO E DE PREDIÇÃO

Antes de iniciar e durante um programa de treinamento, é importante avaliar o seu aluno, seja ele sedentário ou atleta de alto rendimento, sendo que existem muitas formas de se fazer isso. Os testes, sejam de laboratório, sejam de campo, basicamente servem para avaliar a aptidão aeróbia e/ou o desempenho, prescrever e monitorar o treinamento, controlar a evolução do atleta e até predizer o desempenho. Para isso, há diversos testes que, dependendo da condição, são mais adequados do que outros; no momento da escolha, devem ser considerados os seguintes fatores: a) disponibilidade de recursos (dinheiro) e equipamentos (ergômetro[s], analisador de trocas gasosas etc.); b) disponibilidade de local adequado (laboratório, pista); c) disponibilidade de pessoas capacitadas (equipe); d) viabilidade do local (próximo ou muito distante). Tudo deve ser considerado: os prós e contras, as vantagens e desvantagens. Na hora da escolha, vale frisar que o teste "perfeito" não existe, podendo ser comparado a um cobertor curto – quando se cobre um lado, descobre o outro, e vice-versa.

Os testes de campo consistem em uma forma alternativa de avaliação, que também é bastante válida para iniciantes, corredores recreacionais e de alto rendimento, pelo seu baixo custo e pela validade ecológica. Como os testes de laboratório usualmente possuem um alto custo, como alternativa, torna-se mais viável realizar os testes práticos, mais conhecidos como testes de campo (indiretos ou duplamente indiretos). A seguir, veremos os principais testes, sendo que alguns podem ser aplicados em pessoas de diferentes faixas etárias de idade e de todos os níveis de condicionamento físico.

Vale destacar que é recomendada a consulta do protocolo específico de cada teste antes da realização, a fim de se inteirar sobre os detalhes, equipamentos necessários, locais etc. Se for o caso, é importante realizar um teste-piloto para praticar. Todos os testes devem ser precedidos de avaliação médica prévia e de aquecimento específico, a critério do aplicador.

Não abordaremos de forma aprofundada algumas outras avaliações/testes que também, dependendo da necessidade, poderão ser realizados de forma complementar, como: protocolos de análise de composição corporal, teste de potência e força máxima etc.

Vamos discutir as vantagens e desvantagens dos principais testes de laboratório, de campo e equações de predição para aptidão aeróbia, conforme apresentado no Quadro 7, a seguir.

Quadro 7 – Vantagens e desvantagens de testes de laboratório, de campo e equações de predição

	Tipos de testes		
	Testes de laboratório	**Testes de campo**	**Equações de predição**
Vantagens	- Controle de variáveis intervenientes (clima, barulho, pessoas etc.); - precisão nas informações coletadas (resultados); - resultados podem ser transferidos para prática; - protocolos validados.	- Baixo custo, não requer equipamentos sofisticados e de alto custo; - em geral, é de fácil aplicação; - não requer local específico, mas local adequado; - não requer pessoas capacitadas para manusear equipamentos sofisticados; - várias pessoas podem ser avaliadas simultaneamente; - ótimo para predição, avaliação e prescrição do treinamento.	- Praticidade; - baixo custo, não requer equipamentos sofisticados e de alto custo; - não requer local específico.
Desvantagens	- Local específico (laboratório); - equipamentos grandes e de alto custo; - difícil aplicação e baixa praticidade; - pessoas capacitadas para manusear equipamentos sofisticados e para analisar os dados/resultados; - uma pessoa pode ser avaliada por vez; - inviabilidade (muitas visitas dependendo do protocolo); - invasivo (dependendo do que se quer avaliar); - aplicação restrita.	- Não é possível controlar variáveis intervenientes (sol, chuva, temperatura, vento, barulho etc.); - dependendo, a logística dos equipamentos é difícil (chuva, alta temperatura, fonte de energia elétrica etc.).	- Imprecisão nos resultados.

Fonte: elaborado pelos autores

10.1 TESTES PRELIMINARES E/OU COMPLEMENTARES

Antes de iniciar qualquer avaliação envolvendo a corrida propriamente dita ou prescrever o treino, é recomendado realizar alguns testes ou medidas básicas que auxiliarão e complementarão a avaliação inicial, dependendo do objetivo e condicionamento físico do aluno. A seguir, no Quadro 8, alguns exemplos de testes e protocolos.

Quadro 8 – Sugestão de testes/protocolos para serem realizados de maneira preliminar e/ou complementar

Testes/protocolos	Capacidade física avaliada	Referência
Massa corporal, estatura e perímetros	-	-
Avaliação postural	-	-
3 ou 7 dobras cutâneas	Composição corporal	Jackson e Pollock (1978)
Sentar-se e alcançar	Flexibilidade	Wells e Dillon (1952)
Flexão de cotovelos	Força (resistência)	Aahper (1976)
Abdominal	Força (resistência)	Aahper (1976)
Impulsão horizontal	Potência	Johnson e Nelson (1979)
Impulsão vertical	Potência	Johnson e Nelson (1979)
Drop jump	Potência	Bosco (1983)
1RM - Agachamento livre	Força (máxima)	Brown e Weir (2001)
Dinamometria isocinética eletromecânica	Força (máxima)	-

Fonte: elaborado pelos autores, com base em Jackson e Pollock (1978), Wells e Dillon (1952), Aahper (1976), Johnson e Nelson (1979), Bosco (1983) e Brown e Weir (2001)

10.2 TESTES DE LABORATÓRIO

10.2.1 Teste incremental máximo

O teste incremental máximo, também conhecido como ergoespirometria (análise de trocas gasosas), é um método direto de mensuração de troca de gases, sendo considerado a melhor forma disponível (considerada o "padrão ouro") no mercado atualmente para avaliação da aptidão aeróbia por meio da determinação do $\dot{V}O_{2max}$ e limiares metabólicos. Para isso, pode ser utilizado um aparelho de bancada ou portátil que faz a análise de inspirado O_2 e CO_2 expirado, ventilação pulmonar, entre outros parâmetros. Além disso, claro, é necessário um ergômetro. No caso de corredores, o melhor é a esteira rolante de grande potência (que consiga atingir pelo menos 18-20 km/h^{-1}), dependendo do avaliado. Nesse caso, é preciso realizar o teste em formato de teste incremental máximo (com incremento de velocidade a cada estágio até a exaustão voluntária), como vimos anteriormente.

O $\dot{V}O_{2max}$ é considero quando se atinge o maior valor de $\dot{V}O_2$ (platô) ao final do teste e realizada uma média dos 20 ou 30 segundos finais, ou, mesmo com incremento de carga, o $\dot{V}O_2$ não ultrapassa o valor de 2, 1 ml. kg^{-1}. min^{-1}. Também serve como parâmetro a frequência cardíaca, por exemplo, quando é atingido 90% da $FC_{máx}$ e a razão de trocas respiratórias atinge valores ≥ 1.10 – 1.15 (HOWLEY; BASSET; WELCH, 1995), que significa grande consumo de glicose.

Já para determinar os limiares metabólicos pelo método ventilatório, é preciso analisar os dados O_2, CO_2 e ventilação para determinar os pontos de inflexão. O primeiro ponto de inflexão determina o LV1, e o segundo ponto determina o LV2. Já os valores de limiares são teoricamente dois valores "fixos" determinados a partir da análise dos valores O_2, CO_2 e ventilação pulmonar, porém eles variam de pessoa para pessoa, de acordo com a aptidão aeróbia e com treinos que forem sendo realizados.

Pelo método de análise de trocas gasosas (ventilatório), o teste incremental máximo, para corredores experientes, pode ser com protocolo de cinco minutos de aquecimento entre oito e 10 km/h^{-1} e ser iniciado imediatamente incremento de 1 km/h^{-1} a cada 1 minuto com 1% de inclinação até a exaustão voluntária do atleta. Durante o teste, devem ser monitoradas a frequência cardíaca e a percepção subjetiva de esforço ao final de cada estágio.

O bom desse tipo de teste é a precisão dos resultados, enquanto a desvantagem é o seu alto custo, o que o torna inviável para análises de rotina. Comumente, esse tipo de aparelho só está disponível em laboratórios privados ou em universidades públicas para pesquisa científica.

10.2.2 Análise de concentração de lactato

Com esse método, é possível analisar a cinética e o pico do lactato durante um teste máximo e obter os pontos dos limiares LL e LAn. Para tal, será utilizado o método de concentração fixa de lactato [La] de 2 e 4 mMol.L^{-1} – primeiro e segundo limiares, respectivamente. Deve ser realizado com protocolos com estágios maiores, por exemplo: 5 minutos de aquecimento entre oito e 10 km/h^{-1}, e deve-se iniciar imediatamente incremento de 1 km/h^{-1} a cada 3 ou 4 minutos com 1% de inclinação até a exaustão voluntário do atleta (STOCKHAUSEN *et al.*, 1997).

Para isso, o mais adequado seria utilizar o teste chamado de Máximo Estado Estável de Lactato (*Maximal Lactate Stade State* – MLSS), considerado "padrão ouro". Ele consiste em fazer cinco testes em dias distintos com carga constante (por exemplo, 10, 12, 14, 16, 18 km/h^{-1}) por 40 minutos, com análises (4) de lactato a cada 10 minutos. É utilizada a concentração de 4 mMol.L^{-1} de lactato como referência para o LAn; a velocidade em que o atleta atingir os 4 mMol.L^{-1} é a carga ou velocidade de referência (FAUDE; KINDERMANN; MEYER, 2009). A desvantagem desse teste é a coleta do lactato, que é invasivo e incômodo. Há ainda o alto custo dos aparelhos (lactímetro de bancada ou portátil e esteira rolante), *kits* de análises ou fitas. Ele é difícil de ser realizado (requer muita prática), depende da disponibilidade do avaliado em comparecer no laboratório por cinco vezes em dias distintos e tem duração de, no mínimo, 40 minutos. Por tudo isso, acaba por se tornar inviável como teste de rotina.

Durante o teste, também devem ser monitoradas a frequência cardíaca e a percepção subjetiva de esforço ao final de cada estágio. A coleta de lactato deve ser realizada no lóbulo da orelha ou na ponta do dedo no intervalo entre os estágios, o mais rápido possível, de preferência, não ser superior a um minuto.

10.2.3 Teste de tempo limite

O teste de tempo limite (Tlim) é um teste máximo utilizado para determinar quanto tempo o atleta consegue correr na velocidade associada ao $\dot{V}O_{2max}$ (SAMOGIN LOPES *et al.*, 2010). Portanto, o Tlim estaria relacionado com a contribuição do metabolismo anaeróbio durante o exercício aeróbio em alta intensidade (FAINA *et al.*, 1997).

Consiste em correr em esteira rolante o maior tempo possível (até a exaustão) na última velocidade alcançada no teste incremental máximo. Por exemplo, 2 minutos e 30 segundos a 18 km/h^{-1}.

10.3 TESTES DE CAMPO

10.3.1 Teste de caminhada de uma milha

Esse teste foi proposto por Kline e colaboradores em 1987 (KLINE et al., 1987). É um teste relativamente simples e pode ser utilizado por pessoas sedentárias de 30 a 69 anos de ambos os sexos, que pretendem iniciar na corrida. Basicamente, ele consiste em caminhar uma milha (1.609 m) em local plano e com marcação conhecida, no menor tempo possível. Ao final do teste, o avaliador deverá registrar o tempo necessário para percorrer os 1.609 m. Com base no tempo final, é realizada uma estimativa do $\dot{V}O_{2max}$.

10.3.2 Teste de caminhada de 3 mil m

Esse teste foi proposto por Leite, em 1985. Ele é de fácil aplicação e indicado para pessoas com baixa aptidão física. A pessoa deverá caminhar em um local plano e com distância conhecida. Ao final do teste, o avaliador deverá registrar o tempo necessário para percorrer os 3 mil metros, e o resultado será utilizado na fórmula a seguir:

$$\dot{V}O_{2max} \cdot (mL \cdot kg^{-1} \cdot min^{-1}) = 0{,}35 \times V^2 (km/h^{-1}) + 7{,}4$$

Exemplo: massa corporal 60 kg, tempo 29 minutos.
3 km = 3.000m ÷ 29 = 103,44m/min x 60 = 6206 ÷ 1000 = 6,20 km/h^{-1}
$\dot{V}O_{2max} \cdot (mL \cdot kg^{-1} \cdot min^{-1}) = 0{,}35 \times (6{,}20)^2 + 7{,}4 = 11{,}74$
$\dot{V}O_{2max} \cdot = 11{,}74 \ (mL \cdot kg^{-1} \cdot min^{-1})$

10.3.3 Teste de campo da Universidade de Montreal

Este teste também é conhecido como teste de Léger e Boucher, por ter sido proposto pelos mesmos autores em 1980. Ele consiste em percorrer a maior distância possível e é recomendado a ser realizado em pista de atletismo oficial, mas também pode ser feito em outro local apropriado. Posteriormente, surgiu uma variação desse teste, o qual é possível realizar com um "coelho", um ciclista à frente do avaliado, para ditar o ritmo (BRUE, 1985).

Em relação ao teste original, o local deve ser previamente demarcado (de 50 em 50 metros) por cones. O protocolo estabelece que o ritmo deverá ser controlado por um sinal sonoro (cinco bipes) com os estágios em intervalos predeterminados de dois minutos. De dois em dois minutos, a velocidade deverá ser aumentada em 1 km/h^{-1}. O teste é encerrado quando o avaliado não conseguir chegar no cone nos bipes por três vezes consecutivas ou parar por cansaço. Ao final de cada estágio e no final do teste, devem ser aferidas a frequência cardíaca e a percepção subjetiva de esforço.

Os protocolos do teste podem variar de acordo com o nível de condicionamento físico do avaliado. Por exemplo, para pessoas com baixo condicionamento físico, o teste pode ser iniciado com uma velocidade de 6 ou 7 km/h^{-1} e finalizado com 20 km/h^{-1}; já para atletas, pode ser iniciado com 10 quilômetros e finalizado com 25 km/h^{-1}.

Material necessário: caixa de som, protocolo com bipes sonoros, cones, cronômetro, prancheta, caneta, monitor de frequência cardíaca, escala de percepção subjetiva de esforço de 15 pontos (6 a 20 – Borg) e ficha de teste (protocolo).

Ao final, com o resultado, é utilizada a seguinte equação para se calcular o $\dot{V}O_{2max}$:

$\dot{V}O_{2max}$ = 1,353 + (3,163 x velocidade do último estágio) + ((0,0122586 x (velocidade do último estágio)^2).

10.3.4 Teste de corrida de 12 minutos

Também conhecido como "teste de *cooper*", por ter sido proposto pelo doutor Kenneth H. Cooper, em 1968, é utilizado para avaliação da capacidade aeróbia. Foi amplamente difundido, sendo um dos mais conhecidos e aplicados até hoje, devido à sua fácil aplicação, pelo fato de exigir apenas um local plano e demarcado — uma pista de atletismo é o ideal —, cronômetro e apito. Porém apresenta várias limitações pelo fato de ser uma forma generalista de avaliação. Portanto, o resultado deve ser interpretado com ressalvas.

Pode ser aplicado em homens e mulheres de 20 a 65 anos. Basicamente, consiste em percorrer a maior distância em 12 minutos, podendo-se intercalar corrida e caminhada. Com base na distância total percorrida, é preciso inserir os dados na fórmula a seguir:

$$\dot{V}O_{2max} = \frac{\text{Distância (m)} - 505}{45}$$

Quadro 9 – Classificação do $\dot{V}O_{2max}$ (mL. kg^{-1}. min^{-1}) de homens e mulheres de acordo com a faixa etária (anos)

Faixa etária (anos)	Homem						
Classificação	Baixo	Fraco	Média	Bom	Alto	Atleta	Olímpico
20-29	≤ 38	39-43	44-51	52-56	57-62	63-69	70 ≥
30-39	≤ 34	35-39	40-47	48-51	52-57	58-64	65 ≥
40-49	≤ 30	31-35	36-43	44-47	48-53	54-60	61 ≥
50-59	≤ 25	26-31	32-39	40-43	44-48	49-55	56 ≥
60-65	≤ 21	22-26	27-35	36-39	40-44	45-49	50 ≥
Faixa etária (anos)	Mulher						
20-29	≤ 28	29-34	35-43	44-48	49-53	54-59	60 ≥
30-39	≤ 27	28-33	34-41	42-47	48-52	53-58	59 ≥
40-49	≤ 25	26-31	32-40	41-45	46-50	51-56	57 ≥
50-65	≤ 21	22-28	29-36	37-41	42-45	46-49	50 ≥

Fonte: elaborado pelos autores, com base em Astrand (1960)

10.3.5 Teste de velocidade crítica

A velocidade crítica (VC) é considerada a máxima velocidade de corrida que uma pessoa pode manter por um período indeterminado, sem ocorrência de fadiga (HILL, 1993). Esse teste é indicado para pessoas com bom nível de condicionamento físico e atletas, podendo ser realizado tanto em pista de atletismo como em esteira. Consiste em percorrer determinadas distâncias (preestabelecidas) no menor tempo possível.

Em estudo realizado com corredores de elite de maratona, inclusive com recordistas mundiais, além de demonstrar que a velocidade crítica é um ótimo preditor de desempenho, observou-se que esses atletas correm a maratona em uma velocidade muito próxima (em média de 96%) à intensidade que corresponde à velocidade crítica (JONES; VANHATALO, 2017), enquanto os corredores em geral correm a cerca de 85% da VC (SMYTH; MUNIZ-PUMARES, 2020). Já em provas de 10 mil metros, corredores de elite mundial correm em torno de 3% acima da VC.

Em outro estudo, pesquisadores sugerem uma forma alternativa de se realizar o teste, em visita única, o que seria uma vantagem, pelo fato de ser mais acessível e proporcionar menor interferência na rotina dos atletas (GALBRAITH et al., 2014). Com frequência, esse teste é realizado com duas ou três visitas, em dias diferentes, de preferência em pista de atletismo, com duas ou três distâncias que compreendam entre 2 e 15 minutos em máxima intensidade, por exemplo, teste 1 – 1 mil metros e teste 2 - 3 mil m. Com base nessas distâncias, é realizada uma equação pela qual é possível predizer o tempo final de uma prova de 5, 10 quilômetros ou maratona, por exemplo (JONES; VANHATALO, 2017).

Ao final do teste, devem ser anotados a distância total em metros, a frequência cardíaca máxima e o tempo em segundos. Também é necessário mensurar a frequência cardíaca de repouso. Depois é só inserir os dados na equação a seguir:

$$VC = \frac{\text{Distância 2} - \text{Distância 1}}{\text{Tempo 2} - \text{Tempo 1}}$$

Por exemplo:
Teste 1) 1.000 metros, tempo: 180 s
Teste 2) 3.000 metros, tempo: 600 s

$$VC = \frac{3.000 - 1.000}{600 - 180}$$

VC: 2.000 / 420 = 4,76 m/s

VC: 4,76 m/s X 3,6

VC = 17,1 km/h^{-1}

Com base na velocidade de 17,1 km/h^{-1} que corresponde a + ou – 3min30seg por quilômetros de ritmo, é possível predizer que esse atleta é capaz de correr, por exemplo, 10 quilômetros em, aproximadamente, 35min.

10.3.6 Velocidade aeróbia máxima

A velocidade aeróbia máxima (VAM) ou v$\dot{V}O_{2max}$ é a maior velocidade alcançada em um teste até a exaustão e foi proposta pela primeira vez pela pesquisadora Veronic Billat, podendo ser determinada por meio de dois testes: 1) teste de cinco minutos; e 2) teste de 3 mil m.

O teste de 5 minutos tem como objetivo a predição da velocidade aeróbia máxima e do $\dot{V}O_{2max}$. O protocolo consiste em aquecimento de 10 minutos; o avaliado deve correr a maior distância possível em 5 minutos, sendo que a cada minuto será emitido um sinal sonoro indicando o tempo; a distância percorrida será medida com precisão de 5 metros; e deve ser realizado, preferencialmente, em pista de atletismo (BERTHON et al., 1997; DABONEVILLE et al., 2003).

Por exemplo, o avaliado percorreu 1.500m.

VAM (km/h^{-1}): d X 12

VAM (km/h^{-1}): 1500 X 12

VAM: 18,0 km/h^{-1}

$\dot{V}O_{2max}$: 3,23 X VAM + 0,123

$\dot{V}O_{2max}$: 3,23 X 18,0 + 0,123

$\dot{V}O_{2max}$: 58,26 mL. kg^{-1}. min^{-1}

Já para determinar a VAM a partir do teste de 3 mil m:

Por exemplo, o avaliado percorreu os 3 mil metros em 10 minutos.

1. é preciso converter o tempo em segundos, ou seja, 10 x 60 = 600 segundos;

2. é preciso converter 600 segundos em velocidade, 3000 / 600 = 5,0 m/s;

3. é preciso converter 5,0 m/s em **km**/h^{-1}, ou seja, 5,0 x 3,6 = 18 km/h^{-1}.

VAM: 18,0 km/h^{-1}

10.3.7 Apronto

Apronto é um tipo de avaliação parecida com o teste contrarrelógio, portanto é uma forma de se obter um parâmetro de uma distância intermediária da prova a ser realizada no menor tempo possível. Geralmente, é realizado na semana da competição, por exemplo, na terça-feira que antecede a prova (sábado ou domingo – dias mais comuns). O atleta realiza um teste acima de 100%, em uma distância menor do que seria a da prova, em torno de 2/3, ¾, a depender da distância da prova. Por exemplo, em uma corrida de 5 quilômetros, o apronto será de 3 quilômetros; para uma corrida de 10 quilômetros, o teste será de 7 quilômetros. O resultado possibilita que se faça uma projeção de tempo final da prova a partir dos tempos intermediários para serem cumpridos durante a prova. Também não deixa de ser um treino.

Esse teste pode ser realizado no formato de uma competição simulada, com mais atletas de nível de desempenho semelhante. A forma como será realizado e a distância ficam a critério do treinador.

10.3.8 Teste contrarrelógio

O teste contrarrelógio (TCR), ou prova simulada, é um tipo de avaliação que objetiva cumprir determinada distância no menor tempo possível, normalmente na distância da prova, por exemplo, 5 quilômetros ou 10 quilômetros.

Muito se diz que "treino é treino e prova é prova". O treino ou treinamento é justamente para se treinar o que se pretende realizar na prova, além de se ganhar condicionamento físico adequado para se atingir o objetivo proposto. Logicamente, não são todos os treinos que devemos treinar como se fossem uma prova, até porque, pela lógica do treinamento, temos que alternar dias de treinos intensos com treinos leves, com diferentes distâncias (volumes), porém alguns treinos se fazem necessários, para simular uma condição muito próxima do real de uma prova.

Esses testes também podem ser realizados no formato de uma competição simulada, com mais atletas de nível de desempenho semelhante. A forma como será realizado e a distância ficam a critério do treinador.

10.4 EQUAÇÕES DE PREDIÇÃO

10.4.1 Cálculo indireto de consumo máximo de oxigênio

Para calcular indiretamente o $\dot{V}O_{2max}$, basta realizar um teste incremental máximo de velocidade, por exemplo, incremento de 1 km/h^{-1} a cada 1 minuto até a exaustão. O último estágio (velocidade) será o valor utilizado no cálculo da equação (ACSM, 2014), como a seguir:

Equação: $\dot{V}O_2$ (mL. kg^{-1}. min^{-1}) = [0,2 x V (m/min^{-1})] + 3,5

$\dot{V}O_2$ (mL. kg^{-1}. min^{-1}) = consumo de oxigênio (relativo à massa corporal) em mililitros por minuto.

0,2 = Constante de tempo

V = Velocidade em metros por minuto (m/min^{-1}). Ex.: 20 km/h^{-1} = 333,3 m/min^{-1}.

3,5 = Consumo de oxigênio em repouso (Equivalente Metabólico da Tarefa – MET).

$\dot{V}O_2$ (mL. kg^{-1}. min^{-1}) = [0,2 x 333,3] + 3,5
$\dot{V}O_2$ (mL. kg^{-1}. min^{-1}) = [66,7] + 3,5
$\dot{V}O_{2max}$ = 70,2 mL. kg^{-1}. min^{-1}

10.4.2 Predição do $\dot{V}O_{2max}$ por meio de protocolo de esteira

<u>Caminhada</u> (velocidades entre 50 e 100 m/min.)
$\dot{V}O_{2max}$ = 3,5 + m/min. 0,1 + inclinação (fração) x m/min. x 1,8
Exemplo:
Velocidade: 10 km/h^{-1} ou 100 m/min.
Inclinação: 1% ou 0,1
$\dot{V}O_{2max}$ = 3,5 + 100 x 0,1 + 0,1 x 100 x 1,8
$\dot{V}O_{2max}$ = 31,5 ml. kg^{-1}. min^{-1}

<u>Corrida</u> (para velocidades > 134 m/min.)
$\dot{V}O_{2max}$ = 3,5 + m/min. x 0,2 + inclinação (fração) x m/min. x 0,9
Exemplo:
Teste incremental, protocolo: início a 8 km/h^{-1} com incremento de 1 km/h^{-1} a cada 1 minuto até a exaustão.
Velocidade máxima alcançada: 15 km/h^{-1} ou 250 m/min.
Inclinação: 1% ou 0,1
$\dot{V}O_{2max}$ = 3,5 + 250 x 0,2 + 0,1 x 250 x 0,9
$\dot{V}O_{2max}$ = 76,0 mL. kg^{-1}. min^{-1}

10.4.3 Cálculo de gasto energético na corrida a partir do consumo de O_2

Para realizar o cálculo de gasto energético na corrida, precisamos saber:

- a velocidade média de corrida em metros por minuto;
- a duração da corrida em minutos; e
- a massa corporal em kg.

Supondo que uma pessoa de 70 kg de massa corporal correu em uma superfície plana, por 30 minutos, a uma velocidade constante de 10 km/h^{-1}.

Procedimento:

1. Calcular a velocidade da corrida em metros por minuto (m/min^{-1}).

V = 10.000/60 (min.)

V = 167 m/min^{-1}

2. Calcular o consumo de oxigênio ($\dot{V}O_2$) relativo da corrida.

Usando a equação: $\dot{V}O_2$ (mL. kg^{-1}. min^{-1}) = 3,5 + V (m/min^{-1}) x 0,2

$\dot{V}O_2$ = (3,5 + 167 x 0,2)

$\dot{V}O_2$ = 36,9 mL. kg^{-1}. min^{-1}

3. Multiplicar o $\dot{V}O_2$ relativo pela massa corporal para saber o $\dot{V}O_2$ absoluto.

36,9 mL. kg^{-1}. min^{-1} x 70 = 2.583

$\dot{V}O_2$ absoluto = 2.583 l/min

4. Multiplicar o consumo de oxigênio absoluto pela duração do exercício (30 minutos).

2.583 l/min x 30 min = 77,5 litros de O_2

5. Depois, multiplicamos o consumo de oxigênio absoluto por 5, pois 1 litro de O_2 equivale a, aproximadamente, 5 Kcal.

1 litro O_2 = 5 Kcal

77,5 litros x 5 = 387,4

Kcal = 387,4

Se uma pessoa de 70 kg correr a 10 km/h^{-1} em 30 minutos, seu gasto calórico será de, aproximadamente, 387,4 Kcal. Veja, no Quadro 10, a seguir, um comparativo de acordo com diferentes velocidades de deslocamento para um indivíduo de 70 kg:

Quadro 10 – Comparativo de gasto energético em diferentes intensidades

Tipo de exercício físico	Caminhar	Correr		
Velocidade (km/h^{-1})	5	10	15	20
Tempo de duração (minutos)	30	30	30	30
$\dot{V}O_2$ (mL. kg^{-1}. min^{-1})	42,3	77,5	112,3	147,4
Gasto energético (Kcal)	211,6	387,4	561,5	737,0
Gasto energético (Kcal/min)	7,0	12,9	18,7	24,6

Fonte: elaborado pelos autores

Já em outro exemplo, se a distância for fixa (exemplo 5 quilômetros), como em uma corrida, o trabalho total será igual, e, por consequência, o gasto energético também será igual (Kcal), independentemente do tempo que os indivíduos levarem para cumprir a distância. Por exemplo: corrida de 5 quilômetros, o indivíduo A cumprirá em 15 minutos, e o indivíduo B, em 30 minutos.

Exemplo 1: Em uma corrida de 5 quilômetros, o indivíduo A cumpriu a distância em 15 minutos, ou seja, em uma velocidade média de 20 km/h^{-1} (333 m/min^{-1}). Imaginamos que o gasto energético por minuto é de 24,6 Kcal a 20 km/h^{-1}. Então, será multiplicado 24,6 x 15. O resultado será de 369 Kcal no total.

Exemplo 2: Em uma corrida de 5 quilômetros, o indivíduo B cumpriu a distância em 30 minutos, ou seja, em uma velocidade média de 10 km/h^{-1} (166 m/min^{-1}). Suponhamos que o gasto energético por minuto é de 12,9 Kcal a 10 km/h^{-1}. Então, será multiplicado 12,9 x 30. O resultado será de 387 Kcal no total.

Considerando a margem de erro do cálculo, o trabalho total realizado pelo indivíduo A e B para percorrer o trajeto de 5 quilômetros foi de, em média, 378 Kcal.

Atualmente, existem relógios sofisticados, que são capazes de calcular o gasto calórico com valores próximos do real, pelo fato de fornecerem valores de tempo, distância, velocidade de deslocamento e usarem dados de massa corporal, gênero, idade e estatura. Podem ser utilizados como parâmetro, porém é um método que apresenta limitações.

11

MONITORAMENTO E CONTROLE DA INTENSIDADE DE TREINAMENTO

O monitoramento do treinamento basicamente consiste em coletar e analisar sistematicamente as atividades de treinamento e os fatores que podem influenciar no desempenho e risco de lesões.

Tem como objetivo otimizar o desempenho, reduzir o risco de lesões a partir do aperfeiçoamento/elaboração de programas de treinamento e recuperação do atleta.

O monitoramento do treinamento deve ser direcionado em três aspectos:

1. antes do treino: prontidão do atleta ao exercício físico a ser realizado;
2. durante o treinamento: controle da intensidade; e
3. pós-treino: estado de cansaço e recuperação.

11.1 ANTES DO TREINO

Momentos antes do treino, é importante saber a prontidão do atleta ao exercício físico, aplicando um questionário curto, para saber o seu estado geral, para que, se for necessário, por exemplo, sejam feitas mudanças no treino a ser realizado, como diminuição do volume de treino, da intensidade, ou, até mesmo, a não realização do treino em determinada sessão.

Alguns fatores a serem considerados: estado alimentar, estado de hidratação, qualidade do sono, dores musculares, condição psicológica e estado geral. Veja o Quadro 11, a seguir.

Quadro 11 – Questionário de prontidão ao exercício físico

Questionário de prontidão ao exercício físico
1) Você se alimentou adequadamente antes do treino?
R: ( ) sim ( ) não Caso afirmativo, a quanto tempo? _____ minutos _____ horas.

Questionário de prontidão ao exercício físico
2) Você está bebendo água regularmente?   R: ( ) sim ( ) não Caso afirmativo, qual a frequência e volume? _____ x _____ ml.
3) Como você classifica a qualidade do seu sono na última noite?   R: ( ) ótimo ( ) bom ( ) ruim. Quanto tempo você dormiu?_____ horas.
4) Está com dores musculares do último treino?   R: ( ) sim ( ) não Caso afirmativo, estas dores podem prejudicar a qualidade do treino no dia de hoje? _____.
5) Algum fator psicológico que pode interferir no seu desempenho hoje?   R: ( ) sim ( ) não Caso afirmativo, qual?_____.
6) Como você classifica o seu estado geral nesse momento?   R: ( ) ótimo ( ) bom ( ) ruim
7) Mais alguma coisa a relatar? _____.

Fonte: elaborado pelos autores

11.2 DURANTE O TREINO

Durante o treino, é importante realizar o monitoramento e controle da intensidade de treino. Para isso, é fundamental conhecer as zonas de intensidade de treino, como segue no Quadro 12, a seguir.

Quadro 12 – Zonas de treinamento

Zonas de treinamento	$\dot{V}O_2$ (% do Máximo)	FC (% do Máximo)	[ ] Lactato (mMol.L^{-1})	Tempo estimado de duração do treino
1	50 – 80	60-82	0,8 – 2,5	1 – 3 horas
2	81-87	82-87	2,5 – 4,0	50 – 90 minutos
3	88 – 100	88 – 100	4,0 – 10,0	60 – 15 minutos

Fonte: elaborado pelos autores, adaptado de Seiler (2010)

Pode ser feito basicamente por cinco formas: a) percepção subjetiva de esforço; b) tempo de desempenho – ritmo; c) frequência cardíaca; d) limiares metabólicos; e e) percentual do $\dot{V}O_{2max}$.

11.2.1 Percepção subjetiva de esforço

Talvez uma das formas mais fáceis e práticas de se monitorar a intensidade de treino e de forma subjetiva é a partir da percepção subjetiva de esforço (PSE). Como ferramenta para se quantificar, pode ser utilizada a escala de percepção subjetiva de esforço, popularmente chamada de escala de Borg de 15 pontos (BORG, 1982). Exemplo no Quadro 13.

Quadro 13 – Escala de Percepção Subjetiva de Esforço de 15 pontos

Pontuação	Percepção do Esforço	Equivalente a FC
6		60
7	Muito, muito fácil	70
8		80
9	Muito fácil	90
10		100
11	Razoavelmente fácil	110
12		120
13	Um pouco difícil	130
14		140
15	Difícil	150
16		160
17	Muito difícil	170
18		180
19	Muito, muito difícil	190
20		200

Fonte: elaborado pelos autores, com base em Borg (1982) e ACSM (2000)

Podem ser utilizados, por exemplo, três zonas ou domínios de treino, segundo Seiler e Kjerland (2006), de acordo com a ancoragem. Veja o exemplo:

- Zona 1 (leve/moderado): treino leve e recuperativo, entre 7 e 10 unidades arbitrárias (u. a.)

- Zona 2 (pesado): treinos de rodagem entre 11 e 16 u. a.
- Zona 3 (severo): treinos intervalados entre 17 e 20 u. a.

11.2.2 Tempo de desempenho – ritmo

Também uma das formas mais fáceis e práticas de se monitorar a intensidade de treino é por meio do tempo de desempenho ou ritmo (pace). Nesse caso, para atletas mais avançados, funciona melhor, cujo objetivo é mais voltado à melhora do desempenho em alguma prova específica, por exemplo. Pode ser utilizado o ritmo, da forma mais comum por quilômetro, caso seja uma rodagem ou corrida de rua, ou por voltas parciais (voltas de 400 m), caso seja um treino ou uma competição em pista.

O controle é realizado pelo tempo obtido por um simples cronômetro, sendo o próprio desempenho em si em uma distância.

11.2.3 Frequência cardíaca

O monitoramento da intensidade pela frequência cardíaca talvez seja o método mais conhecido e difundido desde a década de 1930. Apesar de não haver comprovação científica (ROBERGS; LANDWEHR, 2002), foi amplamente aceito, apesar de questionado. É um método fácil e prático, bastando um monitor de frequência cardíaca.

A utilização da frequência cardíaca na forma de prescrição da intensidade de treino apresenta uma série de limitações, pela influência do dia a dia, como temperatura ambiente, umidade relativa do ar, tipo de exercício, som (música), sono, morfologia cardíaca (patológico ou pela aptidão física) cansaço físico, estado emocional (estresse, humor etc.), uso de medicamentos (por exemplo, betabloqueadores para hipertensão, analgésicos e antidepressivos), idade, gênero, etnia, uso de suplementos alimentares (estimulantes energéticos), estado de alimentação e hidratação, entre outros, que são alheios ao estado atual de treinamento, portanto interferindo diretamente.

Partindo do princípio de que a $FC_{máx}$ diminui um batimento cardíaco por ano, podemos utilizar o modelo de prescrição pela $FC_{máx}$ atingida em um teste específico (exemplo: ergométrico, ergoespirométrico ou de campo) ou predita por fórmula (220-idade) (exemplo: 220-30 = 190 bpm) e utilizar a frequência cardíaca de repouso (FC_{rep}) e reserva para estabelecer os valores de zonas de intensidade de treino ou zona-alvo (exemplo: entre 70 e 80% da $FC_{máx}$). Observe um exemplo da Fórmula de Karvonen e Vourimaa (1988) no Quadro 14, a seguir.

$$\text{FC de treino} = (\text{FC}_{máx} - \text{FC}_{rep}) \times \% \text{ intensidade de treino} + \text{FC}_{rep}$$

Quadro 14 – Cálculo de zona de intensidade de treino

Parâmetros	Valores	Equações	
$FC_{máx.}$	220-idade	220	
Idade (anos)	30	-30	
$FC_{máx}$ de esforço predita	190	190	
FC_{rep}	60	190	
FC de reserva	130	-60 130	
Zonas de intensidade de treino	70 e 80%	130 X 0,70 = 91	130 X 0,80 = 118
FC_{rep}	60	+ 60	+ 60
Zona de intensidade de treino (bpm)	**Mínimo e máximo**	**151**	**178**

Fonte: elaborado pelos autores

Podem ser utilizados, por exemplo, três zonas ou domínios de treino:

- Zona 1 (moderado): treino leve e recuperativo, < 60% da $FC_{máx.}$;
- Zona 2 (pesado): treinos de rodagem, entre 61 e 85% da $FC_{máx.}$;
- Zona 3 (severo): treinos intervalados, > 86% da $FC_{máx.}$.

Portanto, para se utilizar o percentual da frequência cardíaca para monitoramento da intensidade de treino, deve-se considerar as limitações, não sendo a mesma recomendada para prescrição da intensidade da intensidade de treino. Porém, pode ser utilizada como uma ferramenta complementar, no monitoramento da intensidade de treino, aliada a outras ferramentas, como percepção subjetiva de esforço e ritmo.

11.2.4 Limiares metabólicos

Já os valores de limiares são teoricamente dois "fixos", determinados a partir da análise dos valores O_2, CO_2 e ventilação pulmonar, porém eles variam de pessoa para pessoa, de acordo com a aptidão aeróbia e com treinos que forem sendo realizados, como explicado anteriormente.

Nesse caso, os valores encontrados devem ser relacionados à velocidade e ao ritmo a serem realizados nos treinos. Por exemplo: 40 minutos de corrida no LL, que é equivalente a 10 km/h^{-1} ou 6 min/ km, ou 30 minutos de corrida no LAn, que é equivalente a 15 km/h^{-1} ou 4 min/ km.

11.2.5 Percentual do consumo máximo de oxigênio

Primeiro, para se determinar o percentual (%) do $\dot{V}O_{2max}$, é necessário que se conheça $\dot{V}O_{2max}$ por meio do teste conhecido como ergoespirometria ou teste incremental máximo, realizado previamente, como vimos anteriormente. A partir do momento em que for encontrado o $\dot{V}O_{2max}$, podem ser calculados os domínios de intensidades de treino a partir desses valores, como foi feito pela frequência cardíaca.

Com base no $\dot{V}O_{2max}$, são calculados os percentuais (%) que podem ser trabalhados, segundo Garber et al. (2011). Por exemplo:

- Zona 1 (moderado): treino leve e recuperativo, ≤ 45% $\dot{V}O_{2max}$;
- Zona 2 (pesado): treinos de rodagem, entre 46 e 63% $\dot{V}O_{2max}$;
- Zona 3 (severo): treinos intervalados ≥ 64% $\dot{V}O_{2max}$.

Um estudo recente de Iannetta e colaboradores (2020) demonstrou que não é adequado e impreciso utilizar o percentual do $\dot{V}O_{2max}$, a e $FC_{máx}$ para prescrição do exercício físico em homens e mulheres adultos jovens. Porém, podem ser variáveis a serem utilizadas de forma complementar.

11.3 APÓS O TREINO

Logo após o término do treino, cerca de 30 minutos após, é interessante analisar a carga (interna) de treino por meio da percepção subjetiva de esforço da sessão (PSE-s) individualmente, a partir da escala de percepção subjetiva de esforço ou de Borg de 10 pontos (BORG, 1982), modificada por Foster (1998) de 11 pontos. Exemplo no Quadro 15.

No pós-treino, é importante monitorar a percepção geral do treino, a reposição hídrica e de glicogênio e o estado geral do atleta.

Além dessas variáveis, é possível monitorar algumas varáveis, como dor muscular tardia, fadiga, estado de recuperação, qualidade do sono, nível de estresse e estado de humor, como se segue no Quadro 16.

Quadro 15 – Escala de Percepção Subjetiva de Esforço de 11 pontos

0	Repouso
1	Muito fácil
2	Fácil
3	Moderado
4	Um pouco difícil
5	Difícil
6	-
7	Muito difícil
8	Muito, muito difícil
9	Quase máximo
10	Máximo esforço

Fonte: elaborado pelos autores, com base em Foster (1998)

Quadro 16 – Classificação de recuperação ou estado de cansaço

Parâmetros	Classificação					
	5	4	3	2	1
Fadiga	Muito descansado	Descansado	Normal	Mais cansado do que o normal	Sempre cansado
Qualidade do sono	Sono recuperador	Bom	Dificuldade para dormir	Sono que não consegue recuperar	Insônia
Dor muscular geral	Sentindo-se ótimo	Sentindo-se bem	Normal	Aumento na dor/tensão muscular	Muito dolorido
Nível de estresse	Muito relaxado	Relaxado	Normal	Me sentindo estressado	Altamente estressado
Humor	Humor muito positivo	Geralmente bom	Menos interessado em outros/ atividades que o normal	Ríspido com os colegas e família	Altamente incomodado / irritado / chateado

Fonte: elaborado pelos autores, adaptado de McLean et al. (2010)

Referente ao quadro apresentado, podemos classificar o estado de recuperação ou cansaço do atleta com base na somatória dos scores (5-1) de acordo com os parâmetros listados. Por exemplo, caso o atleta apresente um somatório de 25 u. a., ele estará muito descansado, ou 5, estará muito cansado, e 15, normal. Ou seja, se o atleta apresentar uma classificação ≤ 14, talvez seja interessante diminuir a carga de treino, ou até mesmo cancelar o treino daquele dia.

É importante destacar que os meios e métodos de controle e monitoramento do treinamento nunca serão absolutos e perfeitos. Ou seja, não existe a possibilidade de monitorar a rotina do atleta por 24 horas, sete dias por semana, 365 dias por ano. Portanto, deve haver uma relação de confiança entre ambos — treinador e atleta —, e o treinador deve amparar-se na sua experiência e na ciência.

11.3.1 Monitoramento de variáveis bioquímicas e hematológicas

O monitoramento para análise de dano muscular é algo bastante interessante. Porém, esse tipo de monitoramento por meio de variáveis bioquímicas e hematológicas apresenta uma série de limitações e só é recomendado caso seja para avaliar condições específicas, como estudos científicos, já que esses métodos apresentam pouca praticidade, são invasivos, possuem alto custo com laboratório, muito tempo entre coletas, transporte e análise.

Exemplos de marcador de dano muscular: creatina quinase (CK) ou creatinofosfoquinase (CPK). Imunológicos: imunoglobulinas (IgM e G) e células natural killers (NK).

PARTE 4

O QUE LEVAR EM CONTA AO PLANEJAR O TREINAMENTO

12

PRINCÍPIOS DO TREINAMENTO

Os princípios do treinamento são aspectos norteadores no processo de planejamento e organização do treinamento. Portanto, são de grande importância e devem ser considerados. De acordo com Mcardle, Katch e Katch (2008) e Weineck (2003), são eles os seguintes.

12.1 PRINCÍPIO DA INDIVIDUALIDADE BIOLÓGICA

A individualidade biológica é o fenômeno que explica a variabilidade entre elementos da mesma espécie.

O exercício físico nada mais é do que um estímulo ao organismo, sendo que o princípio da individualidade biológica considera que cada pessoa é um ser único e, portanto, que cada pessoa responde de forma diferente aos estímulos impostos – fenômeno conhecido como responsividade ao treinamento. Isso é explicado em grande parte pela genética, mais especificamente pela variação de alelos positivos das pessoas mais responsivas ao treinamento aeróbio (CHUNG et al., 2023). Portanto, não podemos esperar respostas iguais para pessoas diferentes. Dessa forma, para se alcançar um maior aproveitamento, são necessários o planejamento e a prescrição do treinamento de forma individualizada.

De acordo com o princípio da individualidade biológica, quanto menos treinada é a pessoa, mais treinável ela será, e vice-versa. Ou seja, quando a pessoa começa a treinar, evolui muito rápido; por outro lado, em comparação com um atleta bem-treinado, este precisa de muito mais estímulos e variações no treinamento, frequência e maior intensidade para conseguir pequenas melhoras no desempenho. Portanto, quanto menor o nível de aptidão física, maior será o índice de melhora no desempenho, ou seja, quanto menos treinado, mais treinável será, e vice-versa.

Vale destacar que a melhora do desempenho não é linear e infinita, pois, para todos os níveis de aptidão física, existe um platô, seguido de uma estagnação (limite) na melhoria de desempenho, por diversos motivos, como: nível inicial de aptidão física, genética, gênero, nível de dedicação, objetivos etc.

12.2 PRINCÍPIO DA ESPECIFICIDADE

A especificidade do treinamento basicamente consiste em realizar o gesto motor peculiar à modalidade esportiva, no nosso caso, a corrida. A especificidade também consiste em realizar o treinamento seguindo os aspectos metabólicos/fisiológicos. O atleta deve realizar a corrida – principalmente treinos de predominância aeróbia –, sendo a maioria das sessões de treinos. Já os outros tipos de treinos para trabalhar outras capacidades físicas (força, coordenação motora, flexibilidade etc.) devem ser adaptados à exigência da modalidade, como algo complementar ao processo de preparação física.

12.3 PRINCÍPIO DA ADAPTAÇÃO

O princípio de adaptação surge quando uma carga (estímulo) é aplicada ao organismo, como se fosse um "vírus do bem". Ocorre uma resposta do organismo a esse estímulo estressante e, na tentativa do organismo em se ajustar, surge uma resposta positiva ou não. Caso o estímulo seja adequado ao momento no qual o organismo se encontra, a resposta será positiva, caso contrário, não. Basicamente, quando ocorre o estímulo, ocorre um momento de fadiga; em seguida, o organismo se recupera (compensação) e, por fim, ocorre a supercompensação (Figura 11). A partir desse momento, o organismo se encontra em um estado "superior" ao que se encontrava.

Figura 11 – Princípio da adaptação

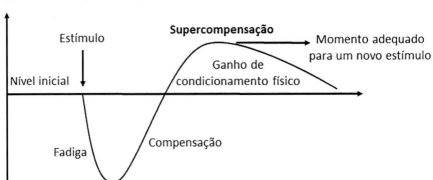

Fonte: elaborado pelos autores, com base em Weineck (2005)

12.4 PRINCÍPIO DA SOBRECARGA

Para que ocorram ajustes constantes (agudo) e, por consequência, adaptação (crônico), é necessário que ocorra aumento progressivo da carga, ou seja, sobrecarga (Figura 12).

Quando o organismo se mostra resistente à determinada carga de treinamento, uma nova (maior) deverá ser aplicada em intensidade superior.

Figura 12 – Princípio da sobrecarga

Fonte: elaborado pelos autores, com base em Mcardle, Katch e Katch (2008) e Weineck (2003)

12.5 INTERDEPENDÊNCIA VOLUME VERSUS INTENSIDADE

A interdependência tem como base duas variáveis do treinamento, que são o volume (quantidade) e a intensidade (qualidade). O volume basicamente é a forma como é quantificado o trabalho total (por exemplo, metros, quilômetros, minutos, horas etc.), e a intensidade é algo relativo, pois varia de pessoa para pessoa, mas basicamente é o quão "forte" seria(m) o(s) estímulo(s).

Partindo-se do princípio de que, quanto maior a quantidade, menor será a intensidade, por exemplo, treinos contínuos como longões, nos quais a distância é alta, consequentemente, a intensidade (velocidade de deslocamento) será proporcionalmente menor. Já, quanto menor for a distância ou quantidade de estímulos, maior será (ou poderá ser) a intensidade. Por exemplo, treinos intervalados, nos quais estímulos curtos combinados com as pausas permitem maior intensidade, em comparação do que seria em um treino contínuo.

No treinamento de corrida, é utilizada uma regra ou razão chamada 80/20, que significa que 80% das sessões de treinamento são realizadas em baixa intensidade e 20% de moderada a alta intensidade (SEILER,

2010; HAUGEN *et al.*, 2022; CASADO *et al.*, 2022), ou seja, zona 1 (< 2,5 mMol.L^{-1} de lactato), e os outros 20% em alta intensidade, zona 3 (de 4,0 a 10,0 mMol.L^{-1} de lactato) (SEILER, 2010). Lembrando que os treinos na zona de intensidade 2 seriam entre os 2,6 e 3,9 mMol.L^{-1} de lactato. Porém, essa distribuição (80/20) varia de acordo com o nível do atleta, a etapa da periodização e o tipo de prova.

Apesar de, na corrida, a especificidade do treinamento estabelecer que os treinos aeróbios de longa duração serão predominantes em comparação com outros tipos de treinos, vale destacar que nem sempre quantidade é sinônimo de qualidade, seja para um treino longo (distância), seja para uma quantidade grande de estímulos ou tempo de duração das sessões de treino.

12.6 PRINCÍPIO DA VARIABILIDADE

O princípio da variabilidade é baseado no fato de que o treinamento deve ser variado para evitar monotonia e que se torne motivante e atrativo. É importante variar os treinos e locais, de forma que treinos diferentes podem gerar respostas diferentes.

12.7 PRINCÍPIO DA CONTINUIDADE

Um programa de treinamento deve ser realizado de forma sistematizada e contínua (estímulos frequentes) para que os ajustes agudos se tornem crônicos.

12.8 PRINCÍPIO DA REVERSIBILIDADE

De acordo com o princípio da reversibilidade, os efeitos provocados por um programa de treinamento são totalmente reversíveis, caso seja interrompido – independentemente do nível de condicionamento físico da pessoa/atleta.

Em uma relação de 1:2 a 1:3, por exemplo, 30 dias de treinamento são totalmente perdidos em 10 dias de inatividade, aproximadamente.

13

CAPACIDADES FÍSICAS E SUA ORGANIZAÇÃO NA SESSÃO DE TREINO

As capacidades físicas são as formas que as valências físicas se manifestam e são respectivamente treinadas de acordo com as exigências da modalidade esportiva.

No caso da corrida, todas as capacidades físicas (flexibilidade, coordenação motora, força, resistência de velocidade e resistência aeróbia) são envolvidas durante o movimento. O que muda é o grau de envolvimento e a manifestação de acordo com o tipo de distância e intensidade. Portanto, devem ser treinadas de forma específica.

13.1 FLEXIBILIDADE

A capacidade física flexibilidade pode ser treinada por meio de alongamentos específicos para cada grupo muscular solicitado durante a corrida, principalmente de membros inferiores, e exercícios de mobilidade articular, principalmente por pessoas que possuem encurtamentos musculares. Porém, o fato de realizar a flexibilidade antes de correr não necessariamente tem o intuito de prevenir lesões (SANZ et al., 2020). Então, isso quer dizer que o atleta não deve alongar antes de correr? Não é bem assim, levando em consideração que a pessoa deve preparar o organismo para iniciar a tarefa que será realizada, pode ser interessante alongar antes, pois, dessa forma, movimentará os músculos e as articulações, o que pode ser benéfico, desde que acompanhado por um aquecimento específico.

Em geral, é realizado antes de iniciar o treino e logo após, por exemplo, 2 a 3 x 15-20 s para cada membro ou grupo muscular/posição, como segue abaixo (Figura 13):

Figura 13 – Sequência de alongamentos a serem realizados antes e/ou após a corrida

Fonte: elaborado pelos autores

Alguns alongamentos também podem ser realizados de forma ativa (dinâmica), conhecidos também como alongamentos balísticos, nos quais se realiza movimentos com os membros (braços ou pernas) a serem alongados com máxima amplitude. Por exemplo: deslocamento dinâmico, parecido com um avanço, só que com passadas mais ampliadas, visa a aumentar o tamanho da passada.

Após os treinos e competições, o alongamento geralmente é utilizado mais com fins de auxiliar na volta à calma e para diminuir a rigidez muscular, do que para ganhos de flexibilidade.

13.2 COORDENAÇÃO MOTORA

A capacidade física coordenação motora é treinada por meio de exercícios específicos, como exercícios educativos, visando à melhora do gesto motor da corrida (mecânica de movimento). Dessa forma, o atleta vai conseguir correr com menor esforço e, consequentemente, menor gasto energético, ou seja, de forma mais eficiente.

Um fato que chama a atenção de quem observa corredores de elite é que eles conseguem correr em alta velocidade de deslocamento, por exemplo, 20, 25 km.h^{-1}, sem grande esforço aparente. Para um leigo, acaba parecendo que estão em uma baixa velocidade, quando, na verdade, é o contrário. Isso ocorre devido ao fato de possuírem uma técnica de corrida aperfeiçoada, graças a anos de treinos repetitivos, principalmente a execução de exercícios educativos de corrida realizados frequentemente/diariamente.

Para muitos, nas redes sociais, o gesto motor da corrida considerado "perfeito" deve ser buscado a todo custo. O que não falta são modelos e dicas de como alcançar tal feito, muitas vezes, por pessoas que nem são profissionais da área. Um estudo recente analisou o padrão de corrida (filmagem em três planos – frontal, lateral e posterior) e a economia de corrida em velocidade submáxima de corredores de diferentes níveis. As filmagens foram analisadas por 121 treinadores de níveis que vão do escolar até o internacional. O estudo concluiu que, mesmo para treinadores bem experientes, foi impossível identificar, de forma visual, características únicas e definidas de uma técnica de corrida mais ou menos econômica, quando comparadas em condições iguais; ou seja, nem tudo é o que parece... Considerando o que é certo ou errado, os treinadores devem ser mais cautelosos quanto ao que prescrevem aos seus alunos; e, portanto, não é possível identificar se um atleta é mais ou menos econômico que outro apenas pela análise de forma visual (só por um gesto motor considerado "perfeito"), muito menos sem mensurar variáveis fisiológicas em laboratório (COCHRUM et al., 2021).

A fim de treinar um gesto motor de maneira mais eficiente, são realizados os exercícios de coordenação motora específicos para corrida – os também chamados exercícios educativos. Cada exercício é treinado de forma fracionada e visa a dar um enfoque em um determinado aspecto do movimento, seja na fase de impulsão, seja no voo, seja na recuperação etc., e possibilitar uma transferência positiva para a corrida.

Os exercícios educativos de corrida realizados mais comumente são: o *skipping, kick out, hopserlauf* (passeio no bosque), *anfersen, dribbling, wechselsprünge* (saltos alternados), *sprunglauf* e suas variações. Podem ser realizados em deslocamento de 3 a 4 x de 30-40 metros, seguidos de uma curta aceleração do final, se for o caso.

Skipping: esse é um exercício que visa a trabalhar a elevação dos joelhos.

Kick out: esse exercício também é conhecido como "soldadinho", utilizado para dar ênfase na fase de apoio ao tocar o pé no solo.

Hopserlauf: também conhecido como "passeio no bosque", são realizados saltos verticais elevando uma das coxas e o antebraço oposto, para auxiliar a fase de propulsão.

Anfersen: esse exercício também é conhecido como "calcanhar no bumbum", para aumentar a fase de balanço posterior.

Dribbling: visa a aumentar a flexibilidade do tornozelo.

Wechselsprünge: nesse exercício, que visa a diminuir o tempo de contato dos pés com o solo, são realizados pequenos saltos verticais, alternando os pés.

Sprunglauf: também conhecido como "corrida saltada", visa a aumentar o tamanho da passada e diminuir o tempo de contato com o solo.

13.3 RESISTÊNCIA DE VELOCIDADE

A resistência de velocidade é treinada com os tipos de treino *fartlek* e intervalados.

É uma das capacidades mais treinadas e trabalhadas nos corredores de longa distância.

13.4 RESISTÊNCIA AERÓBIA

A resistência aeróbia é treinada basicamente por meio dos treinos contínuos aeróbios, para exercitar as capacidades aeróbias I, II e III, que são os contínuos, progressivos e longões. Os treinos podem durar de 30 minutos até 2, 3, 4-5 horas.

A resistência aeróbia é a capacidade física mais treinada pelos corredores de longa distância.

13.5 FORÇA

Muitos corredores, principalmente os iniciantes, costumam perguntar-se: "Por que devo fazer treino de força?". A resposta para essa pergunta resume-se nos benefícios proporcionados por treinar essa capacidade: 1) fortalecimento muscular, visando à prevenção de lesões; 2) aumento da força e resistência de força, resultando em aumento da velocidade e do tempo até a exaustão; 3) melhora na economia de corrida (otimização do gasto energético), devido à melhor ativação de fibras do tipo II e melhora o ciclo alongamento encurtamento (CAE), tornando os músculos e tendões capazes de absorver a energia mecânica e armazena-la em energia potencial elástica e, com isso, melhorando a eficiência mecânica e a coordenação muscular, o que reflete na economia de corrida – ou seja, o atleta terá menor gasto energético para determinada velocidade submáxima.

Durante a corrida, a força de reação do solo pode apresentar valores que variam de 1,6 a 2,9 vezes a massa corporal do indivíduo, dependendo da velocidade de deslocamento, da cadência e do tipo de pisada utilizada (ROY, 1982; WILLIAMS, 1985), podendo ultrapassar esses valores, dependendo da massa corporal da pessoa e altimetria do local — por exemplo, descidas muito acentuadas —, podendo chegar de quatro a cinco vezes a massa corporal. Por isso a necessidade de se treinar força, pois músculos fortes auxiliam na absorção da força gerada.

Um estudo realizado por Gabbett (2020) demonstrou que atletas menos treinados (em treinamento de força) possuem cinco vezes mais chances de se lesionar do que atletas que treinam, ou seja, quanto menos preparado nessa capacidade física, maior o risco de lesão. Por exemplo, a falta de força no glúteo máximo e médio pode acarretar dores na lombar e no joelho. Lesões de isquiotibiais relacionam-se fortemente com baixa ativação do glúteo máximo.

A prioridade deve ser dada aos músculos que formam o chamado core: abdominais – reto, oblíquos, transverso, eretor de coluna e quadrado lombar; flexores de quadril – iliopsoas, sartório e reto femoral; glúteos – máximo, médio e mínimo; membros inferiores, quadríceps – reto femoral, vasto intermédio, vasto lateral, vasto medial, adutor e abdutor; isquiotibiais – semitendíneo semimebranoso e bíceps femoral; e tríceps sural – tibial anterior, gastrocnêmio e sóleo. Para se ter uma ideia, o tríceps sural é responsável por gerar cerca de 65% toda a força na fase de apoio e 60% na aceleração ao correr em altas velocidades (PANDY *et al.*, 2021). Sem se esquecer também dos membros superiores.

O estudo de Schache e colaboradores (2014) demonstrou que, para se conseguir aumentar a cadência e velocidade progressivamente a partir de um trote, é importante que o chão seja literalmente empurrado. Para isso, é necessário que os músculos das pernas (gastrocnêmio e sóleo) estejam fortes. Assim que a velocidade se torna maior em direção a um *sprint*, exige-se mais força dos músculos iliopsoas, glúteo máximo, reto femoral e isquiotibiais. Portanto, é importante realizar treinos específicos para esses grupos musculares.

Então, o que se deve treinar e como treinar? Os treinos de força envolvem treinos de: força máxima (100%) com pesos livres (barras, anilhas e halteres), resistência de força (60-80%), pliometria (saltos com ciclos excêntrico e concêntrico), circuitos que envolvem exercícios de resistência de força, pliometria, profilaxia e corrida.

A organização desses treinos durante a temporada varia de acordo com o nível dos atletas (iniciante, recreacionais ou alto rendimento) e com os objetivos de cada um. Por exemplo, os treinos de circuito são mais utilizados no período de preparação geral (início da temporada), enquanto os de força máxima, pliometria e exercícios de profilaxia são realizados durante toda a temporada. Para os iniciantes, não é interessante realizar exercícios de força máxima e/ou pliometria, devido à exigência desses tipos de treino, porém pode ser mais utilizado o trabalho de circuito e/ou resistência de força "convencional" com aparelhos em academia.

13.5.1 Resistência de força

Já o trabalho de resistência de força pode ser realizado em forma de circuito nos aparelhos. Por exemplo, supino vertical, agachamento livre, remada articulada, flexora deitada, elevação lateral, gêmeos em pé, abdominal supra e dorsal. Podem ser feitas entre duas e quatro séries por exercício, de 15 a 20 repetições cada, na frequência de duas a três vezes por semana.

13.5.2 Força máxima

O trabalho de força máxima não costuma ser realizado por corredores de longa distância, devido a crenças e mitos criados ao longo do tempo, que afirmavam que o corredor de longa distância só deve realizar trabalhos específicos de força (corridas em subidas e descidas) e treino de força com séries longas e cargas leves e muitas repetições, e que, ao realizar o treino de força máxima, o atleta se tornaria hipertrofiado e lento, devido ao fato do ganho de músculo proporcionado por esse tipo de treino. Porém, sabemos que é possível realizar ganho de força sem ou com o mínimo de hipertrofia, o que trará vários benefícios ao atleta (BEATTIE et al., 2016). Segundo o estudo de Weyand e colaboradores (2000), os atletas que correm mais rápido são os que conseguem aplicar mais força em unidade de tempo, ou seja, são os mais potentes!

Um estudo recente de revisão sistemática e metanálise com 22 estudos comparou o efeito do treinamento de força com cargas máximas (≥ 90% de 1 RM ou ≤ 4 repetições) e treinamento pliométrico e seus efeitos na economia de corrida e teste contrarrelógio. Foi observado que o treinamento de força com cargas máximas é melhor que o treinamento pliométrico para melhorar esses parâmetros (EIHARA et al., 2022).

O trabalho de força máxima é realizado com pesos livres e aparelhagem, em uma faixa de 95% a 100% da força de uma a três repetições com exercícios básicos (agachamento livre, *hack* máquina e/ou *leg-press* 45º) e tempo de pausa entre três e cinco minutos.

Esse tipo de trabalho, além de contribuir para o ganho de força, serve de parâmetro para os trabalhos de potência e pliometria.

13.5.3 Pliometria e potência

A pliometria nada mais é do que uma ação que envolve fase excêntrica, concêntrica e termina em salto, realizada a partir de saltos variados em combinações de membros superiores e, em especial inferiores, unilaterais e bilaterais com peso corporal ou com equipamentos/acessórios, como *medicine-ball*, caixotes, plintos, degraus, barreiras etc.

O objetivo aqui é melhorar a geração e a taxa de desenvolvimento de força, potência, força reativa e aumento da capacidade de deformação e geração de energia pelos músculos e tendões.

Um estudo realizado com corredores de meio fundo e fundo, que realizaram treino concorrente de pliometria e corrida, mostrou que eles foram capazes de melhorar os *sprints* no final das corridas, assim como o seu desempenho (RAMÍREZ-CAMPILLO et al., 2014). Outro estudo de metanálise mais recente sobre o mesmo assunto mostrou que, além de melhorar o desempenho em testes contrarrelógio, a pliometria foi capaz de aumentar a economia de corrida (RAMÍREZ-CAMPILLO et al., 2021). Esses ganhos em desempenho também foram observados em um estudo com corredores bem-treinados que realizaram treino pliométrico apenas uma vez por semana (FILLIPAS et al., 2022).

Os treinos de pliometria no início da temporada podem ser realizados em superfícies que absorvem impacto, como grama, terra e areia. Pelo fato de trabalharem o fortalecimento, devem ser realizados em até

10-12 saltos; já no período pré-competitivo e competitivo, deve-se utilizar superfícies que otimizem o ciclo alongamento-encurtamento, como pista sintética de atletismo, em até cinco ou seis saltos com período de recuperação entre três e cinco minutos. Podem ser realizados de uma a duas vezes por semana.

Um método bastante utilizado de pliometria é o salto em profundidade, utilizando caixotes e barreiras. Uma altura boa de queda é a que proporciona maior altura de salto vertical e/ou maior índice de força relativa (IRF), algo em torno de 60 a 80 centímetros. Deve ser realizado com apoio da parte anterior (antepé) dos pés ao tocar o solo, menor flexão possível dos joelhos, menor tempo de contato na queda (algo em torno de 200 milissegundos) e sem carga (anilhas, barras etc.). O volume de saltos deve ser algo em torno de 50 por sessão, frequência de duas vezes por semana com intervalo de 72 horas entre cada sessão, de cinco a seis saltos por exercício. Para aumento da intensidade, deve-se aumentar a altura de queda dos caixotes (MOURA, 2018).

Outro método de treino que também pode ser utilizado para desenvolver potência, mas que exige bastante treino prévio, é o levantamento olímpico, também conhecido como levantamento de peso olímpico (LPO), que basicamente consiste em levantamentos básicos como: arranco, arremesso, supino, levantamento terra e agachamento livre. É muito eficaz, mas exige bastante conhecimento e treino prévio, pois trabalha com cargas altas e movimentos rápidos e mais complexos.

13.5.4 Treino em circuito

O treino em circuito é um tipo de treino que combina, em um único treino, as capacidades de força e resistência, realizado no período preparatório geral, e visa a trabalhar resistência de força e aeróbia, ou seja, mescla exercícios de força (membros superiores, inferiores e core) e corrida. Pode ser realizado até duas vezes na semana com duas ou três séries. Normalmente realizado em uma pista de atletismo, é dividido em dois setores (estações de exercícios ímpares e pares). Observe o exemplo do Quadro 17, a seguir.

Quadro 17 – Exemplo de treino em circuito

Sequência dos exercícios	Exercícios		Sequência dos exercícios	Exercícios
1	Abdominal supra	Corrida de 50 metros	2	Polichinelo
3	Flexão de cotovelo		4	Avanço (vai 10 passos e retorna 10)
5	Dorsal		6	Salto rã (10)
7	Abdominal infra		8	*Burpee*
9	1 X 800		Tempo de execução dos exercícios: 20" Pausa entre séries: 5'	

Fonte: elaborado pelos autores

Nesse tipo de treino, podem ser variados o número de exercícios, a distância entre estações, o tempo de execução ou o número de repetições dos exercícios, a distância da repetição para fechar a série e o número total de séries (1-4), dependendo do nível do atleta e do microciclo do período. À medida que o atleta for adquirindo condicionamento físico, por exemplo, pode aumentar o tempo (de 10" a 1') de execução dos exercícios e variações, a distância entre estações pode variar entre 30 e 100 metros, e a distância do estímulo final entre 800 e 1200 m. Pode ser realizado de uma a duas vezes por semana. Tudo depende do período, do condicionamento físico do atleta e dos objetivos do treino.

13.5.5 Força específica: corrida em aclives

Um tipo de treino muito utilizado para treinar força específica e aumentar a sobrecarga é fazer tiros em subidas, realizado no período preparatório geral, com objetivo de treinar resistência de força aplicada ao gesto esportivo e, ao mesmo tempo, trabalhar a resistência de velocidade e a capacidade aeróbia (resistência).

Podem ser realizadas de 6 a 20 repetições com distância entre 30 e 200 metros, e a recuperação é o trote (ativo) de retorno ao ponto inicial. Com relação à inclinação da subida, caso o objetivo seja desenvolver força específica e resistência de velocidade, não é recomendado que seja muito inclinada (até 10%), pois pode comprometer o desenvolvimento de velocidade, porém, dependendo do objetivo do treino, caso seja o de aumentar a dificuldade e trabalhar mais força, podem ser utilizadas inclinações maiores (entre 11 e 20%).

Outra forma que pode ser trabalhada a força específica é com tração, utilizando trenós (com anilhas), pneus ou paraquedas (específico para corrida).

13.5.6 Força reativa específica: corrida em declives

Para otimizar a força reativa específica e, consequentemente, a velocidade de deslocamento, é indicado realizar o que são conhecidos como "tiros", que podem ser de até 500 metros em descidas. O fato de se trabalhar tiros em alta intensidade ajuda a diminuir o tempo de contato dos pés com o solo (otimização da força reativa). Esse tipo de treino é utilizado na fase final de treino (período pré-competitivo), já próximo às provas. Podem ser realizados de 5 a 10 tiros. Além de trabalhar essa capacidade, esse tipo de treino ajuda no aumento do tamanho das passadas, otimizando os treinos de exercícios educativos.

Dependendo do objetivo do treino, também pode ser trabalhada a resistência de velocidade e até a capacidade aeróbia. Dessa forma, com tiros entre 60 e 300 metros, de 5 a 10 tiros, com a recuperação sendo o retorno caminhando ou trotando (passivo ou ativo).

13.5.7 Exercícios de profilaxia

Os exercícios de profilaxia podem ser realizados de forma complementar ao treinamento de força, visando, principalmente, à prevenção de lesões. Pode ser feito de forma combinada ou isolada, utilizando exercícios de fortalecimento do core, estabilizações como pranchas isométricas (estático) e, posteriormente, progredindo para estabilizações de forma dinâmica (em movimento), exercícios de fortalecimento de membros inferiores e dos pés, como saltos variados na caixa de areia, assim como exercícios de postura na barreira e peso corporal. Pode-se alternar os exercícios mais difíceis com os mais fáceis, aumentando ou diminuindo o tempo de pausa, o número de exercícios, a distância e as repetições, colocando corridas a cada série de exercícios; tudo depende do nível de condicionamento físico dos atletas/alunos.

Também podem ser utilizados acessórios como: elásticos, fita elástica circular, cordas suspensas, bola suíça, barreirinhas, bosu, *medicine ball* e disco de equilíbrio.

Os exercícios de core isométricos e dinâmicos podem ser realizados em decúbito, ventral, dorsal e lateral, começando com 20 segundos de duração cada e, ao longo do tempo, ir aumentando algo em torno de 10 segundos para cada exercício. Pode ser realizado entre dois e quatro exercícios para cada posição, de duas a três vezes por semana. Já os exercícios de membros inferiores na caixa de areia podem ser realizados de uma a duas vezes por semana, dependendo do período do ano, de duas a três vezes cada exercício e de 10 a 20 repetições cada.

Assim como o core e os membros inferiores, os pés precisam de atenção especial, pois são estruturas que recebem toda a carga corporal em centenas/milhares de passadas durante a corrida. Os pés possuem 26 ossos, 33 articulações, 114 ligamentos e 20 músculos, portanto requerem um fortalecimento diferenciado do que é realizado na academia. De acordo com um estudo realizado com corredores recreacionais (n=14) e um grupo controle (n=14) submetidos a um protocolo de treinamento de oito semanas com exercícios para os pés, o fortalecimento destes se mostrou importante para aumentar o volume muscular e a força propulsiva vertical, sugerindo que isso pode melhorar o desempenho na corrida (TADDEI et al., 2020). Já um outro estudo avaliou 118 corredores que foram divididos em dois grupos (intervenção [n=57] e grupo controle [n=61]). O grupo intervenção foi submetido a um programa de treino de oito semanas com exercícios de fortalecimento para os pés. Foi observado que, nesse grupo, houve redução no risco de lesões quando comparado com o grupo controle (TADDEI et al., 2020).

A seguir, algumas sugestões de exercícios que podem ser realizados:

Realizar aquecimento de cinco minutos de trote e iniciar com a seguinte sequência:

1. prancha isométrica em decúbito ventral, dorsal e lateral – 2 x 30 segundos cada;

2. deslocamento frontal – 1 x 20 a 30 m;

3. deslocamento de costas – 1 x 20 m;

4. deslocamento lateral (direita e esquerda) – 1 x 20 metros cada;

5. flexão de dedos – 2 x 15 repetições;

6. deslocamento nos calcanhares – 1 x 20 m;

7. deslocamento na ponta dos pés – 1 x 30 m;

8. adução e abdução dos pés – 1 x 15 repetições;

9. salto com as pernas afastadas e pernas unidas – 1 x 30 m;

10. salto com as pernas unidas (rã) – 1 x 40 m;
11. balanço (calcanhares e pontas dos pés) – 2 x 15 repetições;
12. saltos curtos (verticais) com as duas pernas – 2 x 15 repetições;
13. saltos unilaterais (direita e esquerda) – 2 x 15 repetições;
14. saltos com as pernas unidas com barreirinhas – 2 x 10 repetições;
15. saltos unilaterais (direita e esquerda) – 1 x 20 m;
16. saltos alternados – 1 x 20 m;
17. saltos no mesmo lugar em posição de afundo – 1 x 10 repetições cada posição (2);
18. flexão nórdica – 2 x 10 repetições.

Os exercícios de core e procedimentos profiláticos (por exemplo crioterapia) podem ser realizados ao término das sessões de treino, de maneira a complementar o treinamento de determinada sessão, mas também podem ser realizados em uma sessão separada os exercícios listados anteriormente (não necessariamente todos), como forma de circuito etc. O cansaço dos atletas e as condições climáticas devem ser monitorados e avaliados durante todo o treinamento.

13.5.8 Combinação de diferentes tipos de treinos de força

Um estudo de revisão/metanálise, de 2010, indica que combinar diferentes tipos de treinos de força – exercícios pliométricos com treino de força convencional, musculação com máquinas e pesos livres – é melhor para o ganho de força do que utilizar apenas uma metodologia (VILLARREAL; REQUENA; NEWTON, 2010). Portanto, para melhorar o desempenho na corrida, faz-se necessário combinar, junto ao treino de musculação, sessões de treinos com pliometria.

Pode também ser realizada uma combinação, o princípio da potencialização pós-ativação, com objetivo de potencializar o trabalho realizado com exercícios de potência. Por exemplo, realizar seis saltos sobre barreira e, logo em seguida, seis arremessos de *medicine ball* no sentido vertical.

Outro método de treino que pode ser utilizado é o treino de forma "adaptada" com acessórios e o peso corporal, o chamado treino funcional. Praticamente pode ser realizado em qualquer lugar, em ambiente aberto ou fechado, com *kettlebell*, colchonete, bandas elásticas, cordas, barras, caneleiras, anilhas, bola suíça, barreirinhas, cones e o próprio peso corporal. É normalmente realizado em formato de circuito.

Vejamos, a seguir, no Quadro 18, alguns estudos que foram realizados com corredores, seus respectivos protocolos de treinamento de força e os principais resultados.

Quadro 18 – Estudos e protocolos de treino de força para corredores

Tipo de estudo	Grupo	Protocolo de treinamento	Principais resultados	Autores
Revisão sistemática e metanálise	Corredores	Analisou 22 estudos. Treino de força máxima e pliometria, com tempo de duração variando entre 4 e 6 semanas, 6 a 8 semanas, 8 a 10 semanas, e 10 a 14 semanas.	O treino de força máxima (≥ 90% ou ≤ 4 repetições) em longo prazo (≥ 10 semanas) foi superior ao treinamento pliométrico para aumentar de forma significativa a economia de corrida e o desempenho em teste contrarrelógio.	Eihara *et al.* (2022)
Original (intervenção)	Corredores (n=60) homens bem treinados	Oito semanas de treinamento. Estudo randomizado e controlado. Após serem recrutados, foram separados em quatro grupos (piramidal, piramidal + pliométrico, polarizado e polarizado + pliométrico) que realizaram os treinos uma vez por semana.	Foi observada uma melhora significativa (~1,7%) em alguns parâmetros nos grupos que realizaram o treino pliométrico. São eles: aumento na velocidade de lactato (4mmol), salto contramovimento, salto com agachamento e teste contrarrelógio de 5 quilômetros.	Fillipas *et al.* (2022)

Tipo de estudo	Grupo	Protocolo de treinamento	Principais resultados	Autores
Infográfico	Corredores	Recomendação: 3 a 6 séries de 5 a 15 repetições, com carga variando entre 60 e 80% de 1RM. Exercícios: agachamento com barra, levantamento terra, avanço, subida em caixote e variações de panturrilha.	Aumento do desempenho na corrida.	Alexander, Barton e Willy (2019)
Revisão sistemática	Corredores (homens e mulheres) de média e longa distância	Analisou 24 estudos. Treino de força, treino de força explosiva e pliometria, com duração mínima de 4 semanas e frequência semanal de 2 a 3 vezes por semana.	Os estudos mostraram que a economia de corrida aumentou de 2% a 8% e houve melhora (2% a 5%) no desempenho nos testes contrarrelógio.	Blagrove, Howatson e Hayes (2018)
Metanálise	Corredores (homens e mulheres) experientes	Analisou 29 estudos. Treinos de força, potência máxima, força submáxima e combinações. Com frequência de 1, 2 ou ≥ 3 vezes por semana.	Os maiores efeitos no desempenho foram encontrados com treinos de força máxima. Os maiores benefícios na EC foram observados com treinos de força 2 vezes por semana com duração ≥ 12 semanas.	Berryman *et al.* (2018)
Original (intervenção)	Atletas corredores (n=20) competitivos divididos em dois grupos (intervenção e controle)	Analisou 40 semanas de treino de força (máximo e pliometria). Nas primeiras 20 semanas, a frequência foi de 2 vezes por semana, e da semana 21 a 40, foi de 1 vez por semana.	Após 40 semanas de treino de força, houve aumento significativo na força máxima, reativa, economia de corrida, $v\dot{V}O_{2max}$ sem concomitante hipertrofia.	Beattie *et al.* (2016)

Tipo de estudo	Grupo	Protocolo de treinamento	Principais resultados	Autores
Original (intervenção)	Atletas corredores (n=16) de longa distância recreacionais divididos em dois grupos (*endurance* e treino concorrente – treino de força e corrida)	Seis semanas de treinamento. O grupo *endurance* só treinou corrida, e o grupo concorrente treinou corrida e treino de força. O protocolo de treino de força consistiu em 4 x 4 repetições a 80% de 1 RM, por 6 semanas, 2 vezes por semana.	Após 6 semanas de treinamento, houve uma diminuição (3,6%) no tempo de um teste contrarrelógio de 5 quilômetros para o grupo que realizou treino concorrente.	Karsten *et al.* (2016)
Original (intervenção)	Atletas corredores (n=18) de longa distância recreacionais divididos em dois grupos (intervenção e controle)	Oito semanas de treino clássico de força dividido em 4 fases. Três séries cada exercício que variavam a carga de 10 a 3 repetições máximas ao longo das semanas, 2 vezes por semana.	Após o período de treino, o grupo intervenção melhorou o desempenho no teste contrarrelógio de 10 quilômetros em 2,5%, e melhorou o desempenho na fase final do teste.	Damasceno *et al.* (2015)
Original (intervenção)	Corredores (n=28) de longa distância divididos em dois grupos (intervenção e controle)	Oito semanas de treino pliométrico (8 tipos de saltos) variando de 2 a 5 séries de 6 saltos cada exercício, 2 vezes por semana.	Foi observada melhora na economia de corrida e maior velocidade na segunda metade no teste contrarrelógio de 10 quilômetros, que permitiu um melhor desempenho (1,6% no grupo intervenção).	Carmo (2014)

Tipo de estudo	Grupo	Protocolo de treinamento	Principais resultados	Autores
Original (intervenção)	Corredores (n=17) experientes de longa distância, divididos em dois grupos (experimental e controle)	O grupo experimental realizou 6 semanas de treinamento pliométrico com diferentes tipos de exercício, 2 vezes, 10 repetições cada. Nas 3 primeiras semanas, foi realizado 2 vezes por semana, e da quarta a sexta, 3 vezes por semana.	Foi observada melhora no desempenho de um contrarrelógio de 3 quilômetros em 2,7%. Essa melhora foi atribuída ao aumento do *stiffness* musculotendíneo, que levou ao aumento da economia de corrida.	Spurrs, Murphy e Watsford (2003)

Fonte: elaborado pelos autores, com base em Eihara *et al.* (2022), Fillipas *et al.* (2022), Alexander, Barton e Willy (2019), Blagrove, Howatson e Hayes (2018), Berryman *et al.* (2018), Beattie *et al.* (2016), Karsten *et al.* (2016), Damasceno *et al.* (2015), Carmo (2014), e Spurrs, Murphy e Watsford (2003)

Em conclusão, para corredores, com o treino de força é observada uma melhora significativa na economia de corrida e nos testes contrarrelógios nos estudos aplicados com treino de força máxima, pliometria e convencional com aparelhos, com, no mínimo, oito semanas de duração e uma frequência semanal de duas a três vezes por semana.

Esses benefícios se devem, principalmente, a mudanças estruturais, como melhora na arquitetura muscular dos membros inferiores, aumento do *stiffness* musculotendíneo, que leva ao melhor armazenamento e à restituição da energia elástica, com isso, reduzindo o gasto energético na corrida. Esse aumento na rigidez dos músculos e tendões possibilita armazenar e liberar mais energia elástica. Por exemplo, podemos fazer um comparativo entre duas molas, uma mola frouxa e outra mais rígida: na primeira, quando comprimida, o impulso (pressão) será menor, ao contrário da mais rígida, na qual a pressão será maior.

Mais recentemente, temos recebido relatos, inclusive de atletas de alto rendimento, sobre os benefícios adquiridos com a prática do pilates em aparelhos. Pelo fato de trabalhar força de uma forma não convencional e benéfica e os músculos mais profundos, principalmente do core, esse método ganhou muitos adeptos e atletas de diversas modalidades esportivas nos últimos anos.

Também é importante frisar que, para o sucesso da periodização do treino de força, se deve utilizar combinações de treinos (força máxima, pliometria, resistência de força e exercícios de profilaxia) ao longo da periodização.

13.6 ORGANIZAÇÃO DAS CAPACIDADES FÍSICAS NA SESSÃO DE TREINO

A organização das capacidades físicas que devem ser trabalhadas nas sessões de treinos e/ou treinamento deve considerar basicamente três fatores: 1) prioridade da sessão de treino — se a prioridade da sessão é desenvolver a resistência aeróbia, então a parte principal do treino será treinos contínuos de capacidade aeróbia I, II ou III; 2) demanda metabólica e neural — por exemplo, exercícios de coordenação motora (exercícios educativos) devem ser realizados com a pessoa descansada, ou seja, antes de treinos intervalados, *fartleks* e contínuos; e 3) tempo de recuperação da carga de treino entre as sessões — alguns tipos de treino requerem menor tempo de recuperação em comparação a outros, por exemplo, o tempo de recuperação para treinos contínuos aeróbios de capacidade aeróbia III gira em torno de 72 horas, enquanto os de coordenação motora acontecem entre 6 e 12 horas (Figura 14).

Figura 14 – Relação entre as três principais capacidades físicas a serem trabalhadas na corrida e sua relação com os sistemas energéticos

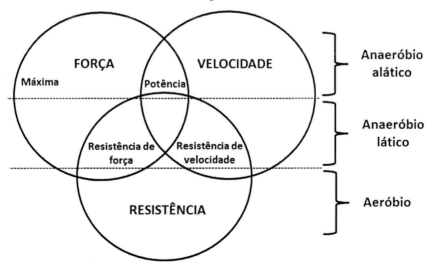

Fonte: elaborado pelos autores

Basicamente, as capacidades físicas devem ser trabalhadas na seguinte ordem:

1. flexibilidade;
2. coordenação motora;
3. força;
4. resistência de força;
5. resistência de velocidade;
6. resistência (capacidade aeróbia).

Deve-se observar que nem todas as capacidades devem ser trabalhadas na mesma sessão de treino, pois deve-se priorizar a qualidade do treino. Por exemplo, em dias de treino intervalado, pode-se trabalhar, na parte inicial, a flexibilidade e coordenação motora, na parte principal, a resistência de velocidade e, na parte final, a profilaxia. Já em outra sessão de treino, pode ser feito apenas o treino de força ou resistência aeróbia ou os dois nessa sequência. Tudo depende do objetivo da sessão de treino.

O tempo de recuperação entre as sessões de treinamento varia dependendo da capacidade física trabalhada, conforme é apresentado a seguir:

- flexibilidade e coordenação motora: de 6 a 12 horas;
- força (potência): de 24 a 48 horas;
- misto (anaeróbio alático/aeróbio): 48 horas;
- anaeróbio lático: 60 horas; e
- aeróbio (oxidativo): 72 horas.

Deve-se considerar que esse tempo não é exato, pois, de acordo com o princípio da individualidade biológica, varia de pessoa para pessoa. Deve-se levar em consideração que algumas pessoas se recuperam mais rápido do que outras, o tempo total do treino, número de séries e repetições dos estímulos, o tempo de treino (experiência), as atividades extratreino (trabalho, estudo, vida social etc.), o clima, tempo, a qualidade do sono, a alimentação, a hidratação, os métodos de recuperação (massagem, crioterapia, fisioterapia etc.), o método de transporte entre local de treino e a residência/trabalho. Dentre todas essas variáveis, deve-se considerar, por exemplo, as diferenças entre um atleta amador que tem a corrida como um hobby e um atleta de alto rendimento/elite que tem o esporte como profissão. Então, são condições completamente diferentes, e seus estilos de vida influenciam diretamente no tempo de recuperação entre cada sessão.

14

VARIÁVEIS DO TREINAMENTO

O treinador e, principalmente, o atleta que busca a cada dia melhorar seus resultados precisam ter em mente que o desconforto estará presente nos treinos, sendo uma consequência, pois, para que ocorra supercompensação e adaptação, é necessário que tenha aumento de volume e intensidade de forma contínua e gradativa. E isso depende diretamente de como são moduladas as variáveis do treinamento.

Em linhas gerais, o treinamento para corrida segue as diretrizes básicas das variáveis do treinamento: 1) frequência diária; 2) frequência semanal; 3) volume; 4) tempo de duração; 5) número de repetições; 6) número de séries; 7) intensidade; 8) pausa; e 9) densidade.

14.1 FREQUÊNCIA DIÁRIA

A frequência diária, também conhecida como o número de sessões de treinos, é cada período de treino realizado em determinado dia, podendo ser de uma a três vezes. Por exemplo, o atleta pode realizar um treino no período da manhã e outro no período da tarde, portanto realizará duas sessões de treino no dia. Os alunos iniciantes costumam treinar uma sessão de treino por dia, enquanto atletas intermediários e, principalmente, os de alto rendimento/elite normalmente treinam duas sessões por dia, ou até três, sendo a terceira um complemento — que pode ser uma sessão de treino de força, alongamento ou profilaxia, por exemplo —, podendo chegar a um total de 13 sessões semanais. De modo geral, segue como no Quadro 19.

Quadro 19 – Frequência diária de treinamento de acordo com o nível do atleta

Nível	5 km	10 km	P21	21 km	P42	42 km	Ultra
Iniciante	1	1	-	-	-	-	-
Intermediário	1	1	1	1-2	1-2	1-2	-
Avançado	1-2	2	2	2-3	2-3	2-3	2-3

Fonte: elaborado pelos autores

Como não é possível treinar todas as capacidades físicas em uma única sessão de treino, então se faz necessário dividir o que se pretende treinar em determinada sessão. Para que se tenha qualidade no treino, é fundamental definir (organização e ter foco) o que será trabalhado na parte principal da sessão de treino. O ideal é trabalhar de uma a duas capacidades físicas por sessão.

14.2 FREQUÊNCIA SEMANAL

A frequência representa quantas vezes por semana será realizado determinado tipo de treino em uma semana ou um período. Por exemplo, um iniciante que treina apenas visando a melhorar o condicionamento físico deve realizar uma frequência mínima entre três e quatro vezes por semana. Uma dúvida muito comum é se o iniciante deve treinar todos os dias. A resposta é não! Não é necessário nem recomendado, pois a pessoa ainda está se acostumando com a sobrecarga, que deve ser progressiva.

Já, para um atleta de alto rendimento, com fins competitivos, essa frequência de treinamento pode ser de dois períodos (manhã e outro no período da tarde) por dia, chegando a seis/sete por semana, como apresentado no Quadro 20, a seguir.

Quadro 20 – Números da frequência semanal de treinamento de acordo com o nível da pessoa

Nível	5 km	10 km	P21	21 km	P42	42 km	Ultra
Iniciante	3-4	3-4	-	-	-	-	-
Intermediário	3-4	3-5	4-5	5-6	5-6	6-7	-
Avançado	5-6	6-7	6-7	6-7	6-7	6-7	6-7

Fonte: elaborado pelos autores

É importante destacar que a frequência semanal representa a regularidade nos treinos que o atleta deve seguir, para que ocorra sucesso no que foi proposto. Ou seja, a exigência sempre será maior para os mais experientes e que almejam desempenho.

14.3 VOLUME

O volume de treinamento semanal (metros e quilômetros) representa o aspecto quantitativo do treino. Basicamente, podemos quantificar o volume somando os quilômetros percorridos na semana, o tempo de duração (horas, minutos) da(s) sessão(ões) de treino ou do tipo de treino, o número de repetições e as séries de estímulos. Veja o exemplo do Quadro 21, a seguir.

Quadro 21 – Volume de treinamento de acordo com o nível da pessoa

Nível	5 km	10 km	P21	21 km	P42	42 km	Ultra
Iniciante	30	30-40	-	-	-	-	-
Intermediário	30-40	40-50	50-60	60-80	80-100	80-100	-
Avançado	80-110	120-40	140-50	150-60	160-80	170-220	>200

Fonte: elaborado pelos autores

Em um estudo realizado com corredores (n = 37 homens e n = 56 mulheres) de elite (homens < 2h15min e mulheres < 2h40min), maratonistas americanos, foi observado que a quilometragem média semanal era de 156 quilômetros e 136 quilômetros, respectivamente (KARP, 2007). Antigamente, era comum encontrar maratonistas que realizavam uma média semanal na casa de 300-330 quilômetros, mas, com o tempo, foi observado que tamanho volume não era necessário para se alcançar melhores resultados. O tempo demonstrou que, com treinamentos de menos de 200 quilômetros semanais, é possível correr uma maratona na casa de duas horas.

Além disso, é importante frisar que, durante o treinamento de maratona, não são realizados longos na distância da prova, sendo os maiores longos em torno de 30, 32, 34 e 36 quilômetros. Já para ultramaratona, pode variar muito, dependendo da distância da prova. Nesses casos, é muito comum observar treinos rotineiros acima de 40 quilômetros.

Portanto, é importante destacar que não existe números precisos e exatos quanto a valores de volume de treinamento para cada nível e prova, de forma que dependem de cada metodologia adotada pelo treinador e de como cada atleta se adapta.

14.4 TEMPO DE DURAÇÃO

O tempo total de duração da sessão de treino pode variar conforme o tipo de treino que será realizado. Por exemplo, em sessões de treino intervalado, o tempo de duração da sessão é maior por conta do aquecimento que deve ser realizado antes da parte principal e da volta à calma. Já em treinos contínuos, o tempo da sessão pode ser menor por conta de serem realizados 10 a 15 minutos de alongamento ativo antes e depois da parte principal.

O tempo de duração (em minutos) da parte principal está no Quadro 22, a seguir.

Quadro 22 – Tempo de duração das sessões de treinamento de acordo com o nível da pessoa

Nível	5 km	10 km	P21	21 km	P42	42 km	Ultra
Iniciante	40	40-50	-	-	-	-	-
Intermediário	40-50	60	60 – 75	60-90	> 60	60 a 200	-
Avançado	60	60-90	60-100	60-100	> 60	60 a 180	> 90

Fonte: elaborado pelos autores

14.5 REPETIÇÕES

Repetições se referem ao número de estímulos, ou seja, quantas vezes será repetido determinado estímulo. Por exemplo: 15 x 400 m.

14.6 SÉRIES

Séries se referem à divisão dos estímulos em um conjunto de estímulos, usadas em treinos intervalados para que ocorra aumento no tempo de pausa dos estímulos. Por exemplo: 2 x 10 x 400 m.

14.7 INTENSIDADE

A intensidade de treinamento na corrida é expressa/quantificada pela velocidade do movimento, em metros por segundo (m/s), quilômetros horários (km/h^{-1}), milhas (mph/h), ou ritmo/tempo (horas, minutos, segundos) para completar determinada distância e percepção subjetiva de esforço, com base em aspectos fisiológicos de cada tipo de treino, como segue na Tabela 7.

Tabela 7 – intensidade de trabalho de acordo com os tipos de treinos aeróbio

TIPOS DE TREI-NO AERÓBIO	ZONAS DE INTENSIDADE	[ ] de La	PSE (u. a.)
- Regenerativo - Rodagem - Longão	1 Abaixo do LL	~2 mMol.L^{-1}	11 a 13
- Rodagem - Progressivo - Longo progressivo	2 Entre LL e VC	entre 2 e 3,5-4 mMol.L^{-1}	11 a 15
- *Fartlek* - Fracionado - Intervalado	3 Acima da VC	$\geq$ de 3,5-4 mMol.L^{-1}	$\geq$ 15

Legenda: [ ] de La = concentração de lactato; mMol.L^{-1} = milimols por litro de sangue, LL = limiar de lactato, PSE = percepção subjetiva de esforço, VC = velocidade crítica.

Fonte: elaborado pelos autores, com base em Faude, Kindermann e Meyer (2009)

O que vai determinar a intensidade de cada treino será o condicionamento físico de cada um. Entende-se que, à medida que a pessoa se torna mais treinada, maior será seu condicionamento físico/aptidão aeróbia, logo será mais tolerante ao exercício e, portanto, mais intenso poderá/deverá ser o treino proposto.

A seguir, apresentamos a relação entre metabolismo e intensidade de treinamento de acordo com a distância da prova e as zonas de treinamento (Figura 15).

Figura 15 – Relação entre metabolismo e intensidade de treinamento de acordo com a distância da prova e as zonas de treinamento

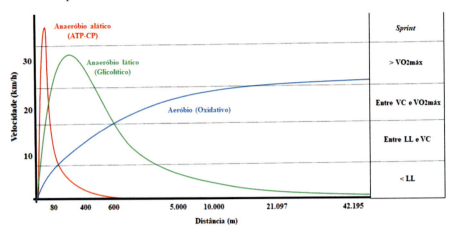

Fonte: elaborado pelos autores

No estudo realizado com corredores (n=37 homens e n=56 mulheres) de elite (homens < 2h15min e mulheres < 2h40min) americanos, foi observado que 75% e 68% de seu treinamento semanal foi realizado abaixo no ritmo da maratona, respectivamente (KARP, 2007).

Já em treinos intervalados de pista, como já dissemos anteriormente, a intensidade pode ser monitorada pelo tempo proposto e realizado em cada distância (repetição). Por exemplo, em 12 x 400 metros, o tempo proposto é de que seja realizado em 1min15seg, a variação entre cada repetição não deve ser superior a dois a quatro segundos, pois é necessário ter consistência, e quanto menor a variação, melhor.

Você deve estar se perguntando: como faço para saber a intensidade do treino intervalado? Existem duas formas práticas de se fazer: quando a pessoa está iniciando na corrida, uma forma de se calcular a intensidade do treino é por meio da percepção subjetiva de esforço, que deve ficar algo entre 15 e 20 pontos, e observar qual será o tempo obtido com consistência ao longo das repetições.

Outra forma seria partindo do princípio de que é um atleta mais experiente, a partir de um tempo em determinada distância. Por exemplo, 25 minutos em 5 quilômetros; sabemos que, dividindo o tempo pela distância, encontraremos um ritmo de 5 minutos por quilômetro, que é equivalente a 2 minutos a cada 400 metros; portanto, seria possível realizar repetições de um quilômetro em torno de 4min30seg, e as repetições de 400 metros em torno de 1min44seg a 1min48seg, ou seja, quanto menor a distância, mais intenso será.

14.8 PAUSA

A pausa é o tempo de recuperação, ou seja, o intervalo entre estímulos, utilizada em treinos intermitentes, como treinos intervalados.

Quando se fala em corrida de longa distância, seja em treino, seja e, competições, refere-se a correr vários quilômetros de forma contínua, ou seja, sem descanso. Portanto, os treinos intervalados devem ser realizados com pausas curtas (um, dois ou três minutos no máximo), podendo ser até menor que um minuto, ou seja, dependendo do atleta e da fase de treino; sempre com recuperação incompleta. A ideia é que o fato de não existir pausas durante a prova faz com que o atleta precise realizar a corrida da forma mais rápida possível e de forma contínua. Para isso, o tempo de recuperação deve ser o menor possível, sem comprometer a qualidade dos estímulos. É lógico que isso não se faz da noite para o dia, sendo realizado de forma progressiva e planejada ao longo do treinamento.

Por exemplo, 10 x 400 metros, PSE de 16-17, com pausa de dois minutos; após duas sessões, diminui-se para 1min50seg; após mais uma sessão, diminui-se para 1min40seg; após mais uma sessão, diminui-se para 1min30seg.

Durante o treino, basicamente, a pausa pode ser de dois tipos: a) ativa, com um trote, ou b) passiva, a qual o atleta realiza parado ou andando. A forma que a ser realizada depende de vários fatores: condicionamento físico, período do treinamento, intensidade dos estímulos, tempo da pausa, clima etc. Além disso, possuem vantagens e desvantagens. Em um estudo recente, verificou-se a influência da recuperação ativa versus passiva em uma sessão de treino intervalado de corredores recreativos treinados. Foi observado que a recuperação ativa proporciona uma maior percepção subjetiva de esforço, ou seja, maior estresse fisiológico, enquanto a pausa passiva proporciona uma menor carga perceptual (PSE) para uma resposta cardiometabólica semelhante; esta última podendo ser aconselhada para atletas que estão iniciando e para altos volumes de treinos intervalados (SÁNCHEZOTERO et al., 2022). A pausa ativa possui algumas vantagens, como fazer com que a remoção de metabólitos seja mais rápida; não permitir muita diminuição da frequência cardíaca, comparada com a passiva; além de reproduzir mais a realidade de uma corrida.

14.9 DENSIDADE

Densidade é a relação estímulo x pausa. Quanto menor a pausa, maior será a densidade, e vice-versa. Basicamente, a densidade é determinada pelo tempo de duração da pausa.

Exemplo de como ficaria:

Exemplo de como ficaria prescrição de um treino intervalado considerando as variáveis (séries, repetições, distância do estímulo, intensidade/tempo de duração das pausas), como apresentado anteriormente: 2 x 3 x 400 metros (65/66seg), PP: 45seg, PG: 1min30seg.

Legenda: 2 = Séries; 3 = Repetições; 400m = Distância; 65/66 = Intensidade; PP = Pausa pequena (entre estímulos); Pausa entre séries; PG = Pausa grande (entre séries).

TIPOS DE TREINOS

Considerando o princípio da especificidade, os treinos para quem corre longas distâncias devem ser realizados predominantemente de forma contínua, ou seja, com predominância do sistema aeróbio. Basicamente, existem dois tipos de treinos: 1) contínuo e 2) intermitente. Eles são subdivididos de acordo com o que se deseja ser trabalhado, como capacidades físicas (resistência, velocidade etc.) e metabolismo energético (anaeróbio, aeróbio). Os principais são: 1) contínuos – extensivo, intensivo, progressivo, longão e *fartlek*; 2) intermitentes – intervalado extensivo e intensivo, e fracionado.

15.1 CONTÍNUO

O treino contínuo foi a forma de treinamento mais utilizada no início do século XX. Com o retorno dos Jogos Olímpicos nos anos que precederam a 1ª Guerra Mundial (1914-1918), o método utilizado pelos atletas para se preparar para as competições e provas de resistência era o contínuo, devido à especificidade e aos benefícios proporcionados pelo método (VOLKOV, 2002). O corredor Hannes Kolekhmainen foi o primeiro de uma série de grandes fundistas finlandeses (Paavo Nurmi, Ville Ritola, Lasse A. Virén entre outros) conhecidos como Finlandeses Voadores (*Flying Finns*). Kolekhmainen obteve grandes benefícios utilizando esse método no seu treinamento, estabelecendo recordes mundiais em corridas de longa distância, nos anos anteriores e posteriores à 1ª Guerra Mundial (VOLKOV, 2002).

15.1.1 Contínuo extensivo

O tipo de treino contínuo extensivo é realizado visando ao aumento da capacidade de resistência aeróbia geral, principalmente as capacidades aeróbias II e III. Esse tipo de treino é realizado próximo do LL, ou seja, em baixa intensidade e longa duração; a intensidade é confortável, permitindo que se tenha uma conversa com o companheiro. Esse tipo de treino é a base do treinamento, principalmente no começo da preparação física, sendo mais utilizado no período de base (geral) e em treinos leves e de longa duração.

15.1.1.1 Regenerativo

O treino regenerativo basicamente é um trote leve, ou seja, em baixa intensidade, com tempo de duração entre 20 e 40 minutos.

Tem por objetivo realizar um "descanso ativo" com fins de aumentar o fluxo sanguíneo nos músculos e diminuir a rigidez muscular após uma prova/competição ou uma sessão de treino muito intensa.

15.1.1.2 Rodagem

O treino contínuo, conhecido como rodagem, provavelmente é o tipo de treino mais realizado pelos corredores de longa distância, pelo fato de trabalhar a resistência aeróbia por meio das capacidades aeróbias II e III.

Normalmente, é realizado em distâncias que variam entre 10 e 20 quilômetros, em ritmo confortável ou ritmado, ou seja, com ritmo preestabelecido (programado).

15.1.1.3 Longão

O treino contínuo de longa duração, mais conhecido como longão, é uma forma de realizar o treino aeróbio contínuo extensivo que visa a trabalhar a capacidade de resistência aeróbia III, com distâncias ≥ 20 quilômetros. É mais comum de ser realizado por atletas maratonistas (entre 20 e 36 quilômetros) e ultramaratonistas (> 30 quilômetros), de uma a duas vezes por semana, geralmente aos finais de semana (domingos). Porém, dependendo do treinamento, pode ser feito também no meio da semana (quarta-feira), com distâncias menores. Outra maneira de se realizar é de forma progressiva, de modo que o atleta vai aumentando a velocidade ao longo do trajeto, igual ao treino progressivo.

É importante destacar que, ao contrário de outras distâncias (5, 10, 15 quilômetros e 21.097 metros), o maratonista e o ultramaratonista não realizam longões com distâncias iguais ou superiores à sua prova, pelo fato do desgaste que isso gera no organismo, o que acarreta maior tempo de recuperação. Portanto, a distância da prova (por exemplo, 42 ou 100 quilômetros) só é atingida no dia da prova.

15.1.2 Contínuo intensivo

O treino contínuo intensivo é realizado visando a aumentar a capacidade de resistência aeróbia geral, principalmente as capacidades I de II. Esse tipo de treino é realizado entre o LL e o VC, mais próximo do VC, em intensidade considerada moderada. Sendo mais usado no período pré-competitivo e competitivo.

15.1.2.1 Progressivo

Esse tipo de treino é realizado de forma contínua, sendo comum de ser realizado em qualquer período de treinamento. Dependendo da distância de competição, pode ser realizado com progressão de segundos para determinada distância, de acordo com o condicionamento físico do atleta e a prova que ele pretende realizar. A ideia é começar lentamente e terminar rapidamente.

Por exemplo, um atleta de alto rendimento, em um treino progressivo de cinco segundos a cada um quilômetro com uma distância total de 15 quilômetros, vai iniciar o primeiro quilômetro com uma intensidade de 4min30seg, o segundo quilômetro em 4min25seg, o terceiro em 4min20seg, o quarto em 4min15seg, o quinto em 4min10seg... e assim sucessivamente, até o 15º quilômetro. Portanto, um treino contínuo que começou com um ritmo confortável de 4min30seg terminou com um ritmo forte de 3min20seg.

15.1.2.2 Fartlek

O *fartlek é um tipo de corrida contínua com alternâncias de ritmo de forma variada, conhecido como "jogo de velocidade"*.

Os primeiros registros dizem que essa modalidade surgiu na Inglaterra, por volta de 1880, criada por Walter George, e consistia em alternâncias de uma a duas milhas de trote com corridas rápidas de 400 a 1200 jardas (365 a 1.100 m). Já nas décadas de 1920-1930, o treinador finlandês Lauri Pihkala, treinador de Paavo Murmi (nove vezes campeão olímpico de corridas de fundo), realizava algo semelhante em corridas de 10 a 20 quilômetros em florestas (NOAKES, 2002). Ainda na década de 1930, o treinador sueco Gösta Holmér desenvolveu um método no formato tradicional – "livre ou solto" –, que consistia em um tipo de treino contínuo com alternâncias de estímulos de média e alta intensidade com diferentes distâncias, realizadas de forma aleatória (por distância ou até um ponto fixo, por exemplo, uma árvore). O próprio atleta fica no controle, alternando momentos de recuperação em ritmo confortável com variações de terreno (trilhas, terra, grama etc.), altimetria (subidas, descidas e planícies) e com transposição de obstáculos naturais (galhos, troncos, pedras e córregos) (BILLAT, 2001). Devido ao acesso limitado a instalações de treinamento na Suécia, na época, o método ficou conhecido como Método Natural Sueco (*Swedish Natural Method*).

O método tinha como objetivo aperfeiçoar a resistência aeróbia e de resistência de velocidade, visando a fazer frente à superioridade finlandesa em corridas de *cross-country*, sendo utilizado por atletas suecos bem-sucedidos, como Gunden Hägg, que estabeleceu 15 recordes em provas de média e longa distância (BILLAT, 2001), e Arne Andersson, na década de 1940 (NIT, 2010). Alguns anos depois, o treinador Gösta, também da escola sueca, aperfeiçoou o método *fartlek* na região de Voladolen, transformando um antigo hotel em um centro de treinamento, que, na época, ficou conhecido como a "Meca dos Atletas", atraindo atletas de outros países. Eram realizadas corridas na neve, trilhas entre as florestas, corrida no campo, descidas seguidas de subidas e subidas com areia (HDT, 2014; VOLKOV, 2002).

O termo *fartlek*, traduzido literalmente, significa "jogo de velocidade". Na prática, é um tipo de treino contínuo com tempo total determinado (exemplo: 30, 40 minutos) ou distância (exemplo: 8 quilômetros), de intensidade moderada à alta, dependendo da forma como for realizado. É considerado muito útil no período geral e pré-competitivo, como uma espécie de "adaptação" aos treinos intervalados, por trabalhar estímulos (repetições) de resistência de velocidade sem pausas determinadas, possibilitando uma maior recuperação (ativa) do indivíduo. Pode ser realizado por distância ou por tempo, com estímulos aleatórios entre 50 e 1 mil metros ou 10 segundos a 4 minutos. O treinador inglês Peter Thompson sugere que o ritmo (intensidade) dos estímulos não deve ser menos intenso, para que, dessa forma, o ritmo não diminua muito na recuperação. O *fartlek* pode ser realizado de uma a duas vezes por semana, dependendo do período da preparação.

É comum ser realizado em grupo de atletas, de preferência com nível parecido (homogêneo). O atleta pode realizá-lo em percursos como estradas e trilhas, variando a distância dos estímulos e o tempo recuperação. Por exemplo, pode começar fazendo com estímulos de 50 segundos, recuperação de 150 m; depois, um estímulo de 600 metros e uma recuperação de 800 m;

depois, um estímulo mais curto, 100 metros com 300 metros de recuperação; dessa forma até completar o tempo ou a distância determinada. Pode também ser realizado em locais como uma praça ou uma pista de atletismo.

O controle dos estímulos e da recuperação pode ser realizado pelo próprio atleta(s), caso seja realizado de forma individual ou em grupo com alternâncias de líderes – formato segue o líder, ou orientado pelo treinador – formato conduzido. Nesse último caso, é realizado de forma conduzida pelo treinador, que deve ficar posicionado em um local estratégico com um apito controlando os estímulos e a recuperação. Ou seja, o atleta realiza os estímulos "no escuro", pois ele não tem ideia da distância ou do tempo dos estímulos. Por exemplo, o estímulo terá início com um silvo de apito, e a recuperação, com dois silvos; primeiro estímulo será de 1 mil metros, pausa de 200 metros trotando; segundo estímulo será de 100 metros com pausa de 300 metros trotando, até completar a distância total ou o tempo estabelecido. Esse tipo de variação é mais exigente física e metabolicamente, pois o atleta deverá ajustar a intensidade de forma que ele consiga terminar os estímulos e o treino.

Em nosso país, ao longo do tempo, o *fartlek* ganhou um formato "contemporâneo", se assim podemos chamá-lo, sendo um formato "mais fechado", pelo fato de os estímulos (tempo ou distância) serem predeterminados. Basicamente, consiste em realizar variações de estímulos (de média e alta intensidade) alternando com trotes ou corrida leve de recuperação. Com frequência, é realizado com tempo fixo de estímulo e recuperação, sendo a razão estímulo-pausa de 1:1, 1:2, 3:2, dependendo do condicionamento físico da pessoa e de quais metabolismos se pretende trabalhar. Por exemplo, 30 segundos rápido com 30 segundos lento, um minuto rápido com dois minutos lento, três minutos rápido com dois minutos lento; e tempo total do treino estabelecido, por exemplo, 20, 30, 40 minutos etc. Também pode ser realizado no formato "pirâmide". Por exemplo: após aquecimento de 10 minutos, 1, 2, 3, 4, 3, 2, 1 minuto rápidos com intervalo fixo de um ou dois minutos, seguido de desaquecimento; o tempo desse treino será entre 42 e 48 minutos.

15.2 INTERVALADO

O treino intervalado, também conhecido popularmente como "tiros", é um tipo de treino realizado de forma intermitente, ou seja, com alternâncias entre estímulos e pausas (descanso) ativas ou passivas.

O treino intervalado foi introduzido pela primeira vez na década de 1930, pelo treinador e fisiologista alemão Woldemar Gerschler, sendo utilizado por esquiadores suecos de *cross-country* durante a década de 1950. Porém, esse tipo de treinamento ficou popularizado ao ser utilizado pelo campeão olímpico Emil Zatopek (BILLAT, 2001), que, nos Jogos Olímpicos de 1952, conseguiu o grande feito de ser campeão em três provas de longa distância (5 mil, 10 mil metros e maratona), com grande superioridade sobre seus adversários. Gerschler foi treinador da equipe nacional de atletismo da Alemanha, entre 1930 e 1960.

Posteriormente, a fisiologia do sistema circulatório e hemodinâmica foi mais estudada com o auxílio dos médicos cardiologistas Herbert Reindell e Helmut Roskamm. Juntos, Gerschler, Reindell e Roskamm desenvolveram um método de treino (intervalado) em que o controle era realizado com base na recuperação pela frequência cardíaca. Basicamente, a ideia era desenvolver um tipo de treino que conseguisse desenvolver o "condicionamento cardiovascular", de forma que maximizasse o tamanho e a eficiência do coração, método que ficou conhecido como "treino intervalado segundo as normas de Freiburg", em referência ao Departamento de Medicina da Universidade de Freiburg, na Alemanha, onde eles trabalhavam.

Essencialmente, o método consistia em realizar várias repetições curtas de 100, 150 e 200 metros em ritmo intenso, a fim de elevar a frequência cardíaca a cerca 180 bpm. Durante a pausa, a frequência cardíaca deveria retornar a 120 bpm entre 60 e 90 segundos, em uma razão em torno 1:2. Caso contrário, o treino deveria ser ajustado.

Ao longo do treinamento, conforme o atleta ganha condicionamento físico, a tendência é que a pausa seja ajustada. À medida que a frequência cardíaca retornava mais rápido para 120 bpm em 90 segundos, o tempo de recuperação era reduzido e, posteriormente, combinando com o aumento do número total de repetições (NIT, 2010; VOLKOV, 2002). Esse método, até onde se tem conhecimento, não possui comprovação científica, porém sua finalidade era gerar recuperação, mas não ao ponto de retornar ao estado inicial, o que, de certa forma, tem sua fundamentação, considerando a especificidade do corredor de longa distância, que é conseguir correr longas distâncias de forma ininterrupta (contínua) e cada vez mais rápida.

É preciso ter em mente que é possível treinar uma longa distância em alta intensidade – igual ou acima da intensidade de prova –, estimulando o sistema anaeróbio lático, a produção e remoção de lactato, o aumento de frequência cardíaca e a ventilação pulmonar. Ou seja, o atleta vai se acostumando e se adaptando a correr com desconforto, sendo preciso fracionar a distância que se deseja trabalhar. Por exemplo, um corredor de 10 quilômetros pode fracionar a distância em 10 x 1 mil metros ou 25 x 400 m.

15.2.1 Intervalado extensivo e intensivo

O treino intervalado extensivo é mais utilizado no final do período preparatório, por possibilitar trabalhar a capacidade lática e a potência aeróbia com estímulos com intensidade menor. No começo, são utilizadas as pausas mais longas passivas e, posteriormente, à medida que o atleta for adquirindo condicionamento físico, pode-se aumentar a intensidade e mudar para pausas ativas. São utilizadas distâncias maiores nesse tipo de treino, como 3 mil, 2 mil e 1,5 mil metros.

Já o tipo de treino intervalado intensivo é feito em pista de atletismo, com uma frequência que pode variar de duas a três vezes por semana, porém é utilizado no início do período pré-competitivo e durante o competitivo. Possibilita trabalhar a potência lática e potência aeróbia pelo fato de ser realizado acima da VC e até do $\dot{V}O_{2max}$, dependendo da distância da prova que o atleta realiza.

Antes de elaborar o treinamento intervalado, devem ser levados em consideração alguns fatores, como: 1) nível de condicionamento físico; 2) distância da prova que o atleta realiza; 3) volume dos estímulos e volume total do treino, considerando a distância realizada durante as pausas; 4) tempo para percorrer a distância dos estímulos; 5) número de repetições dos estímulos; 6) tempo da pausa; e 7) tipo da pausa – passiva ou ativa. Todas essas variáveis devem ser consideradas na hora de prescrever o treino, assim como deve estar claro para o treinador o que deve ser desenvolvido com o que foi prescrito – por exemplo, capacidade lática ou potência aeróbia. O treinador deve sempre se perguntar: "Como devo prescrever o treinamento para desenvolver x ou y capacidade(s)?"

As distâncias dos estímulos mais comuns nesse tipo de treino variam entre 200 e 1 mil metros; apesar de não ser tão comum, distâncias maiores também podem ser utilizadas. No Quadro 23, segue um exemplo de progressão de treino intervalado com repetições de 1 mil metros para um atleta ao longo de oito semanas:

Quadro 23 – Exemplo de progressão de treino intervalado para um atleta

Semanas	1	2	3	4	5	6	7	8
Tempo (min:seg)	3:45	3:40	3:35	3:30	3:27	3:24	3:21	3:18
N.º de Repetições	5	6	7	8	9	10	11	12
Pausa (min:seg)	3:00	2:50	2:40	2:30	2:20	2:10	2:00	1:50

Fonte: elaborado pelos autores

Dependendo *do que* se deseja trabalhar e/ou com intuito de variar os tipos de estímulos, pode-se fazer combinações de diferentes distâncias e/ou tempos de estímulos. Por exemplo: crescente, 200, 400, 600, 800 e 1 mil m; decrescente, 2 mil, 1.500, 1 mil e 500 m; pirâmide, 200, 400, 600, 800, 1 mil, 800, 600, 400 e 200 m. Já a quantidade de séries (volume) e pausa depende de outras variáveis, como nível de condicionamento físico, tipo de prova, fase do treinamento etc.

15.2.2 Fracionado

O tipo fracionado é indicado para atletas de alto rendimento. O objetivo desse tipo de treino é bem parecido com o intervalado. A diferença é que neste a distância total da prova é fracionada em distâncias maiores (> 2 mil m), para que possa ser realizada em maiores intensidades. Por exemplo, se o atleta é um corredor de 10 quilômetros, ele pode fracionar a prova em quatro partes iguais (2,5 mil m), na qual ele deve realizar essas distâncias em uma intensidade maior do que seria feito durante a prova de 10 quilômetros. As pausas devem ser curtas (recuperação incompleta), de, no máximo, 2 a 3 minutos.

Exemplo: melhor tempo nos 10 quilômetros é 40 minutos, as parciais a cada 2,5 mil metros são de 10 minutos. Exemplos de como pode ser dividido o treinamento: 1) o objetivo será realizar cada 2,5 mil metros em 9 minutos; 2) ou o 1° 2,5 mil metros em 9min30seg, o 2° em 9 minutos, o 3° em 8min30seg e o 4° em 8 minutos.

A seguir, a representação da distribuição dos tipos de treinos desenvolvidos por atletas de longa distância e a diferença dos principais tipos de treinos (contínuo e intervalado) com base na intensidade (Figura 16), seus respectivos domínios de intensidades de treino (Figura 17) e a predominância de cada um em uma periodização (Figura 18).

Figura 16 – Diferença de intensidade entre os principais tipos de treinos

Contínuo
Fartlek
Intervalado
Progressivo
Recup. / Intens. de estímulos
Distância (m/km)

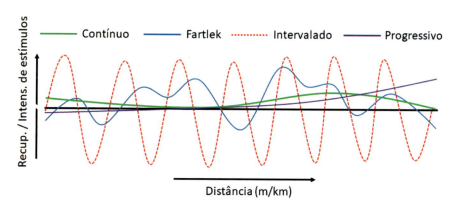

Fonte: elaborado pelos autores

Figura 17 – Tipos de treinos e domínios de intensidades de treino

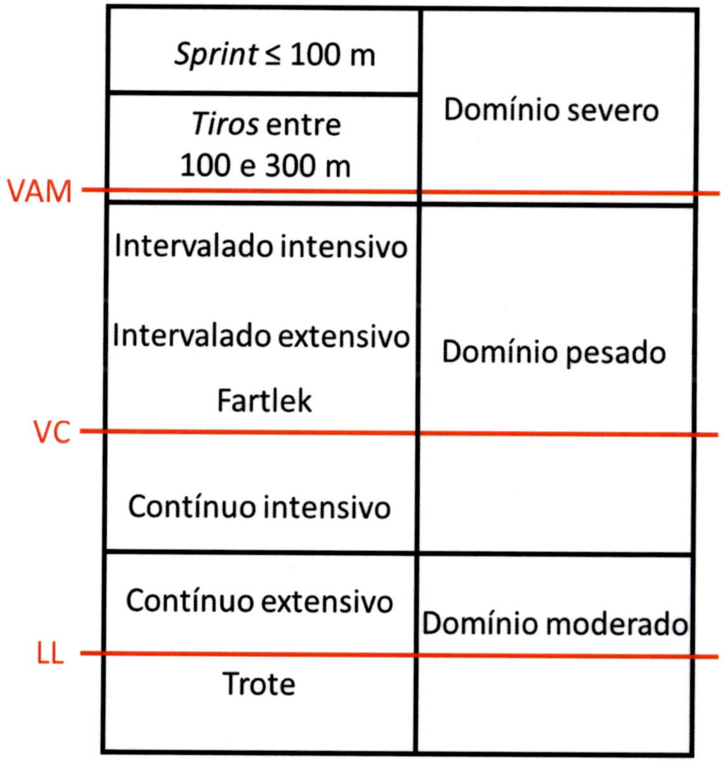

Sprint ≤ 100 m
Tiros entre 100 e 300 m
Domínio severo
VAM
Intervalado intensivo
Intervalado extensivo
Fartlek
Domínio pesado
VC
Contínuo intensivo
Contínuo extensivo
Domínio moderado
LL
Trote

Legenda: VAM, velocidade aeróbia máxima; VC, velocidade crítica; LL, limiar de lactato.
Fonte: elaborado pelos autores

Figura 18 – Predominância dos tipos de treinos ao longo da periodização

Fonte: elaborado pelos autores

16

TÓPICOS COMPLEMENTARES RELACIONADOS AO TREINAMENTO

16.1 TREINAR UM OU DOIS PERÍODOS POR DIA?

Uma das dúvidas dos treinadores e, principalmente, dos atletas mais avançados é sobre a necessidade ou não de se treinar um ou dois períodos. A resposta é: depende, pois é preciso analisar as vantagens e desvantagens de se treinar dois períodos. Alguns atletas, mesmo estando em um nível avançado de treinamento e desempenho, podem ter dificuldades em se adaptar a treinar em dois períodos — por falta de tempo, cansaço, trabalho, estudos etc. Por exemplo, um atleta que acorda muito cedo, trabalha o dia todo em pé e carregando peso vai terminar o dia muito cansado; nesse caso, talvez o mais indicado seja ele ir para casa e descansar, a realizar mais uma sessão de treino; para essa pessoa, uma sessão de treino bem-feita pode ser mais eficiente/eficaz que duas sessões de forma menos proveitosa (com menor qualidade). Para a maioria dos atletas que objetivam grande desempenho, na maioria dos casos, faz-se necessário que se realize duas sessões diárias, pois algumas adaptações só são obtidas apenas dessa forma.

Há relatos de que os atletas quenianos de elite internacional do Vale do Rift chegam a treinar três sessões por dia, sendo duas no período da manhã e outra no período da tarde. Seguindo pelo raciocínio que os atletas de elite precisam realizar mais estímulos para conseguir melhores/maiores respostas fisiológicas, consequentemente, o tempo entre estímulos deverá ser reduzido. Essa prática, do ponto de vista biológico/fisiológico, está correta, porém isso tem um "preço/custo", sendo muito desgastante. Infelizmente, não são todos os atletas que conseguem adaptar-se a ela. Portanto, de acordo com a realidade da maioria dos nossos atletas, é perfeitamente viável e adequado realizar de uma a duas sessões por dia.

O fato de os atletas realizarem duas sessões de treino aeróbio por dia, ao longo de vários anos, pode provocar uma série de alterações em nível molecular. Por exemplo, em um estudo recente, foi demonstrado que, ao realizar duas sessões diárias de treino, uma próxima da outra (duas horas entre elas), sendo a primeira aeróbio contínuo (100 minutos) e a segunda exercício intervalado de alta intensidade (10 x 2 minutos com 60 segundos de recuperação), a expressão de um importante mediador (transcrição gênica do receptor ativado pelo proliferador de peroxisomos-y coativador-1α, PGC1-α) do fenômeno conhecido como biogênese mitocondrial é aumentada em comparação com treinos com tempo maior de recuperação entre as sessões, assim como também é aumentada a expressão do receptor ativado pelo proliferador de peroxisomos coativador α-PPARα e receptor ativado pelo proliferador de peroxisomos coativador β/δ--PPARβ/δ, importantes aos ajustes moleculares (como biogênese mitocondrial), ao treinamento e ao desempenho esportivo (ANDRADE-SOUZA *et al.*, 2019).

O intervalo ideal entre uma sessão e outra é de, no mínimo, entre 6 e 12 horas ou mais, dependendo do tipo de treino realizado (KENNEY; WILMORE; COSTILL, 2012). Mesmo realizando uma dieta rica em carboidratos, provavelmente os estoques de glicogênio (hepático e principalmente o muscular) não conseguem ser repostos por completo, caso as sessões de treino sejam realizadas muito próximas umas das outras. Treinar com reservas reduzidas de glicogênio muscular pode trazer alguns benefícios – como maximizar a biogênese mitocondrial –, que normalmente não seriam alcançados com uma rotina normal. Um estudo realizado por Ghiarone e colaboradores (2019) avaliou dois grupos durante três semanas e demostrou um grupo que realizava exercício aeróbio duas vezes por dia com duas horas de intervalo entre as sessões e três vezes por semana com uma dieta de baixa disponibilidade de carboidrato. Os resultados mostraram que a função mitocondrial (eficiência) foi melhorada. Já o mesmo não ocorreu no grupo controle que treinava apenas um período, seis vezes por semana.

É preciso avaliar a real necessidade de o atleta treinar dois períodos e testar, verificar e pesar os riscos e benefícios, pois, consequentemente, se o volume aumentar, também aumenta o risco de lesões. É importante realizar o acompanhamento com o atleta e ir avaliando se deve ser adotado ou não. Uma dica é começar "encaixando" aos poucos, por exemplo, duas sessões um dia por semana, depois aumentar para duas sessões por semana, depois três, e assim por diante.

16.2 PROGRESSÃO DE VOLUME VERSUS TEMPO

Quando a pessoa inicia o treinamento de corrida, devido à rápida melhora no desempenho, fica muito motivada a treinar e, muitas vezes, quer treinar forte todos os dias, mas é preciso conscientizá-la de que, mais importante do que correr mais rápido, é preciso ter paciência e evoluir no volume de treino antes da intensidade.

Ao aumentar a resistência, a pessoa vai obter ganhos melhores e mais consistentes de seus resultados a longo prazo.

16.3 EQUILÍBRIO ENTRE OS ESTÍMULOS E RECUPERAÇÃO

Na área de Educação Física em geral, quando pensamos em treinamento, pensamos em um planejamento que exige um equilíbrio entre estímulos constantes e a sua devida recuperação, para que o atleta alcance uma condição de aptidão física superior à que ele se encontrava anteriormente.

Para que se atinja os benefícios e evite lesões e *overtraining* (ver o próximo tópico), é necessário que, como dito anteriormente, ocorra um equilíbrio entre os estímulos e a recuperação do organismo.

Podemos comparar o exercício físico como agente estressor, ou seja, como um "vírus do bem", que provoca alterações agudas (ajustes) no organismo e que levarão a um estado de fadiga momentâneo e, posteriormente, à sua supercompensação. E estímulos constantes levarão, a médio e longo prazo, às adaptações que vimos no começo deste livro.

Em linhas gerais, a Síndrome da Adaptação Geral (SAG) proposta por Hans Selye, em 1936, é composta, basicamente, por três fases: 1) fase de alerta; 2) fase de resistência; e 3) fase de exaustão. O organismo, ao sofrer um agente estressor, "reage" com um conjunto de reações fisiológicas e hormonais para retornar ao seu estado de homeostase/equilíbrio. Portanto, o exercício na dose correta é um agente estressor benéfico ao seu praticante.

Para tal, é necessário que apliquemos cargas adequadas para cada organismo e em momentos adequados. Basicamente, podemos utilizar cinco tipos de carga:

1. excessiva;
2. de desenvolvimento;
3. de manutenção;
4. de recuperação;
5. ineficaz.

Ao longo do processo de treinamento, basicamente, devemos utilizar as cargas da sessão. Como o próprio nome já diz e sugere, são as cargas de desenvolvimento, manutenção e recuperação. A carga excessiva (também conhecida como "choque") só deve ser utilizada esporadicamente com atletas experientes e de alto rendimento/elite, a fim de promover um estímulo extra, às vezes, necessário para produzir uma supercompensação que não é obtida com um treino habitual. Ao longo dos próximos tópicos e capítulos, veremos como deve ser organizada.

Outro ponto muito importante do processo de treinamento é a recuperação, ou descanso, que, muitas vezes, é ignorada ou à qual não é dada a devida importância. Quando ocorre o seu desequilíbrio entre estresse e recuperação, isso pode ser prejudicial ao desempenho.

16.4 PROGRESSÃO DO TREINAMENTO

Seguindo o princípio da sobrecarga e observando as variáveis do treinamento descritos anteriormente, é esperado que ocorra uma progressão gradativa (volume, intensidade, frequência etc.) do treinamento ao longo das sessões de treinamento, microciclos e mesociclos. Segue um exemplo de progressão para um treinamento intervalado (Figura 19).

Figura 19 – Progressão de um treinamento intervalado ao longo de 12 semanas de treinamento

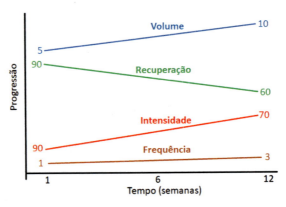

Fonte: elaborado pelos autores

16.5 FADIGA

Na corrida, basicamente quando falamos de fadiga, pensamos em um estado agudo, que ocorre momentaneamente em um treino e, principalmente, uma prova, podendo ser decorrente de um fator ou de uma combinação deles.

Ao contrário da fadiga, que é gerada em corridas de curta duração, em que o exercício é extremamente intenso, a fadiga ocorre, principalmente, em nível periférico (músculos), devido à produção exacerbada de metabólitos, como H^+, Pi e ADP (BLAIN et al., 2016). Já em corridas de longa distância, o principal mecanismo de fadiga (aguda) ocorre, essencialmente, a nível central, ou seja, acima da junção neuromuscular — cérebro e medula espinhal (AMANN, 2011) —, estando ligado a fatores como redução na produção de neurotransmissores, como dopamina, levando a alterações nos impulsos elétricos e, por consequência, à diminuição na motivação, e serotonina (5-HT), levando ao aumento de triptofano livre e de amônia.

Esses fatores, combinados ao calor e à URA muito baixa ou alta, podem levar ao aumento da temperatura central e desidratação, muitas vezes associado à diminuição de glicemia, ao aumento do trabalho cardíaco, à diminuição do fluxo sanguíneo e metabolismo cerebral, ao aumento de lactato e creatina livre, além da combinação com alguns fatores periféricos como depleção de glicogênio muscular, diminuição na produção de ATP pelas mitocôndrias, diminuição da eficiência das pontes cruzadas, diminuição na atividade eletromiográfica (MEEUSEN; DE MEIRLEIR, 1995; DAVIS; BAYLE, 1997). Ainda, associado ou não a uma estratégia de prova errada ou inexistente (ABBIS; LAURSEN, 2008; NOAKES, 2011b), desencadeia uma cascata de eventos. Esses eventos em conjunto elevam a percepção subjetiva de esforço e, consequentemente, a redução do desempenho ou interrupção do exercício.

16.6 *OVERREACHING* E SÍNDROME DO *OVERTRAINING*

Em um passado não muito distante, o *overreaching* e a síndrome do *overtraining*, principalmente esta **últim**a, eram problemas que praticamente só afetavam atletas de *endurance* de alto rendimento. Porém, de um tempo para cá, quando a prática esportiva se tornou mais popular, a síndrome virou um problema muito comum, afetando também atletas de *endurance* amadores/recreacionais.

Caracterizado como um estado transitório (alguns dias) de fadiga e baixo estado de desempenho por alguns dias, o *overreaching* é até considerado por alguns estudiosos do assunto como um estado normal (em alguns períodos) dentro do processo de treinamento, devido à alta exigência do treinamento dos atletas.

O fato de o treinamento ser realizado de forma frequente, muitas vezes se sobrepondo ao período ideal de recuperação, a cada sessão de treino, ocorre um efeito residual de cansaço que se somará, gerando o *overreaching*. Porém, se esse estado de fadiga transitória progredir para um estado de fadiga crônica (semanas ou até meses), pode gerar uma queda bruta no desempenho do atleta, mesmo mantendo ou até mesmo aumentando a carga/intensidade de treino, caracterizando um baixo estado de desempenho. Essa condição é conhecida como *overtraining*. Portanto, é importante ter planejamento e flexibilidade na elaboração do treinamento, uma "relação" de confiança entre ambos (treinador e atleta), com diálogo constante, pois, muitas vezes, o erro parte do atleta, que considera que o treinador está subestimando sua capacidade e aumenta o volume/intensidade de treinamento por conta própria, sem informar ao treinador.

Portanto, a síndrome do *overtraining* ocorre devido a um desequilíbrio entre o excesso de treino/competições combinado com pouca recuperação, devido a um mal-planejamento/uma mal-organização do treinamento. Os treinadores devem estar atentos ao planejamento dos treinos, à rotina e a possíveis sinais e sintomas da síndrome. Os principais são: 1) baixo estado de desempenho; 2) sensação de fadiga/cansaço que não cessa; 3) diminuição do apetite; 4) insônia; 5) inibição/depressão; 6) diminuição ou aumento da frequência cardíaca; 7) gripes/resfriados frequentes; 8) distúrbios do humor (mau humor), entre outros. Os sintomas variam de pessoa para pessoa e não necessariamente podem manifestar-se isoladamente; na maioria das vezes, são combinados (TOMAZINI *et al.*, 2014).

O treinamento, quando bem planejado/organizado, só traz benefícios aos atletas, mas, na "dose" errada, pode trazer uma série de prejuízos, como vimos anteriormente. É como o ditado popular diz: "A diferença entre o remédio e o veneno é a dose!". Nesse caso, é exatamente isso que ocorre: o que era para ser algo bom e fazer bem pode tornar-se um veneno, caso o treinamento seja mal planejado/organizado.

A fim de prevenir o seu desenvolvimento, uma estratégia é utilizar o Índice de Hooper, que possui um alto poder preditivo para identificação do *overtraining*. Trata-se de uma ferramenta subjetiva de avaliação diária, devendo ser aplicada preferencialmente pela manhã, após acordar. Com base em quatro índices (sono, estresse, fadiga e dor muscular), é calculada uma pontuação com base em uma ancoragem (escore), que vai de 1 a 7 para cada índice. Quanto maior a pontuação, maior a chance de desenvolver o *overtraining* (HOOPER *et al.*, 1995). Essa é uma avaliação que deve ser realizada a médio e longo prazo e, preferencialmente, diariamente, combinada com outros parâmetros — por exemplo, bioquímicos e cardíacos.

Caso identificada a síndrome, o melhor tratamento é o descanso, que pode ser a restrição parcial ou total dos treinos, podendo durar semanas ou até meses, além de outras ações que devem ser combinadas, como alimentação adequada, hidratação e sono (TOMAZINI *et al.*, 2014).

Portanto, além dos fatores descritos anteriormente, é importante que o treinamento seja individualizado, conhecer a pessoa e seu histórico, ter boa comunicação com o atleta, monitorar a carga de treinamento e, muitas vezes, ser flexível quanto às exigências (físicas e psicológicas).

PARTE 5

ORGANIZAÇÃO E CONTROLE DO TREINAMENTO

DEFINIÇÃO DE NÍVEIS DOS ATLETAS

Sobre a definição dos níveis de treinamento dos atletas, a escolha vai depender de uma série de fatores, entre os quais podemos citar: histórico pessoal e esportivo, se é sedentário, se possui alguma doença crônica, se já teve lesão, objetivos (saúde, desafios etc.), se está retornando após um longo período sem treinar, se a pessoa já treina há algum tempo, se deseja competir ou não, se é um atleta profissional etc.

Para tal, é necessário conhecer o histórico e os objetivos da pessoa. Só assim pode ser definido o nível que ela vai se encaixar, que basicamente é classificado em: (a) iniciante, (b) intermediário e (c) avançado, como definidos a seguir.

17.1 INICIANTE

Para a pessoa que está iniciando na corrida, é importante começar pela caminhada, posteriormente, alternando com trote, depois este com corrida, ir aumentando o tempo dos estímulos e priorizar os treinos de resistência, fortalecimento e coordenação motora, em detrimento de treinos de velocidade e resistência de velocidade, como é apresentado no Quadro 24, mais adiante.

A pessoa que nunca correu, após um breve período de adaptação (caminhando, caminhando-trotando e trote), será classificada no nível iniciante I, iniciante II e, posteriormente, iniciante III. Esse período pode ser de, mais ou menos, 16 semanas – podendo ser um período menor ou maior, dependendo de pessoa para pessoa. Após esse período, a pessoa está apta a passar para o próximo nível/grupo (5 quilômetros).

O planejamento/a organização de um programa de treinamento para uma pessoa que nunca correu ou que está retornando ao treinamento depois de um longo período sem correr, devido a diversos motivos, como recuperação de lesão, rotina de trabalho ou porque simplesmente ficou vários anos sem correr, deve seguir uma progressão gradual, como no exemplo do Quadro 24. Porém, dependendo do condicionamento físico dela e do histórico pessoal etc., a progressão pode ser mais rápida ou não, podendo ser encurtada ou não, como dito anteriormente. Pode-se, por exemplo, ao invés de começar na semana um, começar na semana três ou quatro, que serão consideradas como semana um.

17.2 INTERMEDIÁRIO

O nível intermediário é destinado a atletas de nível recreacional, que já treinam há algum tempo e correm provas de 5 ou 10 quilômetros, já possuem certa experiência (alguns anos de treinamento) e desejam progredir para distâncias maiores, como 21 ou 42 quilômetros.

A progressão de um nível para o outro depende muito de pessoa para pessoa, do princípio da individualidade biológica e do seu nível de experiência, ou seja, se já treinou no passado, quanto tempo ficou sem treinar, quais foram seus resultados quando treinou. Recomendamos que a progressão para provas mais longas, como 21.097, 42.195 metros e ultramaratona, respeite a evolução natural de cada um, sem "queimar" etapas. É fundamental que o atleta ganhe experiência em provas mais curtas (5, 10 e 15 quilômetros), consiga fazer o seu melhor resultado nessas distâncias menores, para posteriormente debutar em distâncias maiores; isso, muitas vezes, pode levar anos, porém é um processo relevante e necessário (Figura 20).

Figura 20 – Organograma de distribuição/organização e evolução ao longo do tempo dos níveis de treinamento

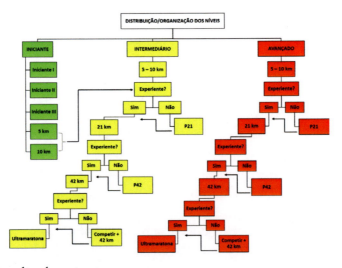

Fonte: elaborado pelos autores

17.3 AVANÇADO

O nível avançado é destinado a atletas com anos de treinamento e experiência em provas de longa distância, além de atletas de alto rendimento e elite. É válido destacar que, mesmo no nível avançado, o atleta pode não ser experiente em provas de maratona e ultramaratona.

A frequência de competições dos atletas de alto rendimento varia de 9 ± 3, para corredores de 5 e 10 quilômetros, e de 6 ± 2, para especialistas em maratona (HAUGEN *et al.*, 2022). No Brasil, não existe um número de frequência de competições anuais para atletas de 5 e 10 quilômetros, enquanto, para maratonistas de alto rendimento, costumam variar entre duas e três por ano. Essa frequência vai ao encontro da teoria do pico de forma esportiva, que afirma que o atleta atinge o ápice da forma física de duas a três vezes no ano, o que dura, aproximadamente, de sete a 14 dias, favorecendo a conquista de grandes resultados. Outro ponto seria a questão do desgaste físico da preparação (alto volume) e do maior tempo de recuperação que é exigido, portanto exigindo que seja realizado um menor número de provas (WEINECK, 2003).

Em relação a resultados dos atletas de alto rendimento e elite, destaca-se que, apesar de seguir todo o processo de progressão nos níveis com grandes resultados, nem sempre um ótimo corredor de longa distância, principalmente de distâncias mais curtas (5, 10 e 15 quilômetros), será um excelente corredor de maratona – apesar de haver uma grande probabilidade de que isso ocorra.

Em resumo, de acordo com as características que apresentamos anteriormente, sugerimos distribuir os atletas por níveis em grupos; eles podem ser distribuídos em sete grupos distintos: 1) 5 quilômetros, basicamente são pessoas que estão iniciando na corrida e correm prova de 5 quilômetros pela primeira vez; 2) 10 quilômetros, são pessoas que realizam a prova de 10 quilômetros com certa frequência; 3) P21, preparação para os 21.097 metros, são pessoas que estão se preparando para correr os 21 quilômetros pela primeira vez; 4) 21 quilômetros, são atletas experientes que realizam essa distância com frequência; 5) P42, preparação para os 42.195 metros, são pessoas que nunca correram a maratona ou experientes em outras distâncias e que estão se preparando para correr a maratona pela primeira vez; 6) o nível 42 quilômetros é para atletas experientes que realizam essa prova com frequência; 7) e o grupo ultramaratona, que reúne atletas experientes em provas de longa distância como a maratona, mas que preferem maiores desafios.

É importante destacar que nem todos os atletas desejam realizar provas de longa distância, como maratona e, principalmente, ultramaratona. Os atletas recreacionais, que treinam apenas para fins de manter a saúde, estilo de vida saudável, amizades etc., na maioria das vezes, desejam apenas treinar e correr provas de 5 e 10 quilômetros, muitas vezes, sem metas de melhorar o tempo em uma distância específica ou algo do tipo. Por isso, é preciso conhecer e respeitar os objetivos e desejos dos alunos.

Recomendamos, se possível, não entregar/enviar a planilha para a pessoa. Pelo fato de ela estar iniciando, é provável que ela não compreenda algumas informações contidas, induzindo-a ao erro. É importante que, durante a sessão de treino, a pessoa tenha acompanhamento o tempo todo. Portanto, antes de iniciar o treino, o treinador deve passar um *briefing* de como será realizado o treino proposto e, durante o treino, vai conduzindo/monitorando e dando *feedbacks* ao aluno.

Quadro 24 – Progressão de níveis

Nível: Iniciante I			
Semanas	Segunda/Terça	Quarta/Quinta	Sábado
1	10' de alongamento + 20' caminhando + profilaxia + alongamento	5' caminhando + coordenação + 30' caminhando + alongamento	40' caminhando + alongamento
2	10' de alongamento + 25' caminhando + profilaxia + alongamento	5' caminhando + coordenação + 35' caminhando + alongamento	45' caminhando + alongamento
3	5' caminhando + coord. + 30' caminhando + profilaxia + alongamento	5' caminhando + coord. + 45' caminhando + alongamento	50' caminhando + alongamento
4	5' caminhando + coord. + 30' caminhando + profilaxia + alongamento	5' caminhando + coord. + 45' caminhando + alongamento	50' caminhando + alongamento
Nível: Iniciante II			
Semanas	Segunda/Terça	Quarta/Quinta	Sábado
5	5' caminhando + coordenação + 30' caminhando + profilaxia + alongamento	5' caminhando + coordenação + 2 x (9':30"cam/30"trote) + alongamento	3 x (9':30"cam/30"trote) + alongamento

	Nível: Iniciante II		
Semanas	Segunda/Terça	Quarta/Quinta	Sábado
6	5' caminhando + coordenação + 30' caminhando + profilaxia + alongamento	5' caminhando + coordenação + 1 x (9'cam/1'trote + 9'cam/1' trote + 7'cam/3'trote) + alongamento	1 x (9'cam/1'trote + 8'cam/2'trote + 8'cam/2'trote) + alongamento
7	5' caminhando + coord. + 35' caminhando + profilaxia + alongamento	5' caminhando + coordenação + 1 x (8'cam/2'trote + 8'cam/2' trote + 7'cam/3'trote) + alongamento	1 x (8'cam/2'trote + 7'cam/3'trote + 7'cam /3'trote) + alongamento
8	5' caminhando + coord. + 35' caminhando + profilaxia + alongamento	5' caminhando + coordenação + 2 x (7'cam/3'trote + 6'cam/4' trote) + alongamento	2 x (6'cam/4'trote + 5'cam/5'trote) + alongamento
9	5' caminhando + coordenação + 40' caminhando + profilaxia + alongamento	5' caminhando + coordenação + 2 x (6'cam/4'trote + 5'cam/5' trote + 4'cam/6'trote) + alongamento	2 x (6'cam/4'trote + 5'cam/5'trote + 4'cam /6'trote) + alongamento
10	5' caminhando + coordenação + 40' caminhando + profilaxia + alongamento	5' caminhando + coordenação + 2 x (5'cam/5'trote + 4'cam/6' trote + 3'cam/7'trote) + alongamento	2 x (5'cam/5'trote + 4'cam/6'trote + 3'cam /7'trote) + alongamento
	Nível: Iniciante III		
Semana	Segunda/Terça	Quarta/Quinta	Sábado
11	5' caminhando + coordenação + 20' trote + profilaxia + alongamento	5' caminhando + coordenação + 2 x (4'cam/6'trote + 3'cam/7' trote + 2'cam/8'trote) + alongamento	30' trote + alongamento

Nível: Iniciante III			
Semana	Segunda/Terça	Quarta/Quinta	Sábado
12	5' caminhando + coordenação + 25' trote + profilaxia + alongamento	5' caminhando + coordenação + 2 x (3'cam/7'trote + 2'cam/8' trote + 9'cam/1'trote) + alongamento	35' trote + alongamento
13	5' caminhando + coordenação + 30' trote + profilaxia + alongamento	5' caminhando + coordenação + 2 x (2'cam/8'trote + 2'cam/8' trote + 1'cam/9'trote) + alongamento	40' trote + alongamento
14	5' caminhando + coordenação + 35' trote + profilaxia + alongamento	5' caminhando + coordenação + 40' trote + exercícios de profilaxia + alongamento	45' trote + alongamento
15	5' caminhando + coordenação + 30' corrida + profilaxia + alongamento	5' caminhando + coordenação + 45' trote + exercícios de profilaxia + alongamento	50' trote + alongamento
16	5' caminhando + coordenação + 35' corrida + profilaxia + alongamento	5' caminhando + coordenação + 40' corrida + profilaxia + alongamento	40' corrida + alongamento

Fonte: elaborado pelos autores

18

ORGANIZAÇÃO E ESTRUTURAÇÃO DO TREINAMENTO

O ser humano é um ser muito complexo e que sofre de muitos imprevistos – tanto de nível pessoal quanto profissional. Portanto, ao planejar um treino, é preciso ter em mente que "o treino deve se adaptar ao atleta, e não o contrário". No passado, principalmente para os atletas de alto rendimento/elite, era o atleta quem deveria adaptar-se ao treino, e isso causava, de certa forma, uma "seleção natural", na qual os que conseguissem adaptar-se continuavam e alcançavam ótimos resultados, porém eram gerados muitos problemas, entre eles lesões e *overtraining*.

Vários fatores devem ser levados em consideração antes do treino, por exemplo, se o atleta não está bem de saúde, não dormiu bem, não se alimentou adequadamente, ou está de tensão pré-menstrual. É preciso mudar/adaptar o treino e deixar o planejado para outro dia.

Já em relação ao planejamento de um período de treinamento, é preciso ter consciência de que, muitas vezes, o que foi planejado para um período nem sempre é possível ser realizado na sua totalidade/íntegra, seja por diversos motivos, seja por imprevistos, e, portanto, deverá ser replanejado ou adaptado. É necessário ter um plano B ou C. Por exemplo, o atleta se lesionou durante um treino, ou está com fortes dores musculares após o treino do dia anterior. Outro exemplo: na segunda-feira, você planejou realizar um circuito de treino funcional ao ar livre no sábado, porém, ao longo da semana, houve uma mudança repentina no clima, acompanhada de muito frio e chuva, portanto o treino proposto vai se tornar inviável de ser realizado no local e formato proposto; nesse caso, o treino deverá ser adaptado ou, até mesmo, realizado outro tipo de treino.

Quanto à organização e ao planejamento da estrutura de treinamento, segue-se o seguinte formato de divisão, considerando um ciclo de treinamento: sessão(ões) de treino, microciclo, mesociclo, macrociclo e ciclo olímpico, como apresentado no Quadro 25.

Quadro 25 – Divisão e fator temporal da estrutura de treinamento

Divisão	Fator temporal
Sessão(ões)	Frequência diária – 1, 2 ou 3
Microciclo	Uma semana (sete dias)
Mesociclo	Quatro semanas (28-30 dias)
Macrocilo	52 semanas (365 dias)
Ciclo olímpico	Quatro anos (1.460 dias)

Fonte: elaborado pelos autores

18.1 PERIODIZAÇÃO DO TREINAMENTO

A periodização do treinamento consiste na organização das diferentes etapas do treinamento, visando a alcançar níveis ótimos de desempenho, sendo basicamente dividida em: (a) sessão de treino, (b) microciclo, (c) mesociclo, (d) macrociclo e (e) ciclo olímpico.

18.2 SESSÃO DE TREINO

A sessão de treino nada mais é do que o treino realizado em um período (manhã, tarde ou noite) do dia. Atletas de alto rendimento/elite realizam duas sessões de treino por dia, sendo a primeira no período da manhã (por volta de 8h) e a outra no período da tarde (por volta 16 horas-17 horas, dependendo do clima e estação do ano).

Basicamente, a sessão de treino é dividida ou estruturada em três momentos: 1) parte inicial – aquecimento; 2) parte principal – como o próprio nome diz, é o treino em si; e 3) parte final – volta à calma. Seguindo essa divisão, seguem as descrições.

18.2.1 Parte inicial: aquecimento

O aquecimento tem por finalidade preparar o organismo para o exercício físico, principalmente os executados em alta intensidade. O aquecimento gera maior prontidão ao exercício, pois os principais benefícios são o aumento do estado de alerta devido à maior produção de neurotransmissores e hormônios. Há o aumento da frequência cardíaca, do fluxo sanguíneo, da temperatura corporal, o que proporciona melhor trabalho de enzimas ligadas ao metabolismo aeróbio, entre outros.

Para treinos intermitentes de alta intensidade (intervalados), *fartleks* e dia da prova (competição), o aquecimento consiste na seguinte forma: 1) alongamento ativo de 10-15' (ver tópico flexibilidade); 2) trote de 10 a 20', dependendo do clima (quanto mais frio, maior o tempo); 3) técnicas de corrida (4-6 exercícios) 3 x 20 metros; 4) 3-4 x 50 metros (tiros) a 90%. O tempo total estimado entre 30 e 50 minutos.

18.2.2 Parte principal: o treino propriamente dito

A parte principal do treino, consiste na parte principal da sessão de treino com base nos tipos de treino (contínuo extensivo/intensivo, progressivo, *fartlek*, intervalado, longão, fracionado etc.). O tempo pode variar entre 30 e 180 minutos.

18.2.3 Parte final: volta à calma e profilaxia

A volta à calma é mais utilizada após os treinos intervalados, de força e *fartleks* e tem por objetivo fazer o metabolismo retornar ao seu estado inicial (pré-treino) e acelerar a recuperação para as próximas sessões. Esse trote final também pode ser realizado descalço e na grama, ao mesmo tempo, ajuda a relaxar e no fortalecimento dos músculos dos pés. Consiste em um trote final, que pode variar de 2 a 5 quilômetros, e alongamentos diversos, como proposto anteriormente.

Posteriormente e em complemento, podem ser realizados fortalecimento de core e técnicas de profilaxia, como: gelo em alguns pontos específicos das pernas e coxas, imersão em água gelada (vasoconstrição), massagem, fisioterapia preventiva etc.

18.3 MICROCICLO

O microciclo é o período que compreende entre três e 14 dias, porém fica mais fácil e didático organizar em um período de sete dias (uma semana), como se pode observar no Quadro 26, a seguir.

Quadro 26 – Exemplo de um plano de microciclo de um atleta

Segunda	Terça	Quarta	Quinta	Sexta	Sábado	Domingo
Descanso	Along. 10 quilômetros *Fartlek* Profilaxia Along.	Along. 15 quilômetros entre LL e VC Along.	Along. Aquec. 15' trote 15 x 400 metros (70-72") P: 1' Volta a calma 20' trote	Along. 10 quilômetros entre LL e VC Profilaxia Along.	Along. Aquec. 15' trote 8 x 1 mil metros (3:20-3':25") P: 1':30" Volta a calma 20' trote	Along. 20 quilômetros próximo do LL Along.

Fonte: elaborado pelos autores

18.4 MESOCICLO

O mesociclo é o período que compreende quatro semanas (ou quatro microciclos). Essa divisão é feita para coincidir com os meses do ano, pois, dessa forma, fica mais fácil fazer o controle. Observe o Quadro 27, a seguir.

Quadro 27 – Exemplo de mesociclo

Semana	Segunda	Terça	Quarta	Quinta	Sexta	Sábado	Domingo
1	Descanso	Alongamento 8 quilômetros *Fartlek* Profilaxia Alongamento	Alongamento 12 quilômetros entre LL e VC Alongamento	Along. Aquecimento 15' trote 15 x 400 metros (70-72") P: 1' Volta a calma 20' trote	Alongamento 10 quilômetros entre LL e VC Profilaxia Alongamento	Along. Aquecimento 15' trote 8 x 1000 metros (3:20-3':25") P: 1':30" Volta à calma 20' trote	Alongamento 18 quilômetros próximo do LL Alongamento
2	Descanso	Along. 10 quilômetros *Fartlek* Profilaxia Along.	Alongamento 15 quilômetros entre LL e VC Along.	Along. Aquecimento 15' trote 18 x 400 metros (70-72") P: 1' Volta a calma 20' trote	Alongamento 10 quilômetros entre LL e VC Profilaxia Along.	Along. Aquecimento 15' trote 10 x 1 mil metros (3:20-3':25") P: 1':30" Volta à calma 20' trote	Alongamento 20 quilômetros próximo do LL Alongamento

Semana	Segunda	Terça	Quarta	Quinta	Sexta	Sábado	Domingo
3	Descanso	Along. 10 quilômetros *Fartlek* Profilaxia Along.	Alongamento 15 quilômetros entre LL e VC Along.	Along. Aquecimento 15' trote 20 x 400 metros (70-72") P: 1' Volta a calma 20' trote	Alongamento 10 quilômetros entre LL e VC Profilaxia Along.	Along. Aquecimento 15' trote 10 x 1 mil metros (3:20-3':25") P: 1':30" Volta à calma 20' trote	Alongamento 22 quilômetros próximo do LL Alongamento
4	Repetir semana 1	Repetir semana 2	Repetir semana 1	Repetir semana 2	Repetir semana 1	Repetir semana 2	Repetir semana 1

Fonte: elaborado pelos autores

A partir do próximo mesociclo, inicia-se na segunda ou terceira semana (dependendo do período e/ou do nível do atleta), para que ocorra aumento da sobrecarga e progressão na intensidade dos treinos.

18.5 MACROCICLO

Já o macrociclo é o período que compreende um ano, ou uma temporada, como alguns preferem chamar. Considerando a descrição anterior do mesociclo, o macrociclo é composto por 12 a 13 mesociclos, considerando que o ano possui 52 semanas.

O modelo de periodização linear, basicamente, é dividido em quatro períodos: 1) período de preparação geral, também conhecido como período de base, que tem como característica a ênfase no treino de força e do desenvolvimento da capacidade aeróbia (alto volume de treino); 2) o segundo período é o pré-competitivo, no qual acontece uma redução no volume e aumento da intensidade com treinos mais específicos (intervalados, *fartleks* e progressivos) para a prova desejada; 3) período competitivo, como o próprio nome já diz, é o período no qual o atleta vai competir, portanto ele deve estar na melhor forma nesse período, que tem por característica ser o de maior intensidade; e 4) o período transitório, que tem por característica ser o período de descanso (férias) do atleta, em que acontece uma grande redução de volume e intensidade – é aconselhado que o atleta treine o menos possível para que ocorra a recuperação completa para a próxima temporada, pratique outras modalidades esportivas ou, se for o caso, até mesmo interrompa qualquer tipo de treino ou exercício físico. Lembrando que esse modelo pode ser adaptado conforme o calendário de provas, podendo ser adaptado em dois ciclos, como no Quadro 28, a seguir.

Quadro 28 – Exemplo de um plano do macrociclo de um corredor de maratona de alto rendimento

Período	Preparação		Competição	Preparação		Competição		Transição
Etapa	Geral	Pré-Competitiva	Competitiva	Geral	Pré-Comp.	Competitiva		Transição
Competições	Camp. Bras. de Cross-Country	½ Maratona De Lisboa Testes	Maratona De Londres	Exames Camp. Bras. De Atletismo Testes		Campeonato Mundial De ½ Maratona	½ Maratona De Buenos Aires Maratona De Nova York	Férias Exames
Meses	Janeiro	Fevereiro	Março	Abril	Maio	Junho	Julho	Agosto	Setembro	Outubro	Novembro	Dezembro
Semanas	1	2	3	4	5	6	7	8	9	10	11	12	13	14	15	16	17	18	19	20	21	22	23	24	25	26
	27	28	29	30	31	32	33	34	35	36	37	38	39	40	41	42	43	44	45	46	47	48	49	50	51	52

Fonte: elaborado pelos autores

18.6 CICLO OLÍMPICO

O ciclo olímpico é um tipo de planejamento mais complexo, por envolver um longo período — quatro anos (1.460 dias). É destinado a atletas de elite, que competem em nível internacional, mundial/olímpico.

Durante esse ciclo, deve-se planejar períodos de treinamento e competições tanto a nível nacional quanto internacional. Por exemplo, no ano x, serão realizadas quatro semanas de treinamento na altitude (Eldoret, Paipa ou Cochabamba); no mês y do ano h, haverá o campeonato sul-americano, cujo objetivo é conseguir se classificar para o campeonato mundial.

18.7 MODELOS DE PERIODIZAÇÃO

Sobre modelos de periodização que podemos utilizar, a verdade é que, para pessoas iniciantes, mais importante que utilizar o modelo x ou y é basear-se nos princípios do treinamento e ter bom senso para programar o treinamento. Nesse momento, o objetivo é simplesmente conseguir correr, e não competir ou buscar um recorde pessoal em determinada distância. Portanto, partir do básico (como vimos anteriormente, na organização do treino nível iniciante I, II e III) e ir evoluindo a partir das respostas do aluno talvez seja o melhor a ser realizado. Já, quando o atleta está em um nível mais avançado, em que cada detalhe faz a diferença, entre diminuir ou não alguns segundos, aí sim se torna muito mais importante a periodização em si.

A organização do treinamento de corrida pode seguir diferentes modelos/metodologias (Tschiene, Bondarchuck, Verkhoshansky, Matveev, e Stöggl e Sperlich), desenvolvidos ao longo do tempo, como resumidos a seguir.

Modelo de Tschiene – utiliza cargas ondulatórias, com predominância de trabalho específico e aplicação de um modelo de adaptação biológica.

Modelo de Bondarchuck – periodização para modalidades individuais, com trabalho paralelo de diferentes tipos de carga ao longo do ano.

Também existem outros modelos, como em bloco, desenvolvido por Yuri Verkhoshansky, que utiliza cargas concentradas; esse modelo é mais utilizado para treinamento de força.

O modelo de periodização tradicional, ou linear, é o modelo de periodização desenvolvido por Lev Matveev na década de 1950/1960, o mais utilizado na elaboração do planejamento de corrida no nosso país. O trabalho é realizado com cargas concentradas ao longo do período, sendo dividido em período preparatório geral, pré-competitivo, competitivo e transitório, como o modelo adaptado apresentado no Quadro 25.

Um estudo recente de revisão sistemática demonstrou que o outro modelo de periodização – reversa – não é superior ao de periodização tradicional ou em blocos (GONZÁLEZ-RAVÉ *et al.*, 2022).

Além disso, existe o conhecido como polarizado, com base nos estudos de Stöggl e Sperlich (2014, 2015), o qual utiliza o sistema de ondulação de cargas, que nada mais é do que alternar os dias de treinos fortes com treinos leves e moderados, como o microciclo apresentado na Figura 21.

A forma de ondulação de cargas de treino (leve, moderada e pesada) ao longo da semana, utilizando os diferentes tipos de treinos, além do monitoramento da carga, monotonia e dos níveis de tensão, é a grande "sacada" do sucesso desse modelo de periodização.

Figura 21 – Exemplo de ondulação de cargas de treinos em um microciclo de treinamento

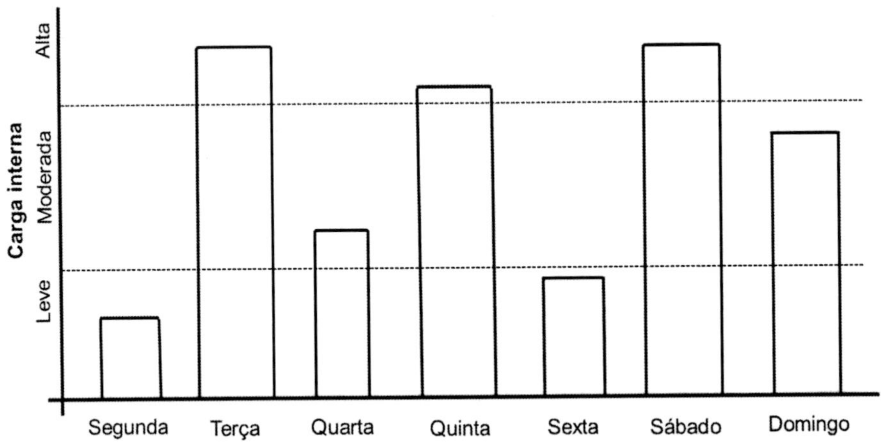

Fonte: elaborado pelos autores

Também é importante observar que o tempo dos períodos de treinamento muda ao longo dos anos. Por exemplo, quando o atleta começa a treinar, a ênfase no treinamento será no período geral, com tipos de treinos mais generalistas, com menor foco nas competições; com o passar do tempo, o atleta vai adquirindo mais experiência ao longo da carreira, e, assim, o foco será mais a preparação física por meio dos períodos especial e competitivo, em detrimento da preparação geral, como demonstrado na Figura 22, a seguir.

Figura 22 – Distribuição das etapas de treinamento ao longo dos anos

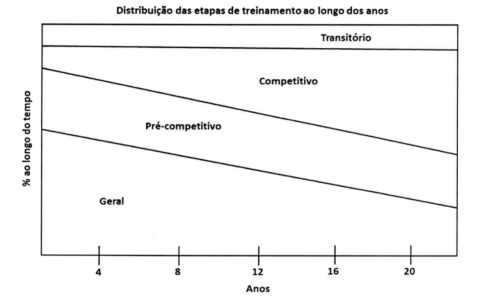

Fonte: elaborado pelos autores

Cabe ao treinador analisar as características de cada modelo/metodologia e as características do seu atleta/grupo para adotar o modelo mais adequado. O treinador pode desenvolver a sua própria metodologia de trabalho, desde que esteja pautado pela ciência, pela experiência prática e pelas necessidades do(s) aluno(s).

19

POLIMENTO, DESTREINAMENTO E RETREINAMENTO

19.1 POLIMENTO (*TAPERING*)

Considerando todo o processo ou ciclo de treinamento como algo muito cansativo, para que o atleta consiga desenvolver o máximo desempenho, como vimos anteriormente, é necessário que ele treine muito. Portanto, é muito importante que o atleta consiga descansar de forma ativa – treinando.

Para isso, é essencial que, na fase final da periodização, realize o que chamamos de polimento ou *tapering*. Essa fase é conhecida ou caracterizada como a de uma grande redução do volume de treino, porém se mantendo com uma discreta redução na intensidade. Essa fase pode durar de seis dias a quatro semanas, com redução de 17,6 a 85% do volume de treino, dependendo do atleta e da prova que ele vai realizar (GRIVAS, 2018). Em outro estudo recente com atletas de elite, foi verificado que a fase de *tapering* varia em torno de sete a 10 dias (HAUGEN *et al.*, 2022).

Como vimos anteriormente, a fase de *tapering* varia muito em relação à quantidade de dias e ao volume a ser reduzido. Por isso, é fundamental conhecer bem o nosso atleta e testar diferentes estratégias, para que possamos escolher a melhor estratégia.

19.2 DESTREINAMENTO

O destreinamento é a perda parcial ou total de adaptações induzidas pelo treinamento, em resposta ao estímulo insuficiente de treinamento ou à interrupção dele (MUJIKA; PADILLA, 2000a). Ele ocorre devido à interrupção parcial ou total do treinamento devido a condições como lesões, doença, descanso pós-temporada ou outros fatores.

A magnitude de perda depende de alguns fatores: 1) período de interrupção; 2) intensidade da interrupção (parcial ou total); e 3) nível de condicionamento físico (atleta profissional, amador etc.). Por exemplo, em atletas bem-treinados aerobiamente, acontece um rápido declínio (4 a 14%) do $\dot{V}O_{2max}$ e do volume sanguíneo (cinco a 12%) em menos de quatro semanas de estímulo insuficiente de treinamento. Já com um período maior de quatro semanas, os ganhos de $\dot{V}O_{2max}$ *são completamente perdidos, devido ao menor volume sanguíneo, à* eficiência ventilatória e a dimensões cardíacas, resultando em menor volume sistólico e débito cardíaco, apesar do aumento da frequência cardíaca (MUJIKA; PADILLA, 2000b).

Outro exemplo é o estudo de Karsten e colaboradores (2016), que analisou 16 atletas corredores (grupo *endurance* e outro grupo de treino concorrente) que realizaram mais seis semanas de treinamento de corrida. O grupo que interrompeu o treinamento de força proposto (quatro séries de quatro exercícios de força a 80% de RM por seis semanas) perdeu a melhora (3,6%) do desempenho que havia conseguido no teste contrarrelógio de 5 quilômetros. Em outras palavras, os benefícios adquiridos com o treinamento de força foram perdidos quando este foi interrompido. Portanto, o recomendado é não interromper o treinamento de força ao longo da fase de preparação para a corrida – fase competitiva –, desde que sejam realizadas as adequações necessárias dentro do planejamento.

Os efeitos negativos de destreinamento podem ser evitados com as seguintes estratégias: 1) manutenção da intensidade de treino com diminuição discreta da frequência de treino e grande diminuição no volume de treinamento; e 2) dependendo do nível do atleta, é possível utilizar exercícios físicos similares a sua modalidade (MUJIKA; PADILLA, 2000b).

19.3 RETREINAMENTO

O retreinamento seria a retomada do condicionamento físico após um período de destreinamento. Por exemplo, em um período de férias ou lesão, o treinamento deve ser retomado de forma gradual e progressiva (princípio da sobrecarga), independentemente da aptidão física, do condicionamento físico anterior à interrupção, da experiência na modalidade. O retorno pode ser mais rápido ou mais lento, dependendo da pessoa, porém é difícil precisar/quantificar isso em números.

É muito comum um atleta menos experiente achar que, após um longo período de interrupção do treinamento, vai conseguir retornar a treinar e competir no mesmo nível que estava anteriormente. Porém, como vimos no princípio da reversibilidade, com a diminuição do treinamento ou interrupção, todos as adaptações adquiridas serão perdidas.

20

CONTROLE DA INTENSIDADE DE TREINO E COMPETIÇÃO

20.1 PERCEPÇÃO SUBJETIVA DE ESFORÇO

Uma das melhores formas de se fazer o controle da intensidade de treino é por meio da percepção subjetiva de esforço, por conta de sua praticidade, por não exigir nenhum aparelho caro e sofisticado e por conta de ser bastante confiável, apesar de suas limitações como qualquer outro método.

O controle da intensidade pela percepção subjetiva de esforço (escala vertical de 15 pontos [unidades arbitrárias – u. a.]) (BORG, 1982) é um tipo de controle de intensidade que, infelizmente, não é muito comum de ser feito na prática, mas muito interessante. Com uma explicação prévia e um pouco de treino, é possível de ser feito, utilizando os seguintes parâmetros:

- Zona 1: abaixo do LL, abaixo de 11 e 13 u. a.
- Zona 2: entre o LL e VC, entre 11-13 e 15-16 u. a.
- Zona 3: acima do VC, acima de 15-16 u. a.

20.2 RITMO

Uma das formas de se realizar o controle da intensidade dos treinos, testes e competições é por meio da quantificação pelo tempo de duração dos estímulos (ritmo), também conhecido como *pace* ou *pacing*.

O *pace* nada mais é do que o tempo que se gasta para percorrer determinada distância, por exemplo, tempo de volta ou a cada um quilômetro, sendo utilizado como uma forma de controle da intensidade (velocidade de deslocamento). Por exemplo, em treinos intervalados realizados em pista de atletismo, a forma de controle mais comum e mais fácil de se fazer é por parciais de volta (400 m), ou seja, pelo tempo de cada volta na raia um (distância exata de 400 m). Já na rua, em percursos de treino e provas, a forma mais comum é por quilômetros. Dependendo do tempo em determinada distância, a pessoa tem um parâmetro de velocidade (km/h^{-1}) de deslocamento e previsão (tempo estimado) de tempo final para a distância, caso as parciais sejam iguais. O ritmo pode ser dividido da seguinte forma e a projeção de tempo para 10 quilômetros e 42.195 metros, de acordo com o Quadro 29.

Quadro 29 – Ritmo de acordo com a distância, velocidade de deslocamento e projeção de tempo final para 10 quilômetros e 42.195 m

Ritmo para 400 m (min:s)	Ritmo para 1 km (min:s)	Velocidade (km/h^{-1})	Velocidade (m/min^{-1})	Velocidade (m/s)	Tempo final para 10 km (min:s)	Tempo final para 42.195m (h:min.s)
1:08	2:50	21,2	353,3	5,88	28:20	1:59.34
1:12	**3:00**	**20,0**	**333,3**	**5,55**	**30:00**	**2:06.35**
1:15/16	3:10	18,9	315	5,25	31:40	2:13.37
1:20	3:20	18,0	300	5,00	33:20	2:20.39
1:23/24	3:30	17,1	285,7	4,75	35:00	2:27.40
1:27/28	3:40	16,4	273,3	4,56	36:40	2:34.43
1:32	3:50	15,7	261,6	4,36	38:20	2:41.45
1:36	**4:00**	**15,0**	**250**	**4,17**	**40:00**	**2:48.47**
1:40	4:10	14,4	240	4,00	41:40	2:55.49
1:44/45	4:20	13,8	230	3,83	43:20	3:02.51
1:47/48	4:30	13,3	222,2	3,70	45:00	3:09.53
1:52	4:40	12,9	215	3,58	46:40	3:16.55
1:55/56	4:50	12,4	206,6	3,44	48:20	3:23.57
2:00	**5:00**	**12,0**	**200**	**3,33**	**50:00**	**3:30.58**
2:04	5:10	11,6	193,3	3,22	51:50	3:38.00
2:08	5:20	11,3	188,3	3,14	53:20	3:45.02
2:12	5:30	10,9	181,8	3,03	55:00	3:52.04
2:16	5:40	10,6	176,6	2,94	56:40	3:59.06
2:20	5:50	10,3	171,6	2,86	58:20	4:06.08

Ritmo para 400 m (min:s)	Ritmo para 1 km (min:s)	Velocidade (km/h⁻¹)	Velocidade (m/min⁻¹)	Velocidade (m/s)	Tempo final para 10 km (min:s)	Tempo final para 42.195m (h:min.s)
2:24	6:00	10,0	166,7	2,77	60:00	4:13.10
2:27/28	6:10	9,7	161,6	2,69	61:40	4:20.20
2:33/34	6:20	9,5	158,3	2,64	63:20	4:27.10
2:36	6:30	9,2	153,8	2,55	65:00	4:34.20
2:40	6:40	9,0	150	2,50	66:40	4:41.35
2:44/45	6:50	8,8	146,6	2,44	68:20	4:48.50
2:48	**7:00**	**8,6**	**142,9**	**2,39**	**70:00**	**4:55.24**
2:52	7:10	8,4	139,5	2,32	71:40	5:02.49
2:56	7:20	8,2	136,4	2,27	73:20	5:10:05
3:00	7:30	8,0	133,3	2,22	75:00	5:17.25
3:03	7:40	7,8	130,8	2,18	76:40	5:23.45
3:05	7:50	7,7	129,6	2,14	78:20	5:31.06
3:12	**8:00**	**7,5**	**124,8**	**2,08**	**80:00**	**5:37.36**

Fonte: elaborado pelos autores

Agora, se você quiser saber o ritmo médio de corrida, a partir do tempo total (em minutos), desde que você saiba a distância (em quilômetros), pode calcular de forma simples, da seguinte forma:

Exemplo 1)
Tempo total da corrida: 60 minutos
Distância total: 10 quilômetros
Cálculo: 60/10 = **6 min/ km**

Exemplo 2)
Tempo total da corrida: 1h18min (78 minutos)
Distância total: 21 quilômetros
Cálculo: 78/21 = 3,7 min/ km;

$\underline{7}$ x 0,6 = 4,2 = 42 segundos
Ritmo: 3min42seg/ km

Exemplo 3)
Tempo total de corrida: 3h55min (235 minutos)
Distância total: 42 quilômetros
Cálculo: 235/42 = 5,$\underline{6}$ min/ km;
$\underline{6}$ x 0,6 = 3,6 = 36 segundos
Ritmo: 5min36seg/ km
Observação: o algarismo da casa decimal deve ser multiplicado por 0,6.

20.3 FREQUÊNCIA CARDÍACA

A forma mais comum de se realizar o controle da intensidade de treino para iniciantes e atletas recreacionais é pela frequência cardíaca. Porém, esse método tem algumas limitações, a exemplo do fato de ter uma variação de + ou - 10 batimentos dos valores estimados para zona de treinamento. Por não ser a real capacidade de trabalho, a intensidade do exercício pode ser subestimada ou superestimada quando se utiliza percentual (%) da $FC_{máx}$ (GARBER *et al.*, 2011).

A forma mais comum para estimar a $FC_{máx}$ é pela equação 220 - idade. Por exemplo, para uma pessoa com 20 anos, a frequência cardíaca máxima predita é de 200 batimentos por minuto; porém, a melhor forma de se encontrar a $FC_{máx}$ é por meio da realização do teste incremental máximo. A partir disso, podemos trabalhar com porcentagens e estimar zonas de treinamento. Com o monitoramento por meio de um relógio específico, os treinos podem ser realizados em zonas-alvo de treino, por exemplo:

- Zona 1: abaixo do LL, 60%, abaixo de 120 bpm;
- Zona 2: entre o LL e VC, entre 60 e 80%, 130 a 160 bpm;
- Zona 3: acima do VC, 80%, acima de 160 bpm.

CONTROLE E MONITORAMENTO DA CARGA DE TREINO

As cargas de treino, tanto a externa quanta a interna, são variáveis muitos importantes de controle, pois, caso não seja realizada de forma adequada, existe uma grande chance de o atleta ser acometido por lesões (PAQUETTE *et al.*, 2020) e *overtraining*, ambos, principalmente, por excesso de treinamento e/ou competições (TOMAZINI; MOTA; SILVA, 2013).

Basicamente, o monitoramento da carga de treinamento auxilia na tomada de decisões, e não necessariamente a prevenir lesões, pois o objetivo do treinamento é aumentar o desempenho esportivo (WEST *et al.*, 2021). Fato é que existe uma linha tênue entre aumentar o desempenho e desenvolver uma lesão e, quanto mais aumenta a intensidade e principalmente o volume de treinamento, maior será o risco. Ele pode ser realizado de diferentes formas e métodos (McGUIGAN *et al.*, 2020).

21.1 QUANTIFICAÇÃO DE CARGA EXTERNA

A carga externa é a variável mais simples de ser quantificada e se realizar o seu controle, por ser a carga de trabalho executada (ações motoras realizadas) pelo atleta.

Na corrida, os parâmetros mais utilizados são quilômetros ou minutos da sessão treino - volume, também pode ser utilizado o número de repetições e séries de estímulos. A carga externa pode ser baseada no volume de treino diário da(s) sessão(ões) e semanal. Por exemplo: 10 quilômetros na terça-feira, 15 quilômetros na quinta-feira, 12 quilômetros na sexta-feira e 18 quilômetros no domingo, total: 55 quilômetros semanais (ver Quadro 30).

Quadro 30 – Exemplo de quantificação de carga externa

Segunda	Terça	Quarta	Quinta	Sexta	Sábado	Domingo
	10 km		15 km	12 km		18 km
						Total: 55 km

Fonte: elaborado pelos autores

21.2 QUANTIFICAÇÃO DE CARGA INTERNA

A carga interna é uma variável muito importante por conta de expressar como está sendo a "resposta interna" frente às cargas aplicadas. A forma de se quantificar a carga interna é um pouco mais difícil, pois depende da quantificação da carga externa (tempo de duração total da sessão de treino, em minutos) e da percepção subjetiva de esforço da sessão de treino, que deve ser quantificada 30 minutos após o término do treino com a escala vertical de 10 pontos (CR – 10), com a seguinte pergunta do avaliador: "Como foi o seu treino?", como proposto por Foster e colaboradores (2001), de preferência, sem a interferência de outras pessoas.

A partir dessas variáveis, pode ser quantificada a carga diária ou da percepção subjetiva de esforço da sessão de treino (PSE-s), por meio da escala de 11 pontos (Quadro 31). A carga diária é calculada por meio da multiplicação da PSE-s pelo tempo total de duração do treino em minutos; a carga média diária é resultado da média do somatório da carga diária; desvio padrão diário de carga diária; a carga semanal (*trimps*) é o resultado do somatório dos quatro dias de treinos da semana; monotonia é o resultado do cálculo da carga média diária/desvio padrão); e o *strain é* a multiplicação da carga semanal pela monotonia. Veja o exemplo no Quadro 32.

Quadro 31 – Escala na qual será atribuída um score da PSE-s

0	Repouso
1	Muito, muito fácil
2	Fácil
3	Moderado
4	Um pouco difícil
5	Difícil
6	-
7	Muito difícil
8	-
9	-
10	Máximo

Fonte: elaborado pelos autores, com base em Foster *et al.* (2001)

Quadro 32 – Exemplo de quantificação de cargas

Dia	km	Duração (min.)	PSE-s	Carga diária (u. a.)
Terça	10 km	45	6	270
Quinta	15 km	80	7	560
Sexta	12 km	52	4	208
Domingo	18 km	90	6	540
Carga média diária (MD)				394.5
Desvio padrão (DP) da carga diária				181.5
Carga semanal (Σ4)				3.429,6
Monotonia (MD/DP)				2.2
Strain				7.453,8

Fonte: elaborado pelos autores

Esse controle é realizado de forma individualizada e diária, e a quantificação de cada variável é feita em unidades arbitrárias (u. a.), de acordo com a percepção do atleta. É recomendado que sejam utilizados/construídos gráficos de cada variável para melhor visualização dos dados. Considerando o princípio da individualidade biológica, pode-se trabalhar com limiares individuais, por exemplo: carga semanal de 2 mil a 3 mil u. a. microciclo leve, 3.001 a 4 mil u. a. microciclo moderado, 4.001 a 4.500 u. a. pesado, e ≥ 4.500 u. a. extremo; esses dois últimos requerem maior atenção aos sintomas de infecções frequentes do trato respiratório superior, gripes e resfriados e pequenas lesões. A ideia é alternar entre eles, para que o atleta consiga obter melhor resposta ao treinamento.

A monotonia indica o quanto está ocorrendo de variação no treinamento. Portanto, quanto menor, pior, o que indica pouca variação no tempo de duração ou dificuldade do treino. Já o *strain* é como um indicativo de estresse: quando aumenta a monotonia, o *strain* acompanha o aumento. Portanto, deve ser observado, assim como a monotonia. O limite para o strain é em torno de 6 mil u. a. (FOSTER, 1998).

21.3 VARIABILIDADE DA FREQUÊNCIA CARDÍACA

Uma das formas de realizar controle e monitoramento da carga de treinamento e adaptações fisiológicas do treinamento aeróbio é por meio da variabilidade da frequência cardíaca.

Ao contrário de um metrônomo ou um relógio, que trabalham com precisão, os batimentos cardíacos de nosso coração apresentam variações/oscilações de um para outro, por exemplo, 0,8 a 1,10 segundos. Portanto, a variabilidade da frequência cardíaca nada mais é do que a variação do tempo (intervalos) entre um batimento e outro – também conhecido como intervalos R-R. Esse parâmetro é individualizado e varia conforme os seguintes fatores: 1) volume e intensidade de treino; 2) alimentação; 3) estresse; 4) estado de saúde; 5) idade; 6) gênero; e 7) qualidade do sono (descanso) (TASK-FORCE, 1996).

Como todos esses fatores estão diretamente ligados às respostas ao treinamento físico, quando alguma estiver alterada, refletir-se-á na qualidade do treinamento e, consequentemente, na variabilidade da frequência cardíaca.

Considerando que a prática regular (crônica) de exercício físico promove redução da atividade simpática e incremento no tônus vagal (parassimpático) devido às adaptações fisiológicas ocorridas pelo aumento do trabalho cardíaco, uma vez que há uma melhora na sensibilidade dos receptores β-adrenérgicos, ocorre o aumento do tempo de intervalos R-R. Portanto, pessoas mais bem treinadas, adaptadas e recuperadas do treinamento apresentaram um maior intervalo R-R, ao contrário das menos adaptadas e recuperadas, que apresentarão um intervalo R-R menor.

Esse parâmetro pode ser obtido com relógios mais sofisticados que possuem essa função ou, até mesmo, em aplicativos que podem ser baixados no celular. O melhor momento para fazer a aferição é no período da manhã, ainda na cama, logo após ao acordar.

21.4 RELÓGIOS, APLICATIVOS E PLATAFORMAS DE GERENCIAMENTO

Relógios cada vez mais sofisticados, do tipo *Smartwatch* e *Sportwatch*, são amplamente utilizados por corredores no Brasil e no mundo. Uma das grandes vantagens de se utilizar esses dispositivos é a quantificação do volume de treino em tempo real devido ao seu sistema de posicionamento global (*Global Positioning System* – GPS) integrado. O GPS é um sistema de navegação por satélite muito utilizado entre os corredores atualmente, que pode ser encontrado em relógios mais sofisticados.

Esse tipo de sistema fornece dados importantes no monitoramento, que são muito úteis na rotina de treinamento, como dados como distância (quilômetros ou milhas), velocidade, ritmo, média de ritmo, cadência, altimetria etc. Geralmente, os relógios com GPS são aparelhos bem completos que já possuem o tradicional cronômetro, monitor de frequência cardíaca, além de outras funções, dependendo do modelo, como contador de passos (acelerômetro), gasto calórico, comandos de áudio para treinos de *fartlek* e intervalados, variabilidade da frequência cardíaca, leitor de pressão arterial, oxímetro (leitura de saturação de oxigênio) etc.

Um estudo recente que analisou, em áreas urbanas, florestas e pista de atletismo, a precisão de oito tipo de relógios *Sportwatches* com GPS, verificou que, em áreas de densa vegetação (muitas árvores), como trilhas, ou áreas urbanas com muitos prédios, o sinal sofre interferências, afetando a precisão das informações (ritmo e distância). O estudo concluiu que as distâncias registradas podem ser subestimadas em até 9%, sendo esse tipo de dispositivo recomendado para monitoramento de distâncias em áreas abertas (GILVEN-AMMANN; SCHWEIZER; WYSS, 2020). Portanto, se seu objetivo for apenas realizar um monitoramento da quilometragem ou do ritmo, esse tipo de dispositivo cumpre bem sua função, porém, se o treino exigir maior precisão, como os treinos intervalados em pista, por exemplo, a recomendação seria utilizar um relógio com cronômetro, utilizando como parâmetro o tempo para percorrer determinada distância aferida pela pista.

O treinador também precisa ficar atento ao uso excessivo desse tipo de ferramenta, pois, na maioria das vezes, o aluno pode criar uma dependência excessiva em relação ao aparelho, o que, de certa forma, pode ser ruim, pelo fato de interferir no controle da intensidade, pela percepção subjetiva do esforço, e nos sinais do organismo. É preciso orientar o aluno para o fato de que alguns treinos podem ser realizados de forma "livre". Por exemplo, em um treino regenerativo, que tem por finalidade simplesmente correr sem monitoramento de ritmo, cadência etc., o único acessório necessário será um relógio simples com cronômetro para saber o tempo transcorrido.

Em relação aos aplicativos de celulares tipo *smartphone*, dependendo do aplicativo, também pode ser obtida a maioria das funções citadas anteriormente, porém é menos prático do que utilizar um relógio de pulso durante a corrida. Em um estudo recente, que analisou, retrospectivamente, 16 semanas de treinamento em uma base de dados de um aplicativo, de mais de 6 mil maratonistas, os cientistas constataram que a melhora nos 10 quilômetros está associada à melhora do tempo da maratona, ou seja, se o atleta deseja melhorar o tempo em provas mais longas, é preciso melhorar primeiro o tempo em provas intermediárias (5, 10 quilômetros e 21.097 metros, por exemplo). Outros achados foram que o treinamento de alta intensidade dos corredores não superou os 5% do volume total de treinamento, e o aumento na intensidade de corrida é gradual ao longo da preparação para prova (ZRENNER et al., 2021). Ou seja, são necessárias variações no volume e na intensidade de treinamento para se obter uma melhor resposta, mesmo se tratando de corrida de longa distância, na qual o treinamento contínuo aeróbio é o tipo predominante.

Além de relógios e equipamentos sofisticados, atualmente existem plataformas on-line de gerenciamento e prescrição de treinamento de *endurance*. Essas plataformas se tornaram muito populares e acessíveis nos últimos anos, com o avanço da tecnologia, e cada vez mais ganham adeptos, sendo de grande auxílio no trabalho de treinadores para troca de informações sobre treinamento com os alunos.

PARTE 6

TÓPICOS DIVERSOS

22

TÓPICOS DIVERSOS

Neste capítulo, vamos abordar alguns tópicos muito discutidos e que ainda geram muitas dúvidas entre atletas e até entre treinadores. São eles: sistema imunológico e exercício físico, momento ideal para se correr uma maratona, estratégia de prova, uso de suplementos alimentares, estratégia de supercompensação de carboidratos, hipertensão, diabetes e corrida, ciclo menstrual e corrida, gravidez e corrida, fatores psicológicos e desempenho, calçado, meias de compressão e desempenho, lesões, técnicas de recuperação, bolhas nos pés e assaduras, *jetlag*, treinamento na altitude e doping.

22.1 SISTEMA IMUNOLÓGICO E EXERCÍCIO FÍSICO

Como vimos anteriormente, a corrida é um fator de estresse ao organismo humano, sendo necessária para a melhora do condicionamento físico. Um dos benefícios do treino de corrida, quando realizado de forma correta e na dose certa, é a melhora ou fortalecimento do sistema imune ou imunológico. Quando corremos, o estímulo gerado no sistema endócrino fará liberação de catecolaminas, como adrenalina, noradrenalina e hormônio cortisol, que farão com que o sistema imunológico seja estimulado, por exemplo, gerando aumento da atividade de células NK (*Natural Killers*), aumento de neutrófilos e células-T (SHARIF et al., 2018).

Porém, quando realizada de forma exagerada, pode ser prejudicial ao sistema imunológico, devido ao aumento dos níveis de cortisol, a alterações neuroendócrinas do organismo, levando à diminuição da atividade das células NK, imunoglobulinas tipo IgA e ao aumento de citocinas (SHARIF et al., 2018). Essas alterações neuroendócrinas podem levar à maior incidência de Infecções do Trato Respiratório Superior (ITRS), como gripes e resfriados, devido ao processo de imunossupressão (PAPACOSTA; GLEESON, 2013). Essas alterações acarretam aumento do estresse, ansiedade, radicais livres e baixa imunidade; em relação a esses dois últimos, o aumento de radicais livres, associado a outros fatores (por exemplo, exposição excessiva à luz solar sem proteção), pode levar ao envelhecimento precoce e à baixa imunidade, acarretando pequenas infecções de pele, como micoses. Por outro lado, pessoas que se exercitam com regularidade em proporções adequadas possuem menores chances de desenvolver ITRS, com risco de 40-50% menor (NIEMAN; WENTZ, 2019), conhecido como curva em "J" (Figura 23).

Figura 23 – Risco de desenvolver ITRS de acordo com o volume e intensidade de treinamento/competições

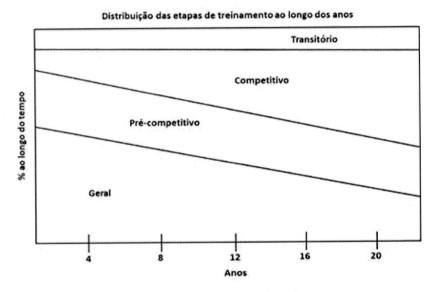

Fonte: elaborado pelos autores, com base em Nieman (2000)

22.2 O MOMENTO ADEQUADO PARA SE CORRER UMA MARATONA

A maratona é certamente a "joia da coroa" de qualquer corredor, pela história e pelo desafio. Talvez seja por isso que é tão desejada. Estima-se que apenas 1% da população mundial já realizou o feito de correr uma maratona. Quando a pessoa começa a correr, à medida que vai evoluindo e progredindo nas distâncias (5, 10 quilômetros, 21.097 m), logo começa a pensar em correr uma maratona, muitas vezes, sem ter muita noção do desafio que isso representa.

Os treinadores devem estar atentos para orientar o atleta do momento adequado em que se deve começar a treinar para a prova e quando realizá-la (debutar). A maioria dos treinadores de corrida enfrenta um "problema", que é a dificuldade de conscientizar e "segurar" o atleta inexperiente, quando chega e nos apresenta a ideia de correr a maratona quando não é o momento.

Mas qual o momento adequado para correr a maratona? Essa resposta não é tão simples, pois depende de vários fatores. Um estudo recente, que analisou o papel da experiência de corredores em provas de longa distância, comparou atletas (n = 135) maratonistas recreacionais novatos (43,5 ± 8,0 anos; tempo de treino 4,1 ± 2,2) e experientes (45,2 ± 9,2 anos; tempo de treino 9,7 ± 7,0). Foi observado que os atletas mais experientes possuíam o melhor tempo na prova, significativamente menor comparado com os novatos, além de maior frequência de treino e maiores volumes de treino (NIKOLAIDIS et al., 2021). Ou seja, a experiência proporcionada por um período acumulado de treinamento é um grande diferencial para se alcançar melhores resultados em atletas recreacionais mais experientes.

Em linhas gerais, os pré-requisitos para se correr a maratona seriam: 1) a *World Athletics* (antiga IAAF) determina que a idade mínima para participar desse tipo de evento seja de 20 anos, portanto os eventos esportivos já limitam essa idade para realizar a inscrição; 2) ter feito um *check-up* geral e estar liberado pelo médico; 3) ser um atleta experiente depende muito de pessoa para pessoa, sendo preciso que quem pretende correr essa prova obtenha experiência em provas com distâncias menores (5, 10 quilômetros e 21.097 m), consiga fazer essas distâncias no menor tempo possível e, a partir disso, comece a preparação para a maratona. Isso pode levar algo em torno de dois, três, quatro anos ou mais. O fato de o atleta correr há vários anos, por exemplo 10 anos, não necessariamente garante que ele está preparado para correr a maratona, pois pode ser que o atleta sempre tenha realizado corridas de 10 quilômetros, sendo que, para a distância da maratona, que é quatro vezes maior, precisa estar despreparado. Assim sendo, é necessário que o atleta treine adequadamente, e isso leva tempo.

Por exemplo, tomemos como referência os 10 melhores atletas (masculino e feminino) do mundo nessa distância, com base no *ranking* da *World Athletics* no ano de 2019: os atletas debutaram com uma idade média de 24,7 (masculino) e 23,4 (feminino) e atingem seu recorde pessoal depois de três ou quatro anos (Quadros 33 e 34).

Quadro 33 – Idade dos melhores maratonistas do mundo, de acordo com o *ranking* da *World Athletics*

Ranking masculino WA 2019	Nome	Data de Nascimento	Ano que debutou	Idade que debutou (anos)	Ano do recorde pessoal	Idade do recorde pessoal (anos)
1	Eliud Kipchoge	05/11/1984	2013	29	2018	33
2	Birhanu Legese	11/09/1994	2018	24	2019	25
3	Lelisa Desisa	14/11/1990	2013	23	2013	23
4	Lawrence Cherono	07/08/1988	2014	26	2018	30
5	Mosinet Geremew	12/02/1992	2017	25	2019	27
6	Vicent Kipchumba	03/08/1990	2014	24	2019	29
7	Mule Wasihun	20/10/1993	2015	22	2019	26
8	El Mahjoub Dazza	03/03/1991	2018	27	2018	27
9	Kaan Kigen Ozbilen	15/01/1986	2013	27	2019	33
10	Kelkile Gezahegn	01/10/1996	2016	20	2018	22
Média				24,7		27,5

Fonte: elaborado pelos autores, com base no site *World Athletics* (2020). Considerado em 31 de dezembro de 2019.

Quadro 34 – Idade das melhores maratonistas do mundo, de acordo com o ranking da *World Athletics*

Ranking feminino WA 2019	Nome	Data de Nascimento	Ano que debutou	Idade que debutou (anos)	Ano do recorde pessoal	Idade do recorde pessoal (anos)
1	Brigid Kosgei	20/02/1994	2015	21	2019	25
2	Ruth Chepngetich	08/08/1994	2017	23	2019	25
3	Valary Jemeli	08/06/1991	2013	22	2019	28
4	Ashete Bekere	17/04/1988	2014	26	2019	31
5	Ruti Aga	16/01/1994	2016	22	2018	24
6	Roza Dereje	09/05/1997	2015	18	2019	22
7	Yebrgual Melese	18/04/1990	2014	24	2018	28
8	Gladys Cherono	12/05/1983	2015	32	2018	35
9	Worknesh Degefa	28/10/1990	2017	27	2019	29
10	Azmera Abreha	31/01/1998	2017	19	2019	21
Média				23,4		26,8

Fonte: elaborado pelos autores, com base no site *World Athletics* (2020). Considerado em 31 de dezembro de 2019.

É um fenômeno cada vez mais comum mundialmente, tanto no nível recreacional quanto no alto rendimento, principalmente, constatar atletas de 20, 21, 22 anos correndo a maratona com sucesso, algo bem diferente de algumas décadas atrás, quando era mais comum atletas na faixa dos 35 anos – mesmo de elite, apesar de a grande massa ainda ser acima dos 30 anos. A média de idade dos atletas de elite do Brasil é em torno de 31,5 anos (TOMAZINI; MOTA; SILVA, 2013) e, de acordo com Weineck (2005), a etapa de ótimo desempenho é na faixa dos 27 aos 30 anos. É observado um problema nesse fato de debutar tão cedo. Como o treinamento é muito desgastante e estressante, o fato de o atleta ser submetido a esse tipo de sobrecarga, ainda em fase de formação do organismo, pode gerar complicações, como lesões crônicas e saturar psicologicamente a pessoa. Esses fatores somados podem gerar encurtamento na carreira do atleta (TOMAZINI; MOTA; SILVA, 2013).

Levando em consideração todos os fatores citados anteriormente, para atletas recreacionais, sugerimos uma "idade ótima" para debutar na maratona, a fim de minimizar possíveis prejuízos – algo em torno de 28 anos (TOMAZINI; MOTA; SILVA, 2013), mas cada caso é um caso e deve ser avaliado individualmente.

Já para provas de ultramaratona, considerando que são provas mais longas que os 42.195 metros da maratona, deve-se seguir a mesma lógica. Após o período de maturação do organismo ser concluído e um longo período de experiência em distâncias menores, porém, ainda é preciso ser avaliada individualmente a possibilidade de se antecipar ou adiar. O estudo de Scheer e colaboradores (2021) discutiu a participação de menores de 18 anos em eventos de ultramaratona e os possíveis problemas de saúde que isso pode trazer ao crescimento e ao desenvolvimento desses jovens. Foi sugerido que vários fatores devem ser considerados e discutidos, além da avaliação de cada caso, individualmente.

Levando-se em consideração que cada caso é um caso, no passado, era mais comum a maioria dos atletas maratonistas possuir uma idade mais avançada (35, 38, 40 anos). Atualmente, é mais comum ter mais atletas na faixa dos 20, 21, 22 anos. Porém, é difícil definir quando (idade) a pessoa deveria iniciar ou parar. Fato é que há vários exemplos que podemos citar de atletas que, mesmo com certa idade, iniciaram na corrida e conseguiram grandes feitos, como é o caso da atleta Marlei Willers, que começou a correr com 39 anos e, aos 45, venceu três importantes maratonas brasileiras, correndo uma delas em 2h40min59seg. Outro caso que podemos citar é o do maratonista português Carlos Lopes, que foi vencedor da maratona olímpica de 1984 aos 37 anos e, aos 38 anos, fez seu melhor resultado na distância com 2h07min12seg, além de outros ótimos resultados. Portanto, uma idade mais avançada não parece ser um impeditivo para se obter grandes resultados.

22.3 MARATONA SUB-TRÊS HORAS. É POSSÍVEL?

Levando em consideração que a maioria dos corredores realiza a maratona em torno de quatro horas, e hoje vários atletas correm em torno, ou em menos, de duas horas, correr uma maratona em menos de três horas é um dos objetivos que os corredores mais experientes e competitivos possuem, mas será que é possível para todos os atletas? A resposta é: infelizmente não, mas não é nada impossível.

Teoricamente, o atleta deve manter um ritmo de ~ 4min15seg por quilômetro ou 14,1 km/h^{-1} do início ao fim. Porém, sabemos como é difícil manter o ritmo do início ao fim, principalmente após os 30 quilômetros, que é quando "bate" o cansaço, a desidratação, a queda de glicemia, o conhecido muro ou a barreira.

Portanto, antes é necessário analisar se o atleta cumpre alguns fatores de desempenho (requisitos), ou seja, ele deve realizar um bom desempenho em distâncias intermediárias primeiro, como: 1) correr 5 quilômetros em < 20 minutos; 2) correr 10 quilômetros em < 40 minutos; e 3) correr uma ½ maratona em < 1h25min; além de conseguir realizar a maior parte do treinamento com sucesso e sem lesões e escolher uma prova com altimetria e condições climáticas favoráveis, como já falamos anteriormente.

Por exemplo, vamos considerar que o atleta cumpra os requisitos descritos, acrescentamos o tempo de passagem de um quilômetro mais lento para a ½ maratona (~1h29min). Portanto, se, no dia da maratona, o atleta conseguir passar a ½ maratona em ~1h29min, a previsão é de que ele consiga fechar a prova em torno de 2h58min, desde que não ocorra nenhum imprevisto (fadiga, câimbras, aumento muito acentuado de temperatura etc.) na segunda metade.

22.4 ESTRATÉGIAS DE PROVA E MODELOS DE REGULAÇÃO

A estratégia de prova (EP) é como se distribuem velocidade/recursos energéticos ao longo do percurso (ABBIS; LAURSEN, 2008), sendo muito importante para protelar o surgimento da fadiga e otimizar o desempenho tanto para atletas recreacionais como para os de alto rendimento.

Pode mudar, dependendo de vários fatores extrínsecos e intrínsecos, como: distância do percurso (ABBIS; LAURSEN, 2008; THIEL *et al.*, 2012), fase (classificação ou final) e tipo de evento — campeonato mundial, jogos olímpicos etc. (THIEL *et al.*, 2012) —, adversários (quantidade e nível) (TOMAZINI *et al.*, 2015), clima (temperatura e umidade relativa do ar), altimetria (variações como subidas e descidas), uso de música (preferência de estilo), hidratação, níveis de substrato energético (glicogênio), torcida (contra ou a favor), experiência prévia com a distância e nível de condicionamento físico (NOAKES, 2001; BERTUZZI *et al.*, 2017).

Os principais tipos de estratégia de prova em provas de 5 quilômetros a 42.195 metros são a negativa, em "J", parabólica e constante (*even pacing*). Em provas de 5 quilômetros, a estratégia de prova mais comum é o tipo de estratégia parabólica, na qual o atleta faz uma saída rápida, tem uma leve queda no ritmo e depois acelera novamente no final, ou em "J", que é quando o atleta vai aumentando o ritmo ao longo do percurso e termina mais rápido do que o ritmo inicial. Já em provas de 10 quilômetros, que é a distância mais comum em nosso país, a estratégia mais utilizada é a parabólica (LIMA-SILVA et al., 2008; THIEL et al., 2012) ou constante por atletas recreacionais, que é quando ocorre pouca variação no ritmo.

Em provas de 21.097 metros, é mais comum a constante e a negativa. A negativa é quando se realiza a segunda metade mais rápida que a primeira. Nos 42.195 metros, houve uma mudança nas últimas décadas de constante para negativa, a mais utilizada atualmente por atletas de alto rendimento; já para atletas recreacionais, a constante continua sendo a mais utilizada (DÍAZ et al., 2018), assim como em provas de ultramaratona. O fato de a estratégia constante ser a mais utilizada nesse tipo de prova, é em parte explicado pelo fato de ser uma estratégia mais conservadora, oferecendo pouca possibilidade de o atleta "quebrar", e em parte pelo conceito do Estado Atrator, suportado dentro da Teoria dos Sistemas Dinâmicos, que visa à busca por um estado de equilíbrio dinâmico. Ou seja, em termos práticos na corrida, o corpo se ajusta a um padrão preferido de movimento com objetivo de melhorar a eficiência mecânica, a fim de otimizar e economizar energia, minimizar cargas mecânicas, manter a estabilidade e aumentar a robustez do movimento diante de perturbações internas, como fadiga, fontes externas, como o clima, e redução do risco de lesões (VAN HOOREN; MEIJER; McCRUM, 2019).

Existem modelos teóricos-científicos na literatura que descrevem as possíveis maneiras nas quais ocorre a regulação da estratégia de prova, como se pode observar no Quadro 35, a seguir.

Quadro 35 – Modelos e principais características de regulação da estratégia de prova

Modelo	Principais características	Referência
Teleantecipação	Considera que existe um constate sistema de monitoramento (*feedback*) aferente e eferente entre os músculos e o SNC, respectivamente, assim como considerando a distância total da prova.	Ulmer (1996)

Modelo	Principais características	Referência
Governador Central	O Governador Central, uma espécie de "caixa preta" no SNC, é o que regula os músculos ativos durante o exercício máximo, a fim de proteger o coração de uma isquemia.	Noakes (1998, 2001)
Psicobiológico	O que define a tolerância ao exercício de alta intensidade é a motivação, em último caso, limitada pela percepção de esforço.	Marcora (2008)
Percepção Subjetiva de Esforço (PSE)	Por meio de *feedback* aferente e com base no tempo de duração de prova, esse sistema age com o objetivo de regular a intensidade do exercício, a fim de evitar uma "falha catastrófica" nas variáveis fisiológicas monitoradas.	Tucker (2009)
Pontuação de risco	Esse modelo sugere que a regulação da potência desenvolvida durante a prova é fruto das sensações momentâneas (PSE), assim como a quantidade relativa do que falta para ser completada da prova.	De Koning *et al.* (2011)
Limiar crítico de fadiga periférica	O objetivo desse *feedback* é regular e limitar o nível de fadiga periférica induzida pelo exercício aeróbio máximo.	Amann (2011)
Limite de tolerância sensorial	Durante o exercício, ocorre um monitoramento contínuo do SNC do ambiente intramuscular somado a uma "descarga de *inputs*" (órgãos, músculos não envolvidos diretamente no exercício), gerando *feedbacks* aferente e eferente que regulariam a intensidade do exercício, a fim de manter a continuidade do exercício físico.	Hureau *et al.* (2016)
Transicional	Existe uma complexa interação entre fatores fisiológicos e perceptivos durante um exercício autosselecionado (por exemplo, teste contrarrelógio) em diferentes momentos durante o exercício. Por exemplo, no início do exercício, a fadiga ocorreria por fatores fisiológicos (oriundos do SNC e periféricos – musculatura ativa) e, no final, por fatores perceptivos, ambos interagindo (transitando) entre si em diferentes momentos da prova e contribuindo para a regulação da intensidade do exercício.	Azevedo *et al.* (2021)

Fonte: elaborado pelos autores, com base em Ulmer (1996), Noakes (1998, 2001), Marcora (2008), Tucker (2009), De Koning *et al.* (2011), Amann (2011), Hureau *et al.* (2016) e Azevedo *et al.* (2021)

22.5 USO DE SUPLEMENTOS ALIMENTARES

Uma questão que gera muita dúvida nos atletas é sobre a necessidade de suplementar ou não. Em caso afirmativo, qual suplemento utilizar? Eficácia? Quando (fase do treinamento, pré, durante ou pós-treino)? Protocolo (dosagem e como tomar)?

Primeiramente, é importante deixar claro que suplementação esportiva é importante para atletas que não conseguem repor suas necessidades na alimentação habitual. Porém, o mais importante, como falamos anteriormente, é realizar diariamente uma alimentação adequada e, se for o caso, complementar com suplementos, sob orientação de um nutricionista.

Existem muitos suplementos no mercado, e muitas dúvidas surgem, principalmente, sobre quais são eficazes e se possuem comprovação científica. Por isso, foi elaborada uma categorização (A, B, C e D) de acordo com o nível de evidência e que sustenta os reais efeitos de cada suplemento. O nível de evidência A é o que possui alta recomendação, pois é baseado em vários estudos robustos clínicos randomizados e metanálises apoiando a sua eficácia e segurança, como a cafeína; já o nível de evidência D trata-se de suplementos com nível de evidência científica insuficiente para serem categorizados nos níveis A, B e C, portanto não sendo recomendados (PEELING *et al.*, 2018; VALENZUELA *et al.*, 2019).

A seguir, vamos listar os mais importantes para os atletas corredores: a) cafeína; b) beta-alanina; c) bicarbonato de sódio; d) maltodextrina; e) repositor hidroeletrolítico; f) combinado de carboidratos-proteínas (CHO-PRO); e g) outros/promissores.

22.5.1 Cafeína

A cafeína atua como estimulante do sistema nervoso central, como um dos principais mecanismos de ação. A nível central, a cafeína age como antagonista dos receptores de adenosina (A_1 e A_2) (FREDHOLM *et al.*, 1999) e, a nível periférico, também pode atuar no músculo esquelético, aumentando a liberação de cálcio do retículo sarcoplasmático (ALLEN; WESTERBLAD, 1995), ambos protelando o estado de fadiga e aumentado o desempenho.

Quanto à dosagem, é aconselhada a ingestão de 5 a 6mg/kg de massa corporal (350 a 420mg/kg de massa corporal para uma pessoa de 70 kg) em cápsulas gelatinosas, 60 minutos antes do exercício físico (GRGIC *et al.*, 2018). Em altas dosagens, pode causar desconforto gastrointestinal, aumento da frequência cardíaca, aumento do estado de alerta e insônia, caso seja ingerida no período da tarde ou da noite.

22.5.2 Beta-alanina

A beta-alanina é um aminoácido não proteico que atua protelando a fadiga neuromuscular e como um tampão do pH intracelular, aumentando a tolerância ao exercício. A dosagem é de 4 a 6 gramas divididas em duas doses diárias entre duas semanas e quatro semanas, 45 minutos antes e 45 minutos após o exercício físico (TREXLER *et al.*, 2015).

22.5.3 Bicarbonato de sódio

O bicarbonato de sódio ($NaHCO_3$) é conhecido pela sua eficácia em protelar a fadiga em exercícios de alta intensidade, devido à sua ação tamponante extracelular nos músculos. Em exercícios de alta intensidade, devido à grande quantidade de produção de ácido lático e, consequentemente, lactato e H^+, ocorre acidificação e a diminuição (< 7,4) do pH sanguíneo.

O bicarbonato de sódio atua minimizando o acúmulo de H^+, fazendo com que o atleta tolere mais o desconforto e prolongue o tempo de exercício em altas intensidades. Deve ser ingerido de 60 a 120 minutos antes do exercício, sendo a dosagem recomendada de 0,1 a 0,3 g/kg de massa corporal (7 a 21g para uma pessoa de 70 kg) (CARR *et al.*, 2011), diluído em água. Porém, deve ser testado antes da prova, pois, em dosagens maiores, é possível sentir desconforto gastrointestinal.

22.5.4 Maltodextrina

A maltodextrina é um amido (carboidrato - CHO) hidrolisado de rápida absorção e de alto índice glicêmico, que atua no fornecimento de energia, protelando a fadiga. Pode ser ingerido no pré-treino, no pós-treino e, principalmente, durante o treino; em provas com duração ≤ 60 minutos, não é recomendado o uso.

O objetivo de utilizar o carboidrato durante eventos de longa duração é diminuir (poupar) a taxa de utilização dos estoques de glicogênio, sustentar altas taxas de oxidação de carboidratos e manter estável ou aumentar os níveis de glicose plasmática e protelar a instauração de fadiga.

Segue, no Quadro 36, uma recomendação de quanto e como ingerir carboidrato, de acordo com o tempo de duração da prova.

Quadro 36 – Consumo de carboidrato durante eventos de longa distância

Duração do exercício	Quantidade de CHO necessário	Recomendação do tipo de CHO
45 a 1h30min.	0 – 20 g/h Bochecho ou pequena quantidade de CHO	Único ou múltiplo transportador de CHO Ex.: glicose ou glicose + frutose
1 a 2h30min.	30 – 60 g/h CHO tipo drink ou gel	Único ou múltiplo transportador de CHO Ex.: glicose ou glicose + frutose
> 2h30min.	> 90 g/h Mix de CHO mais concentrado ou gel	Só múltiplo transportador de CHO Ex.: glicose + frutose ou maltodextrina

Fonte: elaborado pelos autores, com base em Burke et al. (2019) e Burke (2021)

O preparado da maltodextrina é simples, podendo ser misturada na água. Uma concentração de 6 a 8% em 300 ml de água é equivalente a 18 a 24 g.

A rápida e adequada reposição de carboidrato também é considerada muito importante para potencializar a recuperação pós-exercício, o que otimizaria as próximas sessões de treinamento. O período das primeiras quatro horas após o exercício é o mais importante para ressíntese de glicogênio; a ingestão de carboidrato deve ser em torno de 1 g/kg de massa corporal (BURKE et al., 2017).

22.5.5 Repositor hidroeletrolítico

Repositor hidroeletrolítico é aconselhado durante e logo após os treinos. Além de atuar na reidratação, também fornece carboidratos (6% - 355 ml), vitaminas e minerais. Durante o exercício, atua protelando a fadiga e, no pós-treino, ajuda na recuperação (WILLIAMS et al., 2003). Já vem pronto para o consumo e deve ser ingerido gelado.

22.5.6 Combinado de carboidratos e proteína

O combinado carboidrato-proteína (nome não comercial) é um suplemento utilizado no pós-treino, principalmente após treinos longos, porém nada impede de ser utilizado após outros tipos de treinos (intervalados etc.). Tem como objetivo repor os estoques de glicogênio e auxiliar na recuperação muscular. Sua ingestão é aconselhada logo após o treino (WILLIANS et al., 2003). De acordo com o fabricante, a dosagem é duas colheres de medida (74 g) em 355 ml de água fria.

22.5.7 Outros/promissores

Recentemente, o que tem sido relatado como um bom recurso ergogênico é a palatinose. Também conhecida como isomaltulose, trata-se de um carboidrato derivado do açúcar de beterraba, muito bom para ser consumido antes de treinos e provas de longa duração (> 20 quilômetros), pelo fato de ser um carboidrato de baixo índice glicêmico, sendo de absorção mais lenta e gradativa, fornecendo energia de forma constante durante um maior período, tendo como vantagem o aumento de forma lenta da glicemia, sem promover picos de insulina, o que pode ser bom para diabéticos.

Em um estudo, König e colaboradores (2016) compararam o desempenho de atletas de *endurance* em um exercício (a 60% $\dot{V}O_{2max}$) de 90 minutos seguido de um teste contrarrelógio com o uso de palatinose (750 ml com 1 g/kg de massa corporal) versus maltodextrina (10%), 45 minutos antes do exercício. Os pesquisadores verificaram que os atletas que consumiram palatinose obtiveram um melhor (2,7%) desempenho em comparação ao outro grupo e a maior taxa de oxidação de gordura. A palatinose atuou preservando os estoques de glicogênio muscular, fazendo com que os atletas conseguissem aumentar em 4,6% a potência no final do teste. Ela deve ser ingerida de 15 a 30g diluídas em 200 ml de água, 30 minutos antes do exercício físico.

Recentemente, o consumo de suco beterraba tem ganhado força, pois gera benefícios na melhora do desempenho. Ele é rico em nitrato (NO_3^-), que é um precursor na formação de um vasodilatador chamado oxido nítrico (NO). Durante o exercício físico, ocorre redução (dependendo da intensidade) no O_2 e pH, prejudicando o desempenho. Então, o NO atua reduzindo essa queda no O_2 e pH, aumentando a tolerância ao exercício. É recomendado o consumo agudo de 0,5 litro (~ de 0.1 mMol.L^{-1}/kg de massa corporal) de suco de beterraba, três horas antes do exercício físico (JONES; VANHANTALO; BAILEY, 2013). Embora o consumo de suco de beterraba seja mais popular, os benefícios também podem ser obtidos com o consumo de forma crônica (acima de três dias) de vegetais como espinafre, rúcula e salsão (PEELING et al., 2018).

Outro suplemento que vem mostrando resultados promissores é o colostro. Também conhecido como colostro bovino, é um suplemento feito à base de leite de vaca. Devido à sua propriedade de anticorpos e probióticos, vem sendo recomendado para o fortalecimento do sistema imunológico. O consumo é feito diariamente (de forma crônica) (SHING; HUNTER; STEVENSON, 2009). Alguns estudos têm demonstrado que o uso crônico de probióticos também tem trazido bons resultados no fortalecimento do sistema imunológico de atletas (NICHOLS, 2007; JÄGER et al., 2019). Por exemplo, a suplementação de 28 dias de probióticos diminuiu as perturbações metabólicas provocadas por uma prova de maratona; isso estaria relacionado ao efeito potencialmente protetor, promovido pela suplementação à manutenção da integridade do intestino durante o exercício de *endurance* (PUGH et al., 2021).

Um estudo recente de revisão sistemática e metanálise, que analisou a suplementação de cúrcuma (açafrão da terra) no dano muscular causado pelo exercício físico e marcadores inflamatórios em pessoas fisicamente ativas, mostrou que dosagens entre 150-1500mg/dia de cúrcuma, antes, durante e até 72 horas após o exercício pode reduzir a percepção subjetiva de intensidade de dor muscular, tem efeito anti-inflamatório por modular citocinas pró-inflamatórias, além de aumentar o desempenho físico pela modulação da inflamação causada pelo exercício físico (FERNÁNDEZ--LÁZARO et al., 2020).

Em termos de aplicação prática, cabe ao profissional de nutrição (nutricionista) a análise das necessidades individuais e prescrição de uma dieta ou de suplementação. Outro ponto é que, para atletas recreacionais que correm provas de 5 ou 10 quilômetros, o benefício com suplementos é muito pequeno, portanto, para a maior parte, seria sem necessidade.

22.6 SUPERCOMPENSAÇÃO DE CARBOIDRATOS

Levando em consideração que o desempenho em provas de longa distância (principalmente maratona e ultramaratona) está diretamente ligado aos altos níveis de estoques de glicogênio muscular e hepático, quanto maior esses estoques, maior será o tempo para que ocorra a exaustão. Em teoria, nossos estoques de glicogênio são suficientes para percorrer em torno de 30 quilômetros. Em provas longas, ocorre o que é conhecido como depleção dos estoques de glicogênio, que é quando este atinge níveis muito baixos, levando ao comprometimento do desempenho. Nesse caso, para otimizar a performance, é recomendado utilizar a estratégia de supercompensação de carboidratos. Basicamente, a ideia é realizá-la nos dias que antecedem a prova, fazer a depleção com treinos longos, dieta restritiva de carboidratos, seguida de um aumento abrupto do consumo de carboidratos nos dias que antecedem o evento.

Existem basicamente dois tipos de protocolos: pode ser realizado o protocolo clássico, de depleção de glicogênio com treinos longos; e ao mesmo tempo realizar uma dieta restritiva de carboidratos por três ou quatro dias. Em seguida, nos três dias anteriores à prova, tem início a fase de supercompensação de carboidratos propriamente dita, na qual a intensidade e o tempo dos treinos devem ser bem reduzidos e a dieta composta em torno de 70% da ingesta calórica com carboidratos (~600 g/dia) complexos (BERGSTRÖM; HULTMAN, 1972; SHERMAN; COSTILL, 1984) nos três dias que antecedem o evento, ou de 6 a 12 g/kg de "carga carboidratos" nas 24 a 36 horas que antecedem o evento (CLOSE et al., 2016). Outro protocolo sugere uma carga de CHO de 10 a 12 g/kg por 36 a 48 horas que antecedem o evento (BURKE et al., 2019), 2). Já um segundo protocolo envolve uma restrição de maior período, algo entre 3 e 10 semanas – isso é conhecido como modelo "treinar baixo" e "competir alto" (*train low, compete-high*). Esse modelo utiliza o mesmo princípio do modelo anterior, com objetivo de aumentar os estoques de glicogênio quando for aplicada a carga de carboidratos, com a diferença que o atleta vai treinar por várias semanas com restrição. Essa estratégia também visa a conseguir potencializar outras adaptações, obtidas com a restrição de carboidratos e exercício físico, como biogênese mitocondrial e oxidação de lipídios intracelulares (CLOSE et al., 2016).

É importante destacar que, na fase restritiva de carboidratos, atleta e treinador devem ficar atentos a alguns sinais e sintomas que podem ocorrer, como hipoglicemia, cetose, náuseas, tontura e irritabilidade e sensação de cansaço. Já na fase de supercompensação, ocorre aumento da massa corporal, devido à retenção de água provocada pelo glicogênio.

22.7 HIPERTENSÃO, DIABETES E CORRIDA

Um dos problemas mais comuns na população mundial é o acometimento de hipertensão e/ou diabetes melitos. Estima-se que cerca de 30% ou mais da população adulta brasileira sofra de hipertensão, com percentuais variando entre 22,3 e 43,9% (SBH, 2010), ou seja, de cada 10 pessoas, três a quatro podem sofrer de hipertensão.

A hipertensão é uma doença crônica não transmissível, na maioria das vezes assintomática, e multifatorial, caracterizada pela elevação crônica dos níveis de pressão arterial sistólica e/ou diastólica de repouso. De acordo com as novas diretrizes da Associação Americana do Coração (*American Heart Association* - AHA), a pessoa é considerada hipertensa quando a pressão arterial sistólica é igual ou maior que 130 mmHg, ou diastólica, igual ou superior a 80 mmHg. A hipertensão estágio 1 é considerada quando o indivíduo apresenta pressão arterial entre 130-39 mmHg sistólica ou 80-89 mmHg diastólica. Entre 120 e 129 mmHg sistólica e < 80 mmHg diastólica por período prolongado, já é preciso ficar atento, pois a pressão já se encontra elevada.

O exercício físico, no caso a corrida, exerce um papel importante na prevenção e no tratamento da hipertensão. Por isso, sua prática é aconselhada, mas é importante que o indivíduo esteja fazendo acompanhamento médico. O hipertenso pode realizar a corrida de três a cinco vezes por semana, com tempo de duração entre 15 e 20 minutos para iniciantes e de 30 a 50 minutos para mais avançados. Cada sessão em intensidade de leve a moderada. O treinador precisa ficar atento às seguintes questões: 1) a hipertensão é um importante fator de risco para doenças cardiovasculares; 2) caso o indivíduo apresente fatores como hereditariedade, idade elevada, obesidade, dislipidemia e tabagismo; 3) a prática não deve ser iniciada até que sejam investigados os riscos, caso o indivíduo apresente algum relato de taquicardia, desmaio, tontura, dor no peito e fadiga em repouso; 4) verificar se o indivíduo está tomando o medicamento prescrito pelo seu médico, se for o caso, por exemplo, betabloqueadores; e 5) a sessão de treinamento não deve ser iniciada caso o indivíduo apresente uma pressão arterial > 160 mmHg sistólica e 105 mmHg diastólica. A percepção subjetiva de esforço e a medição da pressão arterial durante a corrida devem ser constantes, e caso ultrapasse 16 de percepção subjetiva de esforço e 180 mmHg sistólica e 105 mmHg diastólica, a intensidade deve ser reduzida ou até mesmo ter o treino interrompido (LANCHA JR.; PEREIRA-LANCHA, 2016).

Estima-se que cerca de 14,3 milhões de pessoas, podendo variar entre 12,9 e 15,8 milhões, sofrem de diabetes melitos no Brasil (DSBD, 2017), sendo que esses números e as projeções futuras só aumentam. Portanto, a chance de alguém que tenha hipertensão e/ou diabetes e queira iniciar ou que já pratica a corrida é bem grande. Nesse caso, é importante ficar atento e saber as informações básicas sobre essas doenças e como proceder no dia a dia na prescrição do treinamento de corrida. As principais causas são fatores hereditários, estilo de vida sedentário e má alimentação.

A diabetes é uma doença crônica não transmissível, na maioria das vezes, assintomática e multifatorial, caracterizada por aumento nos níveis de glicose no sangue (hiperglicemia) de forma crônica acima (glicose plasmática ≥ 126mg/dL com jejum de 8 h) do considerado normal, devido a problemas na secreção (tipo 1, não produz insulina) ou ação da insulina (tipo 2, resistência à insulina). Também existem os casos de pré-diabetes, que, se não tratados, podem evoluir para diabetes do tipo 2, caracterizada por níveis de glicemia mais elevados (entre 100 e 125mg/dL) do que o normal (< 100mg/dL), porém não é alto o suficiente para o diagnóstico da diabetes (ADA, 2020).

O exercício físico, no caso a corrida, exerce um papel importante na prevenção e no tratamento da diabetes. Desde que a pessoa esteja fazendo acompanhamento médico e com um bom controle metabólico, sua prática é aconselhada, devido ao fato de ajudar no seu controle glicêmico (reduz a glicemia de jejum), levando ao aumento da sensibilidade à insulina, podendo reduzir a dose de insulina e as complicações decorrentes. O diabético pode realizar a corrida com uma frequência semanal de três a sete vezes, com tempo de duração de cada sessão entre 20 e 60 minutos, em intensidade moderada. O treinador precisa ficar atento às seguintes questões: 1) os pacientes com diabetes que fazem uso de insulina apresentam risco de hipoglicemia durante o exercício; 2) indivíduos com diabetes apresentam risco de hiperglicemia e cetose durante o exercício, se estiverem mal controladas; 3) indivíduos com complicações decorrentes da diabetes apresentam risco durante o exercício; e 4) sintomas de hipoglicemia, como fraqueza, sudorese, tremor, nervosismo, dor de cabeça, confusão mental e visão prejudicada-turva (LANCHA JR.; PEREIRA-LANCHA, 2016).

Corredores de longa distância diabéticos devem fazer um planejamento antes dos treinos, principalmente dos longos. De modo geral, deve-se monitorar a glicemia antes, durante e após o exercício, não sendo recomendada a prática caso ela esteja abaixo de 100mg/dL em adultos e 120mg/dL em crianças e adolescentes. Nesse caso, recomenda-se a ingestão de 20 a 30g de carboidratos antes de iniciar o exercício. Não realizar exercício se a glicemia esteja acima de 300mg/dL ou cetose (pode ser percebido pelo hálito). Treinar sempre acompanhado de alguém que conheça os sintomas. Manter cuidados com a alimentação pré e pós-treino (horário, o que e quando comeu), ter sempre uma fonte de carboidratos de fácil absorção em caso de sintomas de hipoglicemia e evitar o consumo de carboidratos de alto índice glicêmico durante e pós-treino. Ter cuidado com a dose de insulina e o local de aplicação – por exemplo, caso a pessoa vá correr, é importante aplicar em outro membro ou local que não seja nos inferiores. É preciso também ter cuidado com os pés, utilizando calçados que não estejam apertados e meias adequadas, de preferência, com poucas costuras, para evitar machucá-los (LANCHA JR.; PEREIRA-LANCHA, 2016).

Caso a pessoa apresente diabetes tipo 1 ou 2, e/ou hipertensão, e tudo sob controle e com acompanhamento médico, não haverá problemas para iniciar na corrida.

22.8 CICLO MENSTRUAL E CORRIDA

Algo que interfere bastante na rotina de treinamento das mulheres são as fases do ciclo menstrual, principalmente o momento conhecido como tensão pré-menstrual (TPM) e a menstruação, podendo durar cerca de seis a sete dias. Esse é o pior momento para a maioria das mulheres, devido aos seus efeitos na saúde, que podem ser combinados ou isolados, como cólicas, piora da concentração, alterações de humor (tristeza, ansiedade, irritabilidade e agressividade), indisposição, cansaço, sangramento e queda de rendimento (CARMICHAEL *et al.*, 2021).

Em relação aos treinos de corrida, é importante o treinador estar ciente desse período, pois, nesse caso, o melhor a se fazer é "soltar o treino", evitando os de alta intensidade ou longões. Ou seja, deixar a critério da atleta se ela quer treinar ou não, sem cobranças de desempenho ou distância, e deixar para exigir mais nos períodos ovulatório e lúteo. A maioria das mulheres apresenta algum tipo de indisposição ou sintomas citados anteriormente, o que varia muito de pessoa para pessoa.

22.9 GRAVIDEZ E CORRIDA

Sobre a gravidez e a prática de exercício físico, mais especificamente a corrida, é muito comum a pergunta: "Mulher grávida pode correr?". Desde que não tenha nenhuma contraindicação, a resposta é sim, mas requer alguns cuidados que vamos abordar a seguir, como liberação e acompanhamento (consultas pré-natal etc.) médico (geralmente ginecologista e/ou obstetra), entre outros (OLSON et al., 2009; MOTOLLA et al., 2018).

Existe um consenso no meio científico que diz que a mulher não deve começar a correr durante a gravidez, porém, para quem já corre, a princípio, não há problema em continuar, mas é importante ter alguns cuidados, por exemplo, diminuir bem o volume e a intensidade de treino e "ouvir" e monitorar os sinais do corpo. Se houver algo anormal/incomum (sangramento, falta de ar, palpitações, visão turva), é fundamental procurar imediatamente o médico que está realizando o acompanhamento da gestante. Além disso, deve-se evitar realizar treinos em dias muito quentes e úmidos, usar roupas confortáveis, locais com terreno irregular a fim de se prevenir de possíveis quedas, assim como monitorar a hidratação, não treinar em jejum, evitar aglomerações e, se caso sentir dores ou tontura, parar imediatamente e procurar ajuda (OLSON et al., 2009; MOTOLLA et al., 2018).

A gravidez dura cerca de 40 semanas, sendo que, nas primeiras, ocorrem várias alterações hormonais no corpo e a formação do feto. O feto fica envolto de líquido amniótico na placenta, o que faz com ele fique bem protegido na barriga da gestante durante a corrida. Porém, as primeiras e as últimas semanas são períodos bem delicados, que requerem maior atenção, sendo decisivos para a realização de exercício físico ou não durante a gestação. Poucas mulheres precisam interromper os treinos durante a gravidez.

Em geral, as recomendações são as seguintes: no primeiro terço da gravidez, a futura mamãe pode correr, com intensidade variando entre leve e moderada, com redução no volume de treinamento. No segundo terço, com o ganho de peso, é recomendado diminuir ainda mais a intensidade e o volume de treino, podendo até substituir a corrida pela caminhada e talvez até incluir aulas de natação. Já na terceira e última fase, é importante trocar a corrida por caminhadas leves, aulas de natação para gestante, yoga/pilates (adaptadas ao momento) e alongamento.

Durante toda a gestação, é recomendado manter a regularidade (frequência de, no mínimo, três a quatro vezes por semana), acumular algo entre 150 minutos de exercício durante a semana, assim como evitar treinos intensos, corridas e competições (OLSON *et al.*, 2009; MOTOLLA *et al.*, 2018).

Já o retorno à corrida deve ser após a liberação do médico e de forma gradual. Normalmente, a mulher corredora consegue realizar um retorno mais rápido às atividades, porém é preciso precaução. Podem ser realizadas atividades leves e de forma progressiva, como caminhada, natação e, aos poucos, ir retomando a corrida.

Para efeito de curiosidade, um estudo analisou 42 atletas corredoras de meio fundo e fundo de elite, pré, durante e após períodos de treinamento e competições no período de gravidez. Foi constatado que o volume de treinamento diminuiu significativamente do 1º (63 ± 34 quilômetros/semana) para o 3º (30 ± 30 quilômetros/semana) trimestre de gestação. As atletas retornaram à atividade em torno de seis semanas após o parto e 80% do volume de treinamento pré-gravidez em três meses. Para 60% das atletas que pretendiam retornar aos níveis de desempenho equivalentes após a gravidez, não foi observada diferença estatística no desempenho no período de um a três anos em comparação com a pré-gravidez, e 46% melhoraram o desempenho após a gravidez (DARROCH *et al.*, 2022).

Portanto, contrariando o senso comum, talvez não seja necessário esperar o término da carreira para engravidar, temendo que a interrupção do treinamento – mesmo que durante um curto período – e o ganho de peso levem a prejudicar o desempenho definitivamente. Mesmo que a gestação interfira no corpo feminino – mesmo que em um curto período –, parece ser uma ideia equivocada acreditar que a gravidez possa interferir de forma negativa na carreira de uma atleta de elite ao ponto de esta adiar a gestação para após o fim de sua carreira.

22.10 FATORES PSICOLÓGICOS E DESEMPENHO

Principalmente para os atletas que buscam desempenho, os fatores psicológicos são um dos principais pontos a serem trabalhados. O treinador não deve nem pode ser um psicólogo, mas é preciso que consiga identificar alguns pontos que podem atrapalhar o atleta e trabalhar para que sejam evitados, até porque nem sempre é possível ter esse profissional na sua equipe. O treinador é a pessoa que atua diretamente com o atleta e passa a maior parte do tempo com ele; muitas vezes, o atleta sente mais confiança em falar sobre determinados assuntos com o treinador do que com os próprios pais, parentes ou amigos.

Em muitos casos, o atleta não atinge seus objetivos, mesmo estando bem-preparado fisicamente, devido a vários fatores, por exemplo: o atleta inseguro sente medo ou ansiedade excessivos antes da corrida, inibido pela presença dos adversários (popularmente conhecido como "amarelar"), vontade incontrolável de ir ao banheiro (dor de barriga). Para evitar isso, o treinador deve ser um motivador e passar confiança a ele, reforçar que ele é capaz de atingir seus objetivos. Basta que ele possa acreditar em si, pois o prejuízo da falta de confiança é enorme. É preciso trabalhar situações mais próximas do real, como colocar o atleta sob pressão em treinos, corridas simuladas com os amigos e, posteriormente, corridas de menor expressão para adquirir experiência; aos poucos, o atleta vai adquirindo confiança, à medida que os resultados forem "surgindo". O treinamento é justamente para isso: tentar reproduzir e habituar-se ao que será enfrentado em uma competição.

22.11 CALÇADO

Provavelmente, o material esportivo mais importante para o corredor é o calçado (tênis), pois é nele que é depositada praticamente toda a carga de centenas ou milhares de passadas de treinamentos e provas de longa distância. Essa carga será em parte dissipada diretamente no tênis e nos ossos, músculos, tendões, tornozelos, joelhos, quadril e coluna vertebral. Vale destacar que boa parte do impacto é absorvida pelo próprio corpo, principalmente nos membros inferiores. Por isso, é essencial melhorar a técnica de corrida, investir em fortalecimento muscular e, se possível, estar com massa corporal "adequada".

Ao longo dos anos, o calçado evoluiu muito e continua evoluindo. No início do século XX, mais se parecia com um sapato de couro tipo *mocassim*, do que com um tênis. Atualmente, o tênis se tornou extremamente tecnológico, confortável, flexível e leve. Em um estudo que avaliou o desempenho de 100 atletas de elite (homens e mulheres) que realizaram o circuito mundial das maratonas (*World Marathon Majors Sereis*), observou-se que os atletas que utilizaram um modelo específico de tênis – constituído de placa de carbono – melhoraram entre 2 e 2,6% o tempo final da prova (SENEFELD et al., 2021).

Atualmente (a partir de 2017), a maioria dos recordes mundiais dos 5 quilômetros aos 42.195 metros, como o feito de um atleta ter realizado a maratona em menos de 2 horas, foi utilizando esse modelo específico de calçado, constituído de placa de carbono que supostamente otimizaria a energia elástica durante a corrida e proporcionaria um aumento na economia de corrida em ~ 4% em comparação com outros tipos de calçados (BARNES; KILDING, 2019). Além disso, o formato curvado do solado na parte frontal (bico) e a placa de carbono deixariam a parte anterior do tênis menos flexível, aumentando o braço de alavanca, o que potencializa o torque do movimento no momento de impulsão, permitindo melhor transferência de força da perna para o solo (NIGG; CIGOJA; NIGG, 2020). Em conjunto, esses fatores resultam em uma melhora significativa no desempenho (BARNES; KILDING, 2019; O'GRADY; GRACEY, 2020).

Fato é que, no mercado, atualmente, é possível encontrar tênis muito bons, sendo leves, flexíveis, resistentes e que teoricamente proporcionam menos lesões. Os valores variam entre R$ 199 e R$ 1.999. O preço normalmente *é associado à qualidade do produto, porém nem sempre o mais caro ou mais tecnológico é o melhor. Uma pesquisa recente desenvolvida por Kulmala e colaboradores (2018) comparou, em duas velocidades diferentes (10 e 14,5 km/h^{-1}), um tênis altamente amortecido que teoricamente tem como objetivo "prevenir lesões" a um modelo convencional. Foi observado um pico de impacto de reação com o solo e uma taxa de carga de 10,7 e 12,3% maior no tênis com maior amortecimento em comparação ao modelo convencional. Esse resultado seria pelo fato de o tênis alterar a mecânica de corrida devido ao seu alto grau de amortecimento. Portanto, tênis caro nem sempre é o melhor. Depende de cada caso. Além de não substituir a necessidade de treinar corretamente, o tênis ajuda, mas não faz milagre!

Recentemente, também tivemos uma febre de uso de tênis chamados de "minimalistas", com solados (entressola) extremamente finos (menor espessura) e baixo conforto. A justificativa para o uso foi de que um tênis com um solado extremamente fino estimularia toda a arquitetura (tecidos, músculos etc.) dos pés e, com isso, a médio e longo prazo, estaria "prevenindo lesões". Tal ideia ganhou força após o estudo desenvolvido pelo renomado professor da Universidade de Harvard (EUA), Daniel E. Lieberman, com corredores (63 homens e mulheres, adultos e adolescentes) habituados a correr descalços e com apoio de antepé e corredores calçados com apoio de retropé. Foi observado nesse estudo que os corredores que corriam descalços tinham menor pico de impacto e menor força de colisão em comparação com os que corriam calçados (LIEBERMAN et al., 2010). Vale destacar que esses resultados foram observados com corredores que sempre correram descalços e, portanto, estão habituados com essa prática há muitos anos. Já os corredores contemporâneos urbanos, vamos dizer assim, estão acostumados a utilizar calçados desde criança e, portanto, à proteção e ao amortecimento que esse acessório fornece. Assim sendo, mudar um comportamento do dia para noite pode não proporcionar os benefícios desejados e até trazer prejuízos.

Um estudo desenvolvido por Rice e Patel (2017) analisou 22 corredores que correm com tênis convencional e entrada de pé de retropé. Eles foram avaliados em três condições diferentes (tênis de corrida padrão, tênis minimalista e descalços), a 13 km/h^{-1}, utilizando corrida de retropé e antepé em cada condição. Os resultados mostraram que ocorre um aumento na taxa de sobrecarga no tendão calcâneo quando os corredores utilizam o tênis minimalista ou os pés descalços em comparação com tênis convencional, independentemente do estilo de corrida. Por outro lado, em outro estudo desenvolvido por Aibast e colaboradores (2017) com crianças e adolescentes quenianos de ambos os sexos, os resultados mostraram que crianças e adolescentes do grupo que habitualmente ficava descalço e realiza exercícios vigorosos tinham uma prevalência de lesões lombares de 8% contra 61% do grupo que habitualmente ficava calçado e era sedentário.

Na hora de escolher o tênis, é preciso ter um olhar crítico, pois cada pessoa se adapta melhor a um modelo específico, a uma marca, tecnologia etc. É bom destacar que nem sempre o que é bom para uma pessoa *é também* para outra. Deve-se analisar o que realmente o atleta precisa. Por exemplo, se ele vai realizar treinos longos, é necessário um tênis mais robusto, reforçado, com maior amortecimento – maior *drop* (diferença da altura da entressola entre o calcanhar e a parte anterior do pé). *Já*, para treinos intervalados, é melhor tênis com entressola mais fina, ou seja, com menor *drop* (solado mais fino), flexível e mais leve. Para competições, os de solado com menor espessura da entressola e maior leveza são os mais indicados e devem ser reservados exclusivamente para essas ocasiões. Esse tipo de calçado é para atletas altamente competitivos que desejam melhorar segundos em uma prova. Aqui, também se encaixam as sapatilhas, que são calçados com pregos, para serem utilizados em pista de atletismo (pista sintética/carvão). Também existem os tênis específicos para *trail running*, como tênis reforçados com solados de borracha com cravos.

Outro ponto a ser considerado na hora da escolha é a massa corporal da pessoa, o volume de treino e o local (grama, terra, cimento ou asfalto) em que vai correr/treinar. É importante não escolher um calçado apertado, pois, além de ser incômodo, pode machucar as unhas; também é preciso amarrar de forma bem firme o cadarço, para que o pé não fique "solto" dentro do calçado e cause atrito em excesso e pressão nos dedos contra o bico do tênis.

Quanto à vida útil do tênis e ao momento de troca, é sempre bom ter alguns pares para fazer rodízio de acordo com os tipos de treino, pois, além de prolongar a vida útil do tênis, vai otimizar o desempenho. Existe um mito que afirma que o tênis deve ser trocado com 500-600 quilômetros, porém isso depende! A vida útil de cada tênis vai depender de vários fatores, como: *o quão robusto é o tênis, o tipo de material que é produzido*, a massa corporal do indivíduo, quantas vezes por semana é utilizado, o tipo de terreno, o tipo de pisada. O fato é que, quando estiver com o solado gasto, deformado (assimétrico), deve ser trocado, pois suas propriedades originais foram perdidas.

Outro material que deve ser bem escolhido são as meias, de preferência, com a composição em sua maior parte em poliamida e elastano e com poucas costuras, a fim de se evitar bolhas e machucados. Atualmente, existem meias próprias de corrida que atendem a essas características.

22.12 MEIAS DE COMPRESSÃO E DESEMPENHO

Certamente, um dos assessórios que mais ganhou adeptos nos últimos anos foram as meias de compressão, seja por fatores estéticos, seja pelos relatos de benefícios. Mas será que realmente ajudam na corrida? Vamos tentar responder essa pergunta ao longo dos estudos a seguir.

Em um estudo realizado no ano de 2012, 11 corredores treinados completaram uma corrida em trilha de 15,6 quilômetros de forma randomizada, divididos em dois dias: um dia com meias de compressão e outro dia sem. Os resultados mostram que, nesse público, não houve qualquer benefício prático ou fisiológico com o uso de meias de compressão (VERCRUYSSEN et al., 2012). Em outro estudo, com corredores de longa distância de elite, também não foi observada diferença significativa nos parâmetros de mecânica e EC, entre o grupo que usou meias e o controle (STICKFORD et al., 2015).

Outro estudo foi realizado com 34 maratonistas experientes, divididos em dois grupos (17 correram com meias de compressão e 17 grupo controle), que realizaram uma corrida de maratona. Os resultados mostram que o uso de meias de compressão não foi eficaz em melhorar o desempenho na corrida, assim como não foi capaz evitar o dano muscular promovido pela corrida; sendo considerada uma estratégia ineficiente para evitar os danos musculares nesse tipo de corrida (ARCERES et al., 2015). Outro estudo com corredores teve como objetivo avaliar uma corrida de *trail run* com grande variação de altimetria e a resposta de indicadores de dano muscular. Os resultados mostraram que os indicadores de dano muscular não se alteraram entre as condições (corrida com meias de compressão, corrida sem meias, corrida com meias e recuperação e controle). Na condição que correu com meias de compressão, foi observada menor percepção de dor muscular nas pernas no início da recuperação, assim como pareceu potencializar a recuperação ao final do exercício (BIEUZEN et al., 2014).

Já outro estudo mais recente teve como objetivo avaliar se as meias de compressão afetavam parâmetros fisiológicos, biomecânicos e de desempenho e causavam sensações de fadiga muscular e dor. Foram avaliados 14 atletas de forma randomizada e *cross-over* (condição meias de compressão e controle), que realizaram duas corridas (~2h30min) em trilha. Os resultados mostraram que o tempo de corrida não foi alterado entre as condições, foram alterados significativamente parâmetros biomecânicos, como maior tempo de voo e rigidez muscular durante a corrida, com menor tempo de contato com o solo para a condição com meias de compressão. A dor muscular de início tardio das panturrilhas foi igual entre as condições, porém as meias ajudaram a diminuir significativamente a dor no tendão calcâneo após a corrida (KERHERVÉ et al., 2017).

Os estudos citados mostram que as meias de compressão não ajudam a melhorar o desempenho na corrida de forma significativa. Apesar de os estudos serem controversos, parecem indicar que as meias ajudam a proporcionar maior rigidez muscular, o que poderia diminuir os danos musculares durante a corrida, além de melhorar parâmetros biomecânicos.

É válido o atleta testar nos treinos para tirar suas próprias conclusões sobre os benefícios ou não do uso das meias de compressão, pois a percepção de cada um é diferente. Além disso, a utilização delas não parece trazer prejuízos físicos; o único problema parece ser o alto custo. Porém, devem ser observados os valores corretos de pressão das meias, seguindo as recomendações do fabricante, para que não haja desconforto e prejuízos ao praticante.

22.13 LESÕES

Melhorar os resultados e correr maiores distâncias, sem adquirir lesões, deve ser o sonho de todo corredor. Como conseguir isso? Infelizmente, isso não é possível, principalmente para as pessoas competitivas e que desejam melhorar o desempenho. Porém, podemos minimizar o risco, mas sempre algum vai haver.

Às vezes, mesmo tomando todos os cuidados possíveis, como acompanhamento profissional, utilizar calçado adequado e em boas condições, treinar em tipos de piso variados (grama, terra batida etc.) e menos rígidos, realizar fortalecimento muscular, alongamento, exercícios de profilaxia, profilaxia, descanso adequado e controle e aumento progressivo de volume e cargas, os riscos não deixam de existir, apesar de diminuírem. Lesões podem e parecem ocorrer, principalmente, em atletas competitivos. Em corredores de longa distância, ocorrem por desequilíbrios e/ou baixos níveis de força muscular, falta de flexibilidade, sobrepeso (geralmente em iniciantes), características biomecânicas desfavoráveis, associadas à grande quantidade de impacto (esforço repetitivo) devido ao alto volume de treinamento, erros de periodização ou por combinações de fatores/erros anteriormente mencionados.

Um dos principais problemas relacionados à(s) lesão(es) é que a maioria dos atletas (geralmente os menos experientes) não sabe reconhecer os sinais, por exemplo, uma leve dor que não cessa e que, se subestimada e não tratada de forma adequada em seu início, pode evoluir para algo mais grave, gerando a lesão. Esse autoconhecimento só é adquirido com tempo, muitas vezes com anos de prática, nos quais a pessoa "vai se conhecendo" e consegue distinguir uma simples dor muscular pós-treino (dor muscular de início tardio), algo inerente ao processo de treinamento, de uma dor persistente por dias que, se não tratada, pode evoluir para algo mais grave e que vai impedi-la de dar continuidade ao treinamento.

Posterior a isso, temos outro problema relacionado à maioria dos atletas, que não procura ajuda adequada (médico ou fisioterapeuta), seja por diversos motivos, na maioria das vezes, não querem interromper o treinamento para se recuperar. Para isso, é preciso um trabalho de conscientização por parte do treinador e de pessoas do entorno. Deve-se fazer o seguinte questionamento: "O que vale mais a pena: continuar o treinamento de forma leve para evitar a perda de condicionamento físico e realizar um tratamento da lesão de forma empírica –'caseira' –, mesmo sabendo que isso possa prejudicar/atrasar a recuperação, ou procurar ajuda especializada (médica ou fisioterápica) e interromper o treinamento por um período, para que seja realizada a completa recuperação e não haja possíveis sequelas? A segunda opção parece ser a mais coerente, porém é a menos comum.

Um estudo de revisão verificou que entre 60 e 70% das lesões em corredores são decorrentes de erros de treinamento, como mudança repentina da rotina de treinamento e combinações de fatores (NIELSEN *et al.*, 2012), sendo, principalmente, por aumento excessivo de volume de treino – alto volume (VAN GENT *et al.*, 2007) – e por histórico de lesões anteriores, por demonstrar uma predisposição e por ser um fator imodificável, ou seja, uma vez adquirida, torna-se parte do histórico da pessoa (SARAGIOTTO *et al.*, 2014), sendo mais frequente no sexo masculino (ABIKO *et al.*, 2017), com menos de um ano de treino (CAMPOS *et al.*, 2016). Um estudo indica que corredores mais experientes possuem 14,1% menos risco de desenvolverem uma lesão, e que uma vez adquirida, aumenta o fator de risco em 5,2% (NIELSEN *et al.*, 2012).

Em relação ao primeiro quesito, levando em consideração a terceira Lei de Newton (lei da ação e reação), que afirma "a toda ação existe uma reação de mesma intensidade e direção, porém, em sentidos opostos", e ao esforço repetitivo, que, dependendo da distância percorrida, produzida por centenas ou milhares de passadas que, somadas ao longo de várias sessões de treinos, geram uma grande sobrecarga e estresse nos membros inferiores e na coluna vertebral, os atletas estão suscetíveis a vários tipos de lesões. Um estudo verificou que, a partir de 64 quilômetros por semana, aumenta significativamente a prevalência/incidência de lesões em corredores maratonistas menos experientes (FREDERICSON; MISRA, 2007), e treinar pouco ou de vez em quando também apresenta um maior risco. Veja a Figura 24, a seguir.

Figura 24 – Risco de lesões de acordo com a frequência e o volume de treinamento

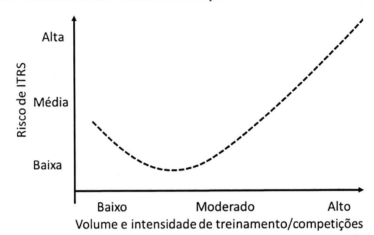

Fonte: elaborado pelos autores

Mudar o padrão da minha corrida de pisada de retropé para antepé ajuda a prevenir lesões? A resposta é não! Em um estudo recente de revisão sistemática e metanálise, que verificou 53 estudos sobre o assunto, os resultados mostraram que, atualmente, não há evidências científicas que apoiem a transição da pisada de retropé para antepé com objetivo de reduzir ou evitar lesões. Ou seja, não há diferença na incidência de lesões entre o grupo que corre de retropé e o de antepé, sendo que os dois se lesionam com uma mesma frequência (ANDERSON *et al.*, 2019). Portanto, não existe eficácia na intervenção de mudar o tipo de pisada!

Um estudo recente monitorou durante um ano 224 corredores (homens e mulheres) entre 18 e 55 anos. Para participar da pesquisa, esses corredores deveriam estar correndo há, pelo menos, um ano, no mínimo, 15 quilômetros por semana e estar sem lesões há, pelo menos, seis meses. Os resultados mostraram que 45,9% desses corredores relataram a ocorrência de lesões durante o período de um ano, sendo os locais mais comuns os joelhos (27%) e o tendão calcâneo e área da panturrilha (25%). Outro fato importante foi que os corredores que apresentaram alguma lesão tinham duas vezes mais probabilidade de sofrer uma lesão relacionada à corrida do que os corredores sem lesão anterior (DESAI et al., 2021).

As lesões que mais acometem os corredores são: 1) musculares: contraturas, estiramentos (microlesões de menor gravidade), rupturas (parciais ou totais) principalmente nos isquiotibiais; 2) articulações e ligamentos: torções e luxações de tornozelo, joelho (variado); 3) inflamações e tendinites: fasceite plantar, condromalácia patelar, exporão, rigidez de tendão calcâneo, síndrome da banda ilio-tibial, tendinites, inflamação do periósteo da tíbia (conhecida popularmente como canelite), dor lombar; e 4) fraturas ósseas: em quadros mais graves, fratura por estresse (ABIKO et al., 2017; CAMPOS et al., 2016).

Algo que é bem rotineiro nos corredores são as dores musculares nos membros inferiores no dia seguinte ou até 48 horas após o treino, algo comum quando se faz um treino muito longo ou intenso. Isso é conhecido como Dor Muscular de Início Tardio, que não deve ser confundida com lesão. Isso ocorre pelo fato de que, ao realizar esses tipos de treinos, ocorrem microrrupturas nas fibras musculares, gerando um processo inflamatório local. Nesse caso, não é aconselhado o uso de anti-inflamatórios para inibir as dores, pois pode atrapalhar os efeitos de adaptação promovidos pelos treinos. O melhor a se fazer é treinar leve no dia seguinte e priorizar a recuperação e descanso. O atleta precisa ficar atento e não confundir dor muscular "normal", decorrente dos treinos, após o treino, e dores que podem levar à lesão, ou que são a lesão propriamente dita. A dor muscular de lesão é persistente, não melhora ao longo dos dias com a recuperação, o atleta sente fisgadas (como se estivesse batendo um elástico esticado) no local, e, na maioria dos casos, é limitante, impedindo-o de treinar normalmente.

Uma dor persistente muito comum em corredores é localizada na tíbia, mais especificamente na região anterior – medial –, sendo um dos principais problemas que afetam os corredores, em especial, os iniciantes. No início, quando o indivíduo está começando a caminhar, é normal sentir dor na região lateral da perna, devido ao esforço realizado para se deslocar, fazendo movimento repetitivo de dorsiflexão dos pés. Com o tempo, o indivíduo vai se acostumando, e as dores cessam. Caso a dor persista, principalmente na região medial da perna, é preciso ficar atento, pois pode ser a manifestação da temida Síndrome do Estresse Tibial Medial, popularmente conhecida como canelite, que nada mais é do que uma inflamação do osso (periósteo) causada pelos fatores anteriormente citados, associados ao impacto dos pés com o solo, a treinos repetitivos em superfícies muito duras, como asfalto e concreto, e ao treino mal planejado. Se não for tratada adequadamente, pode tornar-se uma dor limitante e crônica, até evoluindo para uma fratura por estresse.

O melhor a se fazer é a prevenção, orientando o aluno a utilizar um tênis adequado, respeitar a progressão do treinamento e descanso, além de realizar fortalecimento muscular. Porém, mesmo tomando todos os cuidados, ainda pode surgir (mesmo em atletas mais experientes). Nesse caso, é aconselhado passar por uma avaliação com um médico ortopedista esportivo, cujo tratamento envolve fisioterapia, aplicações constantes de gelo no local, alongamento, grande redução no volume e intensidade de treino e, dependendo do caso, até uso de medicamentos.

Caso uma delas ocorra, a melhor coisa a se fazer é interromper os treinos e procurar imediatamente a ajuda de um médico especializado em medicina esportiva, para fazer um diagnóstico e realizar o tratamento adequado. O tratamento e a recuperação adequados/completos, dependendo do tipo de lesão, podem durar dias a meses. Portanto, é imprescindível realizar o recomendado pelo especialista na área para evitar que ocorram futuras lesões ou sequelas, que podem limitar ou até mesmo interromper a continuidade dos treinos, assim como o acompanhamento especializado no retorno durante atividades de reabilitação com fisioterapia, fortalecimento muscular e corrida com profissional de Educação Física.

Durante o trabalho de tratamento e reabilitação, dependendo do tipo e grau da lesão, para não perder grande parte do condicionamento físico, o trabalho aeróbio pode ser substituído por outra atividade, como natação, corrida com flutuadores na piscina e bicicleta/ergométrica.

Um estudo recente demonstrou que utilizar calçados minimalistas pode contribuir para o fortalecimento dos músculos dos pés (RIDGE *et al.*, 2019). Portanto, seguindo essa linha de raciocínio, a fim de ajudar a prevenir lesões, recomendamos, pelo menos, de duas a três vezes na semana, ao final do treino, correr um pouco descalço em um local gramado, seguro – sem buracos e pedras ou material perfurocortante. Isso ajuda no fortalecimento dos músculos dos pés, a aumentar a propriocepção e a relaxar os músculos no pós-treino.

Recentemente, na tentativa de prever e gerenciar o risco de lesões, foi sugerido um método chamado taxa de carga de trabalho agudo:crônico (ACWR), ou razão carga aguda:crônica, sendo mais utilizado em esportes coletivos. Embora exista relação entre altas cargas de treinamento e lesão, o problema não parece estar no treinamento em si, e sim no treinamento inadequado, como aumentos excessivos e rápidos nas cargas de treinamento, ao contrário do treino físico apropriado, que, além de desenvolver as capacidades físicas, parece ter efeito protetivo contra lesões. Para minimizar o risco de lesão, os treinadores devem limitar o aumento da carga semanal a < 10% a mais que na semana anterior (GABBETT, 2016). Basicamente, é realizado o controle diário da carga de treinamento (PSE X duração total do treino (min.). Essa equação apresenta um número final em unidades arbitrárias (u. a.) que será monitorado da seguinte forma:

Carga aguda: A próxima carga de treino.

Carga crônica: A média das cargas de treinamento das duas últimas semanas.

Razão carga aguda:carga crônica =

Essa razão deve ficar entre 0.8 e 1.3, que representa o "ponto certo" (área verde, menor risco de lesão), e ≥ 1.5 representa a "zona de risco" (área vermelha, maior risco de lesão).

22.14 TÉCNICAS DE RECUPERAÇÃO

Muitos atletas se perguntam quanto tempo de recuperação é necessário após uma maratona. A resposta é: depende! Cada pessoa responde de forma diferente e prefere algum tipo de técnica específica para maximizar a recuperação.

Um estudo testou em 64 maratonistas os efeitos de duas modalidades de exercício (corrida, treino em elíptico) versus repouso, 24, 48, 96, 144 e 192 horas após uma maratona no desempenho neuromuscular e na recuperação do dano muscular. Não foi observada diferença entre os grupos, porém o grupo que realizou a corrida 48 horas após a maratona apresentou uma melhor resposta na força muscular 96 horas após a maratona, portanto o treino de corrida leve (recuperativo) pode auxiliar na recuperação neuromuscular após uma maratona (MARTINEZ-NAVARRO *et al.*, 2021).

Seguem algumas técnicas auxiliares/complementares:

22.14.1 Crioterapia

Nos últimos anos, muitas pessoas têm utilizado, como auxílio na recuperação muscular, técnicas de crioterapia logo após os treinos ou no descanso em casa. Essa técnica consiste em deixar os membros inferiores imersos em água gelada.

De acordo com um estudo recente de revisão sistemática e metanálise, que reuniu nove estudos, os melhores resultados foram no público (169 atletas) estudado com uma temperatura variando entre 11 e 15° C em uma banheira ou tambor por um tempo entre 11 e 15 minutos (MACHADO *et al.*, 2016). Em outro estudo de metanálise que reuniu 52 estudos e avaliou os efeitos da recuperação após realizar a imersão em água gelada (10° C e entre 10 e 12 minutos), verificou-se que essa técnica foi benéfica ao ser realizada logo após exercícios de alta intensidade, na recuperação da dor muscular, na diminuição de marcadores de creatina quinase e na percepção de dor após 24 horas (MOORE *et al.*, 2022).

A ideia dessa técnica consiste em realizar uma vasoconstrição, reduzir a inflamação muscular decorrente de microlesões nas fibras musculares após o exercício físico, atenuando ou evitando danos secundários, além de gerar uma sensação de analgesia. Ao sair da imersão, os vasos sanguíneos são dilatados, e isso auxilia na remoção de metabolitos, otimizando a recuperação.

22.14.2 Massagem

A massagem é uma técnica bastante utilizada por atletas, bem-aceita e que não possui efeitos colaterais. Outra técnica complementar que vem ganhando adeptos nos últimos anos é a ventosaterapia ou *cupping*, a qual consiste na aplicação de copos de vidro redondo (campânulas) sobre a pele, gerando sucção no local. O objetivo é gerar aumento no fluxo sanguíneo local, aliviando as dores musculares e tensões, porém, para que seja eficaz, deve ser realizada por pessoas capacitadas.

Após corridas de longa distância, o uso de crioterapia e massagem é recomendado (com limitações), pois possui efeitos benéficos para restaurar medidas subjetivas de fadiga (dor muscular, e percepção de recuperação estresse), podendo aumentar a sensação de bem-estar e a percepção de melhor preparação para a próxima sessão de treino, já que a presença de dor muscular afeta diretamente o desempenho para o próximo exercício, independentemente da extensão do dano muscular induzido pelo exercício físico – corrida de longa distância (WIEWELHOVE et al., 2018).

A massagem do tipo liberação miofascial é uma técnica que tem sido bem aceita e recomendada para quem possui uma rotina puxada de treinamento, com fins profiláticos de prevenir lesões e para ajudar a diminuir as dores musculares.

22.14.3 Meias de compressão

Também tem sido muito comum a utilização de meias de compressão, com o objetivo de deixar a musculatura das pernas contraída, auxiliando no retorno venoso, e assim otimizar a recuperação, apesar de estudos controversos sobre os benefícios (WATSON; RORKE, 2016). Muitos atletas têm relatado benefícios nessa prática, o que auxiliaria na recuperação pós-treino.

22.14.4 Botas de compressão pneumática

Outra técnica que vem ganhando adeptos, apesar do seu alto custo, é a utilização de botas de compressão pneumática. Esse tipo de aparelho e/ou técnica tem como objetivo melhorar o retorno venoso e, ao mesmo tempo, massagear. Em um estudo recente, foi observado que essa técnica alivia as dores musculares apenas de forma momentânea (aguda), porém não promove alívio continuado da dor muscular de início tardio (STEDGE; ARMSTRONG, 2021).

22.14.5 Outras técnicas

Outras técnicas bastante populares, como acupuntura, eletroacupuntura, termografia infravermelha, sauna finlandesa, bandagens *therapy taping*, aplicação de pomadas com ação analgésica e anti-inflamatória, repouso com os membros inferiores elevados etc., parecem válidas como formas complementares de otimizar a recuperação.

Quanto ao uso de algumas técnicas como crioterapia, massagem e meias de compressão, existem estudos controversos sobre a sua real eficácia, porém toda técnica ou todo método que ajude na recuperação são válidos, devendo ser testados; levando em consideração que cada pessoa responde de forma diferente, é válido que, ao utilizar uma técnica x ou y, o atleta se sinta bem.

22.15 BOLHAS NOS PÉS E ASSADURAS

Um dos grandes problemas para quem realiza treinos longos, principalmente em dias chuvosos e com o uso de tênis novos, é o surgimento de bolhas nos pés, resultado da fricção da pele com o material.

Para tentar evitar ou minimizar esse tipo de incômodo, tente utilizar o tênis novo em treinos curtos para que ele vá tomando o formato dos pés e, aos poucos, aumentando a distância com ele. Já nos dias chuvosos ou em treinos muito longos, é comum o aparecimento de bolhas com ou sem a sua ruptura, que é algo que incomoda muito, ao ponto de se interromper o treino ou a prova. Caso a bolha acumule líquido, o recomendado é realizar a esterilização do local e fazer um pequeno furo no canto com uma agulha estéril, que pode ser encontrada em farmácias, mas antes é preciso fazer assepsia local com álcool e, por fim, fazer um pequeno curativo no local do furo. Não é recomendado retirar a pele, para evitar o incômodo no local e infecções devido à exposição da área.

As assaduras são muito comuns nos atletas que estão iniciando a prática da corrida e atletas mais avançados em treinos longos. Para evitar as assaduras nas coxas, o atleta pode utilizar shorts térmicos ou de elastano (*lycra*). Já para assaduras das axilas, é recomendado o uso de loções ou cremes antiatrito, vaselina em pasta; nos mamilos, é recomendado usar uma regata mais justa para minimizar o atrito ou usar protetores tipo esparadrapo, micropore ou curativo tipo Band-aid.

22.16 CÃIBRAS MUSCULARES DURANTE E APÓS A MARATONA

A cãibra é caracterizada por uma contração involuntária e dolorosa de um músculo ou grupo muscular, que, dependendo do local em que ocorre, pode levar à interrupção ou até mesmo à continuidade do exercício. Nos corredores de maratona e/ou ultramaratona, as cãibras musculares acometem no final de prova da maratona ou logo após.

Um estudo recente, realizado por Martinéz-Navarro e colaboradores (2022), analisou a incidência de cãibras em atletas durante e após uma maratona. Ao contrário do que se pensava, que a incidência de cãibras estava associada à desidratação e perda de eletrólitos (sódio e potássio), os resultados foram bem diferentes. O estudo avaliou parâmetros de desidratação, eletrólitos séricos e marcados de dano muscular (creatina quinase - CK e lactato desidrogenase - LDH) e massa corporal antes, imediatamente após e 24 horas após a maratona em 98 corredores, que foram divididos em dois grupos (cãibra e sem cãibra); 88 terminaram a maratona. Dos 88 corredores, 20 (24%) deles desenvolveram cãibras durante ou imediatamente após a corrida. Concentrações séricas de sódio e potássio no sangue e urina e massa corporal não foram significativamente diferentes entre os grupos cãibra e sem cãibra. Por outro lado, os atletas que tiveram cãibras apresentaram creatina quinase e lactato desidrogenase, após e 24 horas, significativamente maior que os sem cãibra. Porém, houve uma diferença entre os grupos: os que realizavam treinamento de força desenvolveram menos cãibras em comparação com o outro grupo. Portanto, as cãibras após a corrida parecem estar relacionadas ao dano muscular e à falta de treinamento de força, e não à desidratação e perda de eletrólitos durante a prova.

22.17 JETLAG

Os atletas que viajam para outras regiões do país, ou para outros países, para treinamentos ou competições devem ficar atentos aos efeitos do *jetlag*. Trata-se de uma alteração do relógio biológico devido a alterações no ciclo circadiano, que é regulado por células cerebrais localizadas no hipotálamo. Essa alteração é devido à exposição regular de luz, que também é conhecida como um distúrbio temporário do sono ocorrido por mudanças de fuso horário em decorrência de longas viagens. Ocorre por causa de viagens que ultrapassam três ou quatro fusos horários, como é o caso de um país tão extenso como o nosso, que tem quatro fusos diferentes. É mais prejudicial quando viajamos para o leste do que para a direção oeste (LU et al., 2016).

Para amenizar os efeitos no desempenho físico, é importante que a pessoa viaje para o local de treino ou competição com antecedência de vários dias, dependendo da distância do local de destino. Também é importante descansar bem antes da viagem, tirar cochilos durante o voo, alimentar-se com pratos leves, hidratar-se com água e sucos, ajustar o relógio ao horário do local de destino. Ao chegar ao local, deve-se seguir a rotina do horário local, não ingerir medicamentos para relaxar e dormir, evitar o consumo de bebidas alcóolicas e treinar leve até se ajustar ao horário.

22.18 TREINAMENTO NA ALTITUDE

Para quem busca desempenho, além de um bom planejamento e dedicação, o treino em altitude pode ser um diferencial para diminuir aqueles minutinhos na distância desejada. Quando falamos em treino em altitude, estamos falando em algo em torno de 2 mil a 3 mil metros (considerada uma altitude moderada) acima do nível do mar, que é o recomendado pela literatura (SAUNDERS et al., 2009). Em nosso país, existem poucos locais adequados em altitude para treinar; os mais comuns são Campos do Jordão, no estado de São Paulo, e Itatiaia, no estado do Rio de Janeiro, ambos com altitude em torno de 1,6 mil-700 metros. Na América Latina, temos Paipa, na Colômbia, e Cochabamba, na Bolívia, com altitudes em torno de 2,3 mil metros.

Os treinos em altitude são realizados com uma estadia em torno de quatro semanas com 24 horas diárias – exposição permanente –, que é o método de residir e treinar no alto (*Live High – Train High*). Porém, dependendo do local e da pessoa, alterações significativas de parâmetros hematológicos (aumento de hemoglobina e hematócrito) podem ser observadas com três semanas. O melhor método de treino relatado pela literatura é o de exposição intermitente, conhecido como residir no alto e treinar no baixo (*Live High – Train Low*) com exposição à hipóxia pelo maior tempo possível, pelo fato de permitir que o atleta consiga realizar os treinos mais intensos com melhor qualidade, o que nem sempre é possível devido à logística e aos demais fatores. Então, o mais comum é o de estadia e treinos na altitude – exposição permanente (LUNDBY et al., 2012; LEVINE; STRAY-GUNDERSEN, 2006).

Ao chegar no local de treino, o atleta e, principalmente, o treinador precisam estar atentos a alguns fatores: o atleta deve treinar em intensidade bem leve, ou até mesmo caminhar nos primeiros dias, pois, caso a pessoa não consiga fazer uma aclimatação, pode sofrer com o que é conhecido como Mal Agudo da Montanha, condição patológica decorrente da menor pressão atmosférica, que pode desencadear uma série de alterações na saúde horas após a chegada ao local, sinais e sintomas como taquicardia leve, falta de ar, cansaço, dor de cabeça, distúrbios do sono, tontura, perda de apetite, náuseas, desconforto gastrointestinal e mal-estar generalizado. O tratamento inclui repouso, fornecimento de oxigênio e medicamentos. Normalmente, os sintomas desaparecem de um a três dias; caso os sintomas evoluam e não seja tratado de forma imediata em baixa altitude, os sintomas podem agravar-se, gerando sérias complicações (McARDLE; KATCH; KATCH, 2008).

Outro fator na altitude é a menor temperatura: à medida que se afasta do nível do mar, a temperatura diminui em média 6,5 °C a cada 1 mil metros de subida. Portanto, dependendo da altitude do local e do horário de treino, a temperatura pode estar muito baixa, e isso requer proteção adequada.

Uma pergunta que é bastante frequente é: quantos dias antes da competição o atleta deve retornar? A resposta é: depende de cada atleta. Isso deve ser testado, pois pode variar de 3 a 28 dias. Os mais comuns e relatados pelos atletas como melhores dias para desempenho são 3, 7 ou 11 dias após o retorno.

Em um estudo que analisou os efeitos do treinamento em altitude com atletas corredores de elite (seis homens e duas mulheres), foi realizado treinamento de três a quatro semanas no modelo *Live High-Train High* a 2,1 mil metros de altitude. Oito dias após o retorno ao nível do mar (local da competição), dos oito atletas, sete realizaram seu Recorde Pessoal - RP ou *Personal Best* - PB (SHARMA *et al.*, 2018).

Outro ponto que deve ser observado e pode influenciar diretamente o desempenho ao retornar da altitude é o clima, pois, em clima de altitude, a temperatura e a umidade relativa do ar são baixas, e quando o atleta vai competir ao nível do mar, as condições climáticas são totalmente inversas, ou seja, alta temperatura e umidade relativa do ar.

22.19 DOPING

O uso de substâncias com fins de melhorar o desempenho físico ocorre há séculos. Mais recentemente, o uso de substâncias consideradas proibidas tem motivado ações de autoridades e entidades nacionais e internacionais, visando a coibir essa prática, com objetivo de tornar a prática esportiva justa e leal, além de preservar aspectos éticos, morais do esporte e a saúde dos atletas.

Para os atletas de alto rendimento, o *doping* pode ocorrer de forma intencional ou não intencional. O *doping* de maneira não intencional é um risco que pode ser evitado, portanto é preciso que os atletas e treinadores fiquem atentos à lista mais recente de substâncias proibidas pela WADA, divulgada e atualizada anualmente no site oficial da agência e pela Autoridade Brasileira de Controle de Dopagem (ABCD).

Em um estudo de revisão que reuniu 23 estudos com suplementos alimentares, verificou-se que os suplementos possuíam uma taxa de contaminação entre 12 e 58% com substâncias consideradas proibidas pela Agência Mundial Antidoping (*World Anti-Doping Agency* – WADA), reforçando a atenção especial que se deve ter na hora da escolha de um suplemento (MARTINÉZ-SANZ et al., 2017). Além disso, o *doping* não intencional ocorre por meio de uso de medicamentos que contenham substâncias consideradas proibidas, como comprimido para diminuir a dor de cabeça, pomada cicatrizante de pele, substância para perda de peso (líquido) etc.

Sempre que houver dúvida sobre o que se vai ingerir, é bom consultar profissionais qualificados para saná-las, por exemplo, o médico. É importante procurá-lo antes de tomar qualquer medicamento, aderir a um tratamento ou terapia, ou nutricionista, no caso de administração de suplementos alimentares, pois podem conter alguma substância proibida em sua fórmula. O *doping* é considerado nas seguintes hipóteses: 1) presença de qualquer substância proibida listada pela WADA no organismo; 2) uso de substância, método ou tentativa; 3) recusa de fazer o teste ou evasão de teste, por exemplo, fugir do local do exame ou competição; 4) falha de registro ou de localização por parte da agência, por exemplo, o atleta de alto rendimento deve manter sempre atualizados seu endereço e a localização da agência; 5) fraude no controle; 6) posse de substância ou método proibido; 7) tráfico ou tentativa de tráfico; 8) administração ou tentativa de administrar no(s) atleta(s); 9) cumplicidade, ou seja, o treinador sabia que seu atleta fazia ou faz uso de substâncias proibidas, mas não tomou nenhuma atitude para impedir; 10) associação proibida; 11) ameaça ou retaliação, ao agir na tentativa ou na forma de coagir o(s) atleta(s) a permanecer(em) em silêncio com algum tipo de ameaça.

A testagem geralmente é realizada pela ABCD a qualquer momento e local, como na residência do atleta, no local de hospedagem, no local de treino, na competição etc. Portanto, é necessário que o atleta e o treinador fiquem atentos para evitar o uso de qualquer substância desconhecida. Lembre-se: "O atleta é responsável por tudo que for encontrado em seu organismo", porém o treinador também é responsável, e atitudes erradas de seu atleta também afetam a sua imagem e, consequentemente, a sua carreira.

Caso o atleta necessite de tratamento médico por motivos de saúde, é possível que ele faça uso de algum medicamento que contenha alguma(s) substância(s) proibida(s), desde que tenha autorização específica (Autorização para Uso Terapêutico – AUT) solicitada por meio do formulário de aplicação à ABCD e acompanhamento médico.

23
CONSIDERAÇÕES FINAIS

Ao longo dos capítulos deste livro, tentamos reunir o maior número de informações possíveis referentes a diferentes aspectos relacionados ao treinamento de corrida. Entre elas, podemos resumir e destacar as principais:

1. Antes de iniciar um programa de treinamento, é necessário saber se o aluno/atleta está bem de saúde. Para isso, é recomendado que ele procure um médico para fazer um *check-up* geral e, posteriormente, realize a avaliação física (anamnese, avaliação postural, teste físico etc.) com o professor de Educação Física.

2. É preciso conhecer e respeitar as particularidades de cada aluno/atleta. Saber a rotina de trabalho, estudos, hábitos familiares, alimentares e de descanso é fundamental para o sucesso do planejamento.

3. O aluno/atleta deve estabelecer na sua rotina hábitos saudáveis, tanto de alimentação quanto de descanso, pois esses dois fatores interferem diretamente no rendimento de treinos e competições.

4. É preciso sempre transmitir confiança e motivação ao aluno/atleta, quanto ao seu trabalho (profissionalismo) e à sua capacidade de superar novos desafios.

5. Sempre tenha bom senso nas suas decisões. O que é bom para um pode não ser bom para outra pessoa. Se você achar que algo oferecerá risco, não o faça!

6. À medida que o treinador vai adquirindo mais experiência e conhecimento e vai conhecendo melhor seu aluno, a tendência é que o trabalho fique cada vez mais assertivo e preciso. É necessário que o treinador desenvolva o que é chamado de feeling, algo que só o tempo e a experiência proporcionam.

7. É preciso estabelecer metas/objetivos realistas ao aluno/atleta e ser transparente.

8. Estabeleça prioridades para sessão de treino, é preciso ter qualidade os treinos.
9. Varie com frequência os locais e tipos de treinos.
10. Para uma pessoa que está iniciando na corrida, a melhora do desempenho no começo do treinamento é muito rápida, ou seja, quanto menos treinável, mais treinável ela será. Porém, não é algo linear, ao contrário do atleta de alto rendimento, em que o percentual de melhora é muito pequeno ao longo do treinamento, mesmo com diferentes tipos de estímulos e treinamentos.
11. Planeje o treinamento, o local e os materiais utilizados com antecedência. Tenha sempre um plano B para, em caso de imprevistos, seja colocado em prática.
12. Evite realizar treinos em horários inadequados (com alta temperatura e baixa umidade relativa do ar).
13. O treinamento não é uma receita de bolo e não deve seguir modelos "engessados" e/ou prontos, porém existem aspectos e princípios básicos norteadores a serem seguidos.
14. Atletas que desejam melhorar seu nível de desempenho devem variar os tipos de treino com grande frequência, sendo o desconforto parte do processo; enquanto atletas recreacionais ou pessoas que buscam apenas melhorar a saúde podem passar a vida toda treinando em baixa/moderada intensidade, e isso não necessariamente é um problema.
15. Corridas longas, como maratonas e ultramaratonas, exigem uma longa preparação física e mental, além de experiência por parte do atleta – o que demanda anos de treinamento. Portanto, é importante que o atleta adquira experiência e melhore seus resultados em corridas com distâncias menores e aos poucos vá progredindo para distâncias maiores. Por exemplo, iniciar fazendo uma corrida de 5 quilômetros, ir melhorando o tempo nessa distância, depois realizar uma corrida de 10 quilômetros, ir melhorando o tempo, depois uma corrida de 21.097 metros, e assim por diante.
16. A idade cronológica nem sempre é um bom parâmetro para se determinar se uma pessoa está apta ou não para realizar uma prova de longa distância como a maratona. Outros parâmetros

também devem ser considerados, como estado de saúde, idade biológica, experiência em provas de menor distância, preparação física adequada, motivação etc.

17. Oriente seu aluno da importância de não correr provas todos os finais de semana, pois isso interfere na rotina de treinamento. Estabeleça provas de controle e provas alvo ao longo da temporada.

18. Técnicas para otimizar a recuperação e de profilaxia devem fazer parte da rotina do atleta, principalmente para quem deseja performar.

19. O material esportivo e suplementação são importantes na corrida, porém devem ser encarados como algo complementar ao treinamento. Nem sempre o mais caro é o melhor.

20. Descanso faz parte do planejamento. Cada pessoa responde de uma forma à sobrecarga, e o tempo de recuperação é diferente entre um treino e outro. Diante disso, faz-se necessário o contato diário.

REFERÊNCIAS

AAHPER. Aahper Youth Test Manual. Washington: American Alliance for Health. **Journal of Physical Education and Recreation**, Canbera, Australia, v. 47, n. 6, p. 6-11, 1976.

ABBIS, C. R.; LAURSEN, P. B. Describing and Understanding Pacing Strategies during Athletic Competition. **Sports Medicine**, Auckland, New Zealand, v. 38, n. 3, p. 239-252, 2008.

ABIKO, R. H. *et al.* Prevalência de lesões musculoesqueléticas e fatores associados em corredores de rua. **Ciência e Saúde**, Porto Alegre, Brazil, v. 10, p. 109-113, 2017.

AIBAST, H. *et al.* Foot Structure and Function in Habitually Barefoot and Shod Adolescents in Kenya. **American College of Sports Medicine**, Philadelphia (PA), United States, v. 16, n. 6, p. 448-58, 2017.

ALEXANDER, J. L. N.; BARTON, C. J.; WILLY, R. W. Infographic. Running myth: strength training should be high repetition low load to improve running performance. **British Journal of Sports Medicine**, London, England, v. 0, n. 0, p. 1-2, 2019.

ALLEN, D.; WESTERBLAD, H. The effects of caffeine on intracellular calcium, force and the rate of relaxation of mouse skeletal muscle. **The Journal of Physiology**, London, England, v. 487, n. 2, p. 331-342, 1995.

ALVERO-CRUZ, J. R. *et al.* Predictive Performance Models in Long-Distance Runners: A Narrative Review. **International Journal of Enviromental Research and Public Health**, Basel, Switzerland, v. 17, n. 8289, p. 1-22, 2020.

AMANN, M. Central and Peripheral Fatigue: Interaction during Cycling Exercise in Humans. **Medicine and Science in Sports and Exercise**, Indianapolis (IN), United States, v. 43, n. 11, p. 2039-2045, 2011.

ACSM – AMERICAN COLLEGE OF SPORTS MEDICINE. **Diretrizes do ACSM Para Testes de Esforço e Sua Prescrição**. 9. ed. Rio de Janeiro: Guanabara Koogan, 2014.

ACSM – AMERICAN COLLEGE OF SPORTS MEDICINE. **Guidelines for Exercise Testing and Prescription**. 6. ed. Baltimore: Lippincott Williams & Wilkis, 2000.

ADA – AMERICAN DIABETES ASSOCIATION. Classification and diagnosis of diabetes: Standards of Medical Care in Diabetes. **Diabetes Care**, Alexandria (VA), United States, v. 43, p. S14-S31, 2020. supl. 1.

ANDERSEN, J. J. International Institute for Race Medicine: The State of Running 2019. [S. l.], 2019. Disponível em: http://racemedicine.org/the-state-of-running-2019/. Acesso em: 29 nov. 2022.

ANDERSEN, P.; HENRIKSSON, J. Training induced changes in the subgroups of humans type II skeletal muscle fibres. **Acta Physiology Scandinavica**, Oxford, England, v. 99, p. 123-125, 1977.

ANDERSON, L. M. et al. What are the Benefts and Risks Associated with Changing Foot Strike Pattern During Running? A Systematic Review and Metaanalysis of Injury, Running Economy, and Biomechanics. **Sports Medicine**, Auckland, New Zealand, v. 50, n. 5, p. 885-917, 2019.

ANDRADE-SOUZA, V. A. et al. Exercise twice-a-day potentiates markers of mitochondrial biogenesis in men. **The FASEB Journal**, Bethesda (MD), United States, v. 34, n. 1, p. 1602-1619, 2019.

ARCERES, F. et al. The Use of Compression Stockings During a Marathon Competition to Reduce Exercise-Induced Muscle Damage: Are They Really Useful? **Journal of Orthopaedic & Sports Physical Therapy**, Alexandria (VA), United States, v. 45, n. 6, p. 462-470, 2015.

ARETA, J. L.; HOPKINS, W. G. Skeletal Muscle Glycogen Content at Rest and During Endurance Exercise in Humans: A Meta-Analysis. **Sports Medicine**, Auckland, New Zealand, v. 48, n. 9, p. 2091-2102, 2018.

ARMSTRONG, L. E. et al. Exertional Heat Illness during Training and Competition. **Medicine and Science in Sports and Exercise**. Indianapolis (IN), United States, Special Communications, p. 556-572, 2007.

ASTRAND, I. Aerobic Work Capacity in Men and Women with Special Reference to Age. **Acta Physiology Scandinavica**, Oxford, England, v. 49, n. 169, p. 1-92, 1960.

AZEVEDO, L. F. et al. Características Cardíacas e metabólicas de Corredores de longa Distância do Ambulatório de Cardiologia do Esporte e Exercício, de um Hospital terciário. **Arquivos Brasileiros de Cardiologia**, Sao Paulo, Brazil, v. 99, n. 1, p. 17-25, 2007.

AZEVEDO, R. A. *et al.* Fatigue development and perceived response during selfpaced endurance exercise: stateoftheart review. **European Journal of Applied Physiology**, Berlin, Germany, v. 121, p. 687-696, 2021.

BEE, P. Analysis: Stride length was key for Mo Farah in world 10,000m final. **Athleticsweekly.com**, 2017. Disponível em: https://www.athleticsweekly.com/performance/analysis-stride-length-key-mo-farah-world-10000m-69646/. Acesso em: 15 jun. 2020.

BARNES, K. R.; KILDING, A. E. A Randomized Crossover Study Investigating the Running Economy of HighlyTrained Male and Female Distance Runners in Marathon Racing Shoes versus Track Spikes. **Sports Medicine**, Auckland, New Zealand, v. 49, p. 331-342, 2019.

BARNES, K. R.; KILDING, A. E. A Running economy: measurement, norms, and determining factors. **Sports Medicine**, Auckland, New Zealand, v. 1, n. 8, p. 1-15, 2015

BASSETT, D. R. JR.; HOWLEY, E. T. Limiting factors for maximum oxygen uptake and determinants of endurance performance. **Medicine and Science in Sports and Exercise**, Indianapolis (IN), USA, v. 32, n. 1, p. 70-84, 2000.

BEATTIE, K. *et al.* The effect of strenght training on performance indications in distance runners. **Journal of Strenght and Conditioning Research**, Colorado Springs (CO), United States, v. 31, n. 1, p. 9-23, 2016.

BERGH, U. *et al.* Maximal Oxygen Uptake and Muscle Fiber Types in Trained and Untrained Humans. **Medicine of Science Sports**, Madison (WI), United States, v. 10, n. 3, p. 151-154, 1978.

BERGSTRÖM, J. *et al.* Diet, Muscle Glycogen and Physical Performance. **Acta Physiologica Scandinavica**, Oxford, England, v. 71, n. 2-3, p. 140-150, 1967.

BERGSTRÖM, J.; HULTMAN, E. Nutritional for maximal sports performance. **Journal of the American Medicine Association**, Chicago (IL), United States, v. 221, n. 9, p. 999-1006, 1972.

BERRYMAN, N. *et al.* Strength Training for Middle- and Long-Distance Performance: A Meta-Analysis. **International Journal of Sports Physiology and Performance**, Hanover (NH), United States, v. 13, n. 1, p. 57-63, 2018.

BERTHON, P. *et al.* A 5-min running field test as a measurement of maximal aerobic velocity. **European Journal of Applied Physiology**, Berlin, Germany, v. 75, p. 233-238, 1997.

BERTUZZI, R. *et al.* (org.) **Aptidão Aeróbia**: desempenho esportivo, saúde e nutrição. 1. ed. Barueri: Manole, 2017.

BERTUZZI, R. *et al.* Pacing strategy determinants during a 10- km running time trial: Contributions of perceived effort, physiological, and muscular parameters. **Journal of Strength and Conditioning Research**, Colorado Springs (CO), United States, v. 28, n. 6, p. 1688-1696, 2014.

BIEUZEN, F. *et al.* Effect of Wearing Compression Stockings on Recovery After Mild Exercise-Induced Muscle Damage. **International Journal of Sports Physiology and Performance**, Hanover (NH), United States, v. 9, p. 256-264, 2014.

BILLAT, V. Interval Training for Performance: A Scientific and Empirical Practice Special Recommendations for Middle- and Long-Distance Running. Part I: Aerobic Interval Training. **Sports Medicine**, Auckland, New Zealand, v. 31, n. 1, p. 13-31, 2001.

BLAGROVE, R. C.; HOWATSON, G.; HAYES, P. R. Effects of Strength Training on the Physiological Determinants of Middle- and Long-Distance Running Performance: A Systematic Review. **Sports Medicine**, Auckland, New Zealand, v. 48, p. 1117-1149, 2018.

BLANCHFIELD, A. W. *et al.* The influence of an afternoon nap on the endurance performance of trained runners. **European Journal of Sport Science**, Berlin, Germany, p. 1177-1184, 2018.

BORG, G. A. V. Psychophysical bases of perceived exertion. **Medicine and Science in Sports and Exercise**, Indianapolis (IN), United States, v. 14, n. 5, p. 377-381, 1982.

BOSCO, C.; LUHTANEN, P.; KOMI, P. V. A simple method for measurement of mechanical power in jumping. **European Journal of Applied Physiology and Occupational Physiology**, Berlin, Germany, v. 50, p. 273-82, 1983.

BOULLOSA, D. *et al.* Factors Affecting Training and Physical Performance in Recreational Endurance Runners. **Sports**, Basel, Switzerland, v. 8, n. 35, p. 1-20, 2020.

BOVALINO, S. P.; KINGSLEY, M. I. C. Foot Strike Patterns During Overground Distance Running: A Systematic Review and Meta-Analysis. **Sports Medicine**, Auckland, New Zealand, v. 7, n. 21, p. 1-12, 2021.

BROWN, L. E.; WEIR, J. P. ASEP procedures recommendation I: accurate assessment of muscular strength and power. **Journal of Exercise Physiology Online**, Indianapolis (IN), United States, v. 4, n. 3, p. 1-21, 2001.

BRUE, F. Une variante du test de piste progressif et maximal de Léger et Boucher: le test vitesse maximale aérobie derrière cycliste (test VMA). **Bulletin Médical de la Fédération Française d'Athlétisme**, Paris, France, v. 7, p. 1-18, 1985.

BRUM, P. C. et al. Adaptações agudas e crônicas do exercício físico no sistema cardiovascular. **Revista Paulista de Educação Física**, Sao Paulo, Brazil, v. 18, n. especial, p. 21-31, 2004.

BLAIN, G. M. et al. Group III/IV muscle afferents limit the intramuscular metabolic perturbation during whole body exercise in humans. **The Journal of Physiology**, Oxford, England, v. 594, n. 18, p. 5303-315, 2016.

BLÜHER, M. Obesity: global epidemiology and pathogenesis. **Nature Reviews Endocrinology**, London, England, v. 15, p. 288-298, 2019.

BURKE, L. M. Nutritional approaches to counter performance constraints in high-level sports competition. **Experimental Physiology**, Cambridge, England, v. 106, p. 2304-2323, 2021.

BURKE, L. M. et al. Article Title: Contemporary Nutrition Strategies to Optimize Performance in Distance Runners and Race Walkers. **International Journal of Sport Nutrition and Exercise Metabolism**, Champaign, United States, v. 29, n. 2, p. 117-129, 2019.

BURKE, L. M.; VAN LOON, L. J. C.; HAWLEY, J. A. Postexercise muscle glycogen resynthesis in humans. **Journal of Applied Physiology**, Bethesda (MD), United States, v. 122, p. 1055-1067, 2017.

CASA, D. J. et al. National Athletic Trainer's Association Position Statement (NATA): Fluid replacement for athletes. **Journal of Athletic Training**, Dallas (TX), United States, v. 2, n. 35, p. 212-24, 2000.

CARMICHAEL, M. A. et al. The Impact of Menstrual Cycle Phase on Athletes' Performance: A Narrative Review. **International Journal of Environmental Research and Public Health**, Basel, Switzerland, v. 18, n. 1667, p. 1-22, 2021.

CAMPOS, A. C. et al. Prevalência de Lesões em Corredores de Rua Amadores. **Revista Brasileira de Pesquisa em Ciências da Saúde**, Brasilia, Brazil, v. 3, p. 40-45, 2016.

CARMO, E. C. **Efeito da economia de corrida sobre a estratégia de prova utilizada durante uma corrida de 10 km.** 2014. Tese (Doutorado em Educação Física e Esporte) – Escola de Educação Física e Esporte da Universidade de São Paulo, São Paulo, 2014. p. 117.

CARTER, H.; JONES, A. M.; DOUST, J. H. Effect of six weeks of endurance training on the lactate minimum speed. **Journal of Sports Science**, London, England, v. 17, p. 957-67, 1999.

CARR, A. J.; HOPKINS, W. G.; GORE, C. J. Effects of acute alkalosis and acidosis on performance: a meta-analysis. **Sports Medicine**, Auckland, New Zealand, v. 41, p. 801-814, 2011.

CARRICK-RANSON, G. et al. The effect of lifelong exercise dose on cardiovascular function during exercise. **Journal of Applied Physiology**, Bethesda (MD), United States, v. 116, p. 736-45, 2014.

CASADO, A. et al. Training Periodization, Methods, Intensity Distribution, and Volume in Highly Trained and Elite Distance Runners: A Systematic Review. **International Journal of Sports Physiology and Performance**, Hanover (NH), United States, v. 17, p. 820-833, 2022.

CHUNG H. C. et al. Responsiveness to endurance training can be partly explained by the number of favorable single nucleotide polymorphisms an individual possesses. **PLoS One**, San Francisco (CA), United States, n. 18, v. 7, e0288996, 2023.

CLOSE, G. L. et al. New Strategies in Sport Nutrition to Increase Exercise Performance. **Free Radical Biology and Medicine**, Tarrytown (NY), United, States, v. 98, p. 144-158, 2016.

COCHRUM, R. G. et al. Visual Classification of Running Economy by Distance Running Coaches. **European Journal of Sport Science**, Berlin, Germany, v. 21, n. 8, p. 1111-1118, 2021.

COETZER, P. et al. Superior fatigue resistance of elite black South African distance runners. **Journal Applied Physiology**, Bethesda (MD), United States, v. 75, n. 4, p. 1822-1827, 1993.

COHEN, M. **Guia de Medicina do Esporte**. 1. ed. São Paulo: Manole, 2008.

CONCONI, F. *et al.* Determination of the anaerobic threshold by a noninvasive field test in runners. **Journal of Applied Physiology**: Respiratory, Environment and Exercise Physiology, Bethesda (MD), United States, v. 52, n. 4, p. 869-873, 1982.

COSTA, H. A. *et al.* Desidratação e balanço hídrico em meia maratona. **Revista Brasileira de Ciência e Esporte**, Florianopolis, Brazil, v. 36, n. 2, p. 341-351, 2014.

COSTILL, D. L. *et al.* Muscle Strength and Fiber Composition in Athletes and Sedentary Men. **Journal Applied Physiology**, Bethesda (MD), United States, v. 40, n. 2, p. 146-54, 1976.

COSTILL, D. L.; THOMASON, H.; ROBERTS, E. Fractional utilization of the aerobic capacity during distance running. **Medicine and Science in Sports and Exercise**, Indianapolis (IN), United States, v. 5, p. 248-252, 1973.

COOPER, K. H. A Means of Assessing Maximal Oxygen Intake. **Journal of the American Medicine Association**, Chicago (IL), United States, v. 203, n. 3, p. 201-204, 1968.

COOPER, K. H. Guidelines in the Management of the Exercising Patient. **Journal of the American Medicine Association**, Chicago (IL), United States, v. 211, n. 10, p. 1663-1667, 1970.

COOPER, K. H. **O Programa aeróbico para o Bem-estar Total**. Rio de Janeiro: Nórdica, 1982.

CONVERTINO, V. A. Blood Volume Response to Physical Activity and Inactivity. **The American Journal of the Medical Sciences**, New York (NY), United States, v. 334, n. 1, p. 72-79, 2007.

CONVERTINO, V. A. *et al.* E. Plasma volume, osmolality, vasopressin, and renin activity during graded exercise in man. **Journal of Applied Physiology**, Bethesda (MD), United States, v. 50, n. 1, p. 123-128, 1981.

CRUZ, R. *et al.* Air pollution and high-intensity interval exercise: Implications to anti-inflammatory balance, metabolome and cardiovascular responses. **Science of The Total Environment**, Amsterdam, Netherlands, v. 10, n. 151094, 2021.

CULLEN, T. *et al.* The effects of a single night of complete and partial sleep deprivation on physical and cognitive performance: A Bayesian analysis. **Journal of Sports Sciences**, London, England, v. 37, n. 23, p. 2723-2734, 2019.

DABONEVILLE, M. *et al.* The 5 min running field test: test and retest reability on trained men and women. **European Journal of Applied Physiology**, Berlin, Germany, v. 88, p. 353-360, 2003.

DAMASCENO, M. V. *et al.* Effects of resistance training on neuromuscular characteristics and pacing during 10- km running time trial. **European Journal of Sports Science**, Berlin, Germany, v. 115, p. 1513-1522, 2015.

DANIELS, J. **Fórmula da corrida de Daniels**. 2. ed. Porto Alegre: Artmed, 2013.

DARROCH, F. *et al.* Impact of Pregnancy in Elite to World-Class Runners on Training and Performance Outcomes. **Medicine and Science in Sports and Exercise**, Indianapolis (IN), United States, v. 55, n. 1, p. 93-100, 2022.

DAUSSIN, F. N. *et al.* Improvement of VO2max by cardiac output and oxygen extraction adaptation during intermittent versus continuous endurance training. **European Journal of Applied Physiology**, Berlin, Germany, v. 101, n. 3, p. 377- 383, 2007.

DAUSSIN, F. N. *et al.* Effect of interval versus continuous training on cardiorespiratory and mitochondrial functions: relationship to aerobic performance improvements in sedentary subjects. **American Journal of Physiology. Regulatory, Integrative and Comparative Physiology**, Bethesda (MD), United States, v. 295, n. 1, p. R264-R272, 2008.

DAVIS, J. M.; BAYLE, S. P. Possible mechanisms of central nervous system fatigue during exercise. **Medicine and Science in Sports and Exercise**, Indianapolis (IN), United States, v. 29, n. 1, p. 45-57, 1997.

DAVIES, C. T. M.; THOMPSON, M. W. Aerobic performance of females marathon and male ultramarathon athletes. **European Journal Applied Physiology**, Berlin, Germany, v. 41, p. 233-245, 1979.

DE KONING, J. J. *et al.* Regulation of Pacing Strategy during Athletic Competition. **PloS One**, San Francisco (CA), United States, v. 6, n. 1, p. 1-6, 2011.

DENHAM, J. *et al.* Increased expression of telomere-regulating genes in endurance athletes with long leukocyte telomeres. **Journal of Applied Physiology**, Bethesda (MD), United States, v. 120, p. 148-158, 2016.

DENHAM, J.; SELLAMI, M. Exercise training increases tomerase reverse transcriptase gene expression. And telomerase activity: A systematic review and meta-analysis. **Ageing Research Reviews**, Oxford, England, v. 70, p. 1-13, 2021.

DESAI, P. *et al.* Recreational Runners with a History of Injury Are Twice as Likely to Sustain a Running-Related Injury as Runners with No History of Injury: A 1-Year Prospective Cohort Study. **Journal of Orthopaedic & Sports Physical Therapy**, Washington (DC), United States, v. 51, n. 3, p. 144-153, 2021.

DÍAZ, J. J.; FERNÁNDEZ-OZCORTA, E. J.; SANTOS-CONCEJERO, J. The influence of pacing strategy on marathon world records. **European Journal of Sports Science**, Berlin, Germany, v. 18, n. 6, p. 781-786, 2018.

DIETRICH, A.; McDANIEL, W. F. Endocannabinoids and exercise. **British Journal of Sports Medicine**, London, England, v. 38, p. 536-541, 2004.

DSBD – DIRETRIZES DA SOCIEDADE BRASILEIRA DE DIABETES. **Diretrizes da Sociedade Brasileira de Diabetes 2017-2018**. José Egídio Paulo de Oliveira, Renan Magalhães Montenegro Junior e Sérgio Vencio. São Paulo: Editora Clannad, 2017.

DORN, T. W.; SCHACHE, A. G.; PANDY, M. G. Muscular strategy shift in human running: dependence of running speed on hip and ankle muscle performance. **The Journal of Experimental Biology**, London, England, v. 215, p. 1944-1956, 2012.

D'SILVA, A. *et al.* Cardiovascular Remodeling Experienced by Real-World, Unsupervised, Young Novice Marathon Runners. **Frontiers in Physiology**, Lausanne, Switzerland, v. 11, art. 232, p. 1-16, 2020.

DUBOUCHAUD, H. *et al.* Endurance training, expression, and physiology of LDH, MCT1, and MCT4 in human skeletal muscle. **American Journal of Physiology Endocrinology and Metabolism**, Bethesda (MD), United States, v. 278, p. E571-E579, 2000.

EIHARA, Y. *et al.* Heavy Resistance Training Versus Plyometric Training for Improving Running Economy and Running Time Trial Performance: A Systematic Review and Meta-analysis. **Sports Medicine – Open**, Auckland, New Zealand, v. 8, n. 138, p. 1-21, 2022.

FAINA, M. *et al.* Anaerobic Contribution to the Time to Exhaustion at the Minimal Exercise Intensity at which Maximal Oxygen Uptake Occurs in Elite Cyclists, Kayakists and Swimmers. **European Journal of Applied Physiology**, Berlin, Germany, v. 76, p. 13-20, 1997.

FAUDE, O.; KINDERMANN, W.; MEYER, T. Lactate Threshold Concepts How Valid are They? **Sports Medicine**, Auckland, New Zealand, v. 39, n. 6, p. 469-490, 2009.

FERNÁNDEZ-LÁZARO, D. *et al.* Modulation of Exercise-Induced Muscle Damage, Inflammation, and Oxidative Markers by Curcumin Supplementation in a Physically Active Population: A Systematic Review. **Nutrients**, Basel, Switzerland, v. 12, n. 501, p. 1-20, 2020.

FEYERABEND, P. K. **Contre la méthode:** esquisse d'une théorie anarchiste de la connaissance. Paris: Seuil, 1988.

FILLIPAS, L. *et al.* Effects of plyometric training on different 8-week training intensity distributions in well-trained endurance runners. **Scandinavian Journal of Medicine and Science in Sports**, Copenhagen, Denmark, v. 33, n. 3, p. 200-212, 2022.

FREDERICSON, M.; MISRA, A. K. Epidemiology and an etiology of marathon running injuries. **Sports Medicine**, Auckland, New Zealand, v. 37 n. 4-5, p. 437-439, 2007.

FREDHOLM, B. B. *et al.* Actions of caffeine in the brain with special reference to factors that contribute to its widespread use. **Pharmacological Reviews**, Bethesda (MD), United States, v. 51, n. 1, p. 83-133, 1999.

FOSS, M. L.; KETEYIAN, S. J. **Bases Fisiológicas do Exercício e do Esporte**. 6. ed. Rio de Janeiro: Guanabara Koogan, 2010.

FOSTER, C. Monitoring training in athletes with reference to overtraining syndrome. **Medicine and Science in Sports and Exercise**, Indianapolis (IN), United States, v. 30, p. 1164-1168, 1998.

FOSTER, C. *et al.* A New Approach to Monitoring Exercise Training. **Journal of Strength and Conditioning Research**, Colorado Springs (CO), United States, v. 15, n. 1, p. 109-115, 2001.

FOSTER, C.; LUCIA, A. Running Economy: the forgotten factor in elite Performance. **Sports Medicine**, Auckland, New Zealand, v. 37, n. 4-5, p. 316-319, 2007.

FOSTER, C. *et al.* Pacing Strategy and Athletic Performance. **Sports Medicine**, Auckland, New Zealand, v. 17, n. 2, p. 77-85, 1994.

FOX, S. M.; NAUGHTON, J. P.; HASKELL, W. L. Physical activity and the prevention of coronary heart disease. **Annals of Clinical Research**, v. 3, n. 6, p. 404-432, 1971.

GABBETT, T. J. The training-injury prevention paradox: should athletes be training smarter and harder? **British Journal of Sports Medicine**, London, England, v. 0, p. 1-9, 2016.

GABBETT, T. J. Debunking the myths about training load, injury and performance: empirical evidence, hot topics and recommendations for practitioners. **British Journal of Sports Medicine**, London, England, v. 54, n. 1, p. 58-66, 2020.

GAESSER, G. A.; POOLE, D. C. The Slow Component of Oxygen Uptake Kinetics in Humans. **Exercise and Sports Sciences Reviews**, New York (NY), United States, v. 24, p. 35-71, 1996.

GALBRAITH, A. *et al.* Single-Visit Field Test of Critical Speed. **International Journal of Sports Physiology and Performance**, Hanover (NH), United States, v. 9, p. 931-935, 2014.

GARBER, C. E. *et al.* Quantity and Quality of Exercise for Developing and Maintaining Cardiorespiratory, Musculoskeletal, and Neuromotor Fitness in Apparently Healthy Adults: Guidance for Prescribing Exercise. **Medicine and Science in Sports and Exercise**, Indianapolis (IN), United States, v. 43, n. 7, p. 1334-1359, 2011.

GASTIN, P. B. Energy System Interaction and Relative Contribution During Maximal Exercise. **Sports Medicine**, Auckland, New Zealand, v. 31, n. 10, p. 725-741. 2001.

GHIARONE, T. *et al.* Twice-a-day training improves mitochondrial efficiency, but not mitochondrial biogenesis, compared with once-daily training. **Journal Applied Physiology**, Bethesda (MD), United States, v. 127, n. 3, p. 713-25, 2019.

GHORAYEB, N. *et al.* Hipertrofia Ventricular Esquerda do Atleta. Resposta Adaptativa Fisiológica do Coração. **Arquivos Brasileiros de Cardiologia**, Sao Paulo, Brazil, v. 85, n. 3, p. 191-197, 2005.

GHORAYEB, N. *et al.* Atualização da Diretriz em Cardiologia do Esporte e do Exercício da Sociedade Brasileira de Cardiologia e da Sociedade Brasileira de Medicina do Esporte. **Arquivos Brasileiros de Cardiologia**, Sao Paulo, Brazil, v. 112, n. 3, p. 326-368, 2019.

GILVEN-AMMANN, R.; SCHWEIZER, T.; WYSS, T. Accuracy of Distance Recordings in Eight Positioning-Enabled Sport Watches: Instrument Validation Study. **JMIR mHealth and uHealth**, Toronto, Canada, v. 8, n. 6, p. 1-11, 2020.

GOLLNICK, P. D. *et al.* Effect of training on enzyme activity and fiber composition of human skeletal muscle. **Journal Applied Physiology**, Bethesda (MD), United States, v. 34, n. 1, p. 107-111, 1973.

GONZÁLEZ-RAVÉ, J. M. *et al.* Reverse Periodization for Improving Sports Performance: A Systematic Review. **Sports Medicine - Open**, Auckland, New Zealand, v. 8, n. 56, p. 1-14, 2022.

GRGIC, J. *et al.* The Infuence of Cafeine Supplementation on Resistance Exercise: A Review. **Sports Medicine**, Auckland, New Zealand, v. 49, n. 1, p. 17-30, 2018.

GRIVAS, G. V. The Effects of Tapering on Performance in Elite Endurance Runners: A Systematic Review. **International Journal of Sports Science**, v. 8, n. 1, p. 8-13, 2018.

GRUBER, A. H. *et al.* Economy and rate of carbohydrate oxidation during running with rearfoot and forefoot strike patterns. **Journal Applied Physiology**, Bethesda (MD), United States, v. 115, p. 194-201, 2013.

HAMILL, J.; GRUBER, A. H. Is Changing Footstrike Pattern Beneficial to Runners? **Journal of Sport and Health Science**, Shanghai, China, v. 6, n. 2, p. 146-53, 2017.

HANLEY, B. *et al.* Most marathon runners at the 2017 IAAF World Championships were rearfoot strikers, and most did not change footstrike pattern. **Journal of Biomechanics**, New York (NY), United States, v. 92, p. 54-60, 2019.

HARGREAVES, M.; SPRIET, L. **Exercise and Metabolism**. 2. ed. Champaign (IL): Human Kinetics, 2006.

HASEGAWA, H.; YAMAUCHI, T.; KRAMER, W. J. Foot strike patterns of runners at the 15- km point during an elite-level half Marathon. **Journal of Strenght and Condition Research**, Colorado Springs (CO), United States, v. 21, n. 3, p. 888-93, 2007.

HAUGEN, T. *et al.* The Training Characteristics of World- Class Distance Runners: An Integration of Scientific Literature and Results-Proven Practice. **Sports Medicine**, Auckland, New Zealand, v. 8, n. 46, p. 1-18, 2022.

HECK, H. *et al.* Justification of the 4mmol/l lactate threshold. **International Journal of Sports Medicine**, Stuttgart, Germany, v. 6, p. 117-30, 1985.

HEINICKE, K. *et al.* Blood volume and hemoglobin mass in elite athletes of different disciplines. **International Journal of Sports Medicine**, Stuttgart, Germany, v. 22, p. 504-512, 2001.

HELLSTEN, Y.; NYBERG, M. Cardiovascular Adaptations to Exercise Training. **Comprehensive Physiology**, Bethesda (MD), United States, v. 6, p. 1-32, 2016.

HENRIKSSON, J.; REITMAN, J. S. Time course of changes in human skeletal muscle succinate dehydrogenase and cytochrome oxidase activies and maximal oxygen uptake with physical activity and inactivity. **Acta Physiology Scandinavica**, Oxford, England, v. 99, p. 91-97, 1977.

HILL, A. V.; LONG, C. N. H.; LUPTON, H. Muscular exercise, lactic acid and the supply and utilization of oxygen. **Quarterly Journal Medicine**, Oxford, England, v. 16, n. 62, p. 135-71, 1923.

HILL, D. W. The Critical Power Concept. A Review. **Sports Medicine**, Auckland, New Zealand, v. 16, n. 4, p. 237-54, 1993.

HDT – HISTORIA DEL ENTRENAMIENTO II. 1930. El fartlek entra en escena. **26 millas**, 2014. Disponível em: http://www.26millas.com/historia-del-entrenamiento-ii-1930. Acesso em: 18 dez. 2020.

HOLLMANN, W. Zur Frague der Deuerleistungshigkeit. **Fortschr der Medizin**, Berlin, Germany, v. 79, p. 439-53, 1961.

HOOPER, S. L. *et al.* Markers for monitoring overtraining and recovery. **Medicine and Science in Sports and Exercise**, Indianapolis (IN), United States, v. 27, n. 1, p. 106-112, 1995.

HOWLEY, E. T.; BASSET, D. R.; WELCH, H. G. Criteria for maximal oxygen uptake: review and comentary. **Medicine and Science in Sports and Exercise**, Indianapolis (IN), United States, v. 27, n. 9, p. 1292-1301, 1995.

HUPIN, D. *et al.* Even a Low-Dose of Moderate-To-Vigorous Physical Activity Reduces Mortality by 22% in Adults Aged ≥60 Years: A Systematic Review and Meta-Analysis. **British Journal of Sports Medicine**, London, England, v. 49, n. 19, p. 1262-1267, 2015.

HULLEMAN, M. et al. The Effect of Extrinsic Motivation on Cycle Time Trial Performance. **Medicine and Science in Sports and Exercise**, Indianapolis (IN), USA, v. 39, n. 4, p. 709-715, 2007.

HUREAU, T. J. et al. On the role of skeletal muscle acidosis and inorganic phosphates as determinants of central and peripheral fatigue: a [31] P-MRS study. **The Journal of Physiology**, London, England, v. 600, n. 3, p. 3069-3081, 2022.

HUREAU, T. J.; ROMER, L. M.; AMANN, M. The 'sensory tolerance limit': A hypothetical construct determining exercise performance? **European Journal os Sports Science**, Berlin, Germany, v. 18, n. 1, p. 13-24, 2016.

IANNETTA, D. et al. A Critical Evaluation of Current Methods for Exercise Prescription in Women and Men. **Medicine and Science in Sports and Exercise**, Indianapolis, USA, v. 52, n. 2, p. 466-473, 2020.

INGJER, F. Effects of endurance training on muscle fibre ATP-ase activity, capillary supply and mitochondrial content in man. **The Journal of Physiology**, London, England, v. 294, p. 419-432, 1979.

IBGE – INSTITUTO BRASILEIRO DE GEOGRAFIA E ESTATÍSTICA. Ministério do Esporte. Ministério do Planejamento, Desenvolvimento e Gestão. **Pesquisa Nacional por Amostra de Domicílios**: Prática de Esporte e Atividade Física – 2015. Rio de Janeiro, 2017. Disponível em: https://biblioteca.ibge.gov.br/visualizacao/livros/liv100364.pdf. Acesso em: 20 abr. 2020.

IBGE – INSTITUTO BRASILEIRO DE GEOGRAFIA E ESTATÍSTICA. 2023. **Panorama do Censo 2022**. Disponível em: https://censo2022.ibge.org.br/panorama. Acesso em: 23 jul. 2023.

IRVING, R. A. et al. Plasma volume and renal function during and after ultramarathon running. **Medicine and Science in Sports and Exercise**, Indianapolis (IN), United States, v. 22, p. 581-587, 1990.

JACKSON, A. S.; POLLOCK, M. L. Generalized equations for predicting body density of men. **The British Journal of Nutrition**, Wallingford, England, v. 40, p. 497-504, 1978.

JACOBS, R. A. et al. Improvements in exercise performance with high-intensity interval training coincide with an increase in skeletal muscle mitochondrial content and function. **Journal Applied Physiology**, Bethesda (MD), United States, v. 115, p. 785-793, 2013.

JÄGER, R. *et al.* International Society of Sports Nutrition Position Stand: Probiotics. **Journal of the International Society of Sports Nutrition**, Philadelphia (PA), United States, v. 16, n. 62, p. 1-44, 2019.

JAMES, L. J. *et al.* Cow's milk as a post-exercise recovery drink: implications for performance and health. **European Journal of Sport Science**, Berlin, Germany, p. 1-9, 2018.

JANSSON, E.; KAIJSER, L. Substrate utilization and enzymes in skeletal muscle of extremely endurance-trained men. **Journal Applied Physiology**, Bethesda (MD), United States, v. 62, n. 3, p. 999-1005, 1987.

JIMÉNEZ-PAVÓN, D. *et al.* Effects of a moderate intake of beer on markers of hydration after exercise in the heat: a crossover study. **Journal of the International Society of Sports Nutrition**, Philadelphia (PA), United States, v. 12, n. 26, p. 1-8, 2015.

JOHNSON, B. L.; NELSON, J. K. **Practical Measurements for Evaluation in Physical Education**. Minnesota: Burgess, 1979.

JONES, A. M.; CARTER, H. The effect of endurance training on parameters of aerobic fitness. **Sports Medicine**, Auckland, New Zealand, v. 29, n. 6, p. 373-386, 2000.

JONES, A. D.; VANHATALO, A. The 'Critical Power' Concept: Applications to Sports Performance with a Focus on Intermittent High-Intensity Exercise. **Sports Medicine**, Auckland, New Zealand, v. 47, p. S65-S78, 2017. supl. 1.

JONES, A. D.; VANHATALO, A.; BAILEY, S. J. Influence of Dietary Nitrate Supplementation on Exercise Tolerance and Performance. **Nestle Nutrition Institute Workshop**, Basel, Switzerland, v. 75, p. 27-40, 2013.

KARSTEN, B. *et al.* The Effects of a Sports Specific Maximal Strength and Conditioning Training on Critical Velocity, Anaerobic Running Distance and 5- km Race Performance. **International Journal of Sports Physiology and Performance**, Hanover (NH), United States, v. 11, n. 1, p. 80-85, 2016.

KARP, J. R. Training Characteristics of Qualifiers for the U.S. Olympic Marathon Trials. **International Journal of Sports Physiology and Performance**, Hanover (NH), United States, v. 2, p. 72-92, 2007.

KARVONEN, M. J.; KENTALA, E.; MUSTALA, O. The effects of training on heart rate a longitudinal study. **Annales Medicinae Experimentalis et Biologiae Fenniae**, Helsink, Finland, v. 35, n. 3, p. 307-15, 1957.

KARVONEN, J.; VUORIMAA, T. Heart rate and exercise intensity during sports activities: Practical application. **Sports Medicine**, Auckland, New Zealand, v. 5, p. 303-312, 1988.

KENNEY, W. L.; WILMORE, J. H.; COSTILL, D. L. **Physiology of Sport and Exercise**. 5. ed. Champaign (IL): Human Kinetics, 2012.

KERHERVÉ, H. A. et al. Calf compression sleeves change biomechanics but not performance and physiological responses in trail running. **Frontiers in Physiology**, Lausanne, Switzerland, v. 8, art. 247, p. 1-13, 2017.

KERKSIC, C. M. et al. ISSN exercise & sports nutrition review update: research & recommendations. **Journal of the International Society of Sports Nutrition**, Philadelphia (PA), United States, v. 15, n. 38, p. 1-37, 2018.

KINDERMANN, W.; SIMON, G.; KEUL, J. The significance of the aerobic-anaerobic transition for the determination of work load intensities during endurance training. **European Journal of Applied Physiology and Occupational Physiology**, Berlin, Germany, v. 42, p. 25-34, 1979.

KLINE, G. M. et al. Estimation of VO2max From a One-Mile Track Walk, Gender, Age, and Body Weight. **Medicine and Science in Sports and Exercise**, Indianapolis (IN), United States, v. 19, n. 3, p. 253-259, 1897.

KNECHTLE, B. et al. The Role of Environmental Conditions on Master Marathon Running Performance in 1,280,557 Finishers the 'New York City Marathon' From 1970 to 2019. **Frontiers in Physiology**, Lausanne, Switzerland, v. 12, p. 1-12, 2021.

KOHN, T. A.; ESSÉN-GUSTAVSSON, B.; MYBURGH, K. H. Do skeletal muscle phenotypic characteristics of Xhosa and Caucasian endurance runners differ when matched for training and racing distances? **Journal Applied Physiology**, Bethesda (MD), United States, v. 103, p. 932-940, 2007.

KÖNIG, D. et al. Substrate Utilization and Cycling Performance Following Palatinose™ Ingestion: A Randomized, Double-Blind, Controlled Trial. **Nutrients**, Basel, Switzerland, v. 8, n. 7, p. 1-10, 2016.

KONINGS, M. J. et al. Racing an Opponent Alters Pacing, Performance and Muscle Force Decline, But Not RPE. **International Journal of Sports Physiology and Performance**, Hanover (NH), United States, v. 13, n. 3, p. 283-289, 2018.

KONTRO, T. K. *et al.* Mortality and health-related habits in 900 Finnish former elite athletes and their brothers. **British Journal of Sports Medicine**, London, England, v. 0, p. 1-8, 2017.

KRIEGER, E. M.; SILVA, G. J. J.; NEGRÃO, C. E. Effects of Exercise Training on Baroreflex Control of the Cardiovascular System. **Annals of the New York Academy of Sciences**, New, York (NY), United States, v. 940, p. 338-347, 2001.

KULMALA, J-P. *et al.* Running in highly cushioned shoes increases leg stiffness and amplifies impact loading. **Scientific Reports**, London, England, v. 8, p. 1-7, 2018.

KUJALA, U. M. *et al.* Occurrence of Chronic Disease in Former Top-Level Athletes. Predominance of Benefits, Risks or Selection Effects? **Sports Medicine**, Auckland, New Zealand, v. 33, n. 8, p. 553-561, 2003.

LANCHA JR., A. H.; PEREIRA-LANCHA, L. O. **Avaliação e prescrição de exercícios físicos**: normas e diretrizes. Barueri: Manole, 2016.

LANGAN, S. P.; GROSICKI, G. J. Exercise in Medicine... and the Dose Matters. **Frontiers in Physiology**, Lausanne, Switzerland, v. 12, art. 660818, p. 1-5, 2021.

LARSEN, H. B. Kenyan dominance in distance running. Comparative Biochemistry and Physiology Part A. **Molecular e Integrative Physiology**, New York (NY), United States, v. 136, p. 161-170, 2003.

LAURSEN, P. B. Training for intense exercise performance: high-intensity or high-volume training? **Scandinavian Journal of Medicine and Science in Sports**, Copenhagen, Denmark, v. 20, p. 1-10, 2010. supl. 2.

LAVIE, C. J. *et al.* N. Effects of Running on Chronic Diseases and Cardiovascular and All-Cause Mortality. **Mayo Clinic Proceedings**, Oxford, England, v. 90, n. 11, p. 1541-52, 2015.

LEE, D-C. *et al.* Running as a Key Lifestyle Medicine for Longevity. **Progress in Cardiovascular in Diseases**, Philadelphia (PA), United States, v. 60, p. 45-55, 2017.

LEE, I-M. *et al.* Association of Step Volume and Intensity with All-Cause Mortality in Older Women. **JAMA Internal Medicine**, Chicago (IL), United States, v. 179, n. 8, p. 1105-1112, 2019.

LEITE, P. F. **Aptidão física, esporte e saúde**. Belo Horizonte: Santa Edwiges, 1985.

LÉGER, L.; BOUCHER, R. An indirect continuous running multistage field test: the Université de Montréal Track Test. **Canadian Journal of Applied Sport Sciences**, Vanier City, Canada, v. 5, n. 2, p. 77-84, 1980.

LEMEZ, S.; BAKER, J. Do Elite Athletes Live Longer? A Systematic Review of Mortality and Longevity in Elite Athletes. **Sports Medicine – Open**, Auckland, New Zealand, v. 1, n. 16, p. 1-14, 2015.

LEVINE, B.; STRAY-GUNDERSEN J. **Dose-response of altitude training**: how much altitude is enough? In Hypoxia and Exercise. Edited by R.C. Roach *et al*. New York: Springer, 2006.

LIEBERMAN, D. E. What We Can Learn About Running from Barefoot Running: Na Evolutionary Medical Perspective. **Exercise and Sport Science Reviews**, New York (NY), United States, v. 40, n. 2, p. 63-72, 2012.

LIEBERMAN, D. E. *et al.* Effects of stride frequency and foot position at landing on braking force, hip torque, impact peak force and the metabolic cost of running in humans. **Journal of Experimental Biology**, London, England, v. 218, p. 3406-3414, 2015.

LIEBERMAN, D. E. *et al.* Foot strike patterns and collision forces in habitually barefoot versus shod runners. **Nature**, London, England, v. 463, p. 531-535, 2010.

LIEBENBERG, L. Persistence Hunting by Modern Hunter-Gatherers. **Current Anthropology**, Chicago (IL), United States, v. 47, n. 6, p. 1017-1026, 2006.

LIMA-SILVA, A. E. *et al.* Metabolismo do glicogênio muscular durante o exercício físico: mecanismos de regulação. **Revista de Nutrição**, Campinas, Brazil, v. 20, n. 4, p. 417-29, 2007.

LIMA-SILVA, A. E. *et al.* Effect of performance level on pacing strategy during a 10-km running race. **European Journal Applied Physiology**, Berlin, Germany, v. 108, p. 1045-1053, 2010.

LOFTIN, M. *et al.* Energy Expenditure and Influence of Physiologic Factors During Marathon Running. **Journal of Strenght and Condition Research**, Colorado Springs (CO), United States, v. 21, n. 4, p. 1188-91, 2007.

LONG, B.; KOYFMAN, A.; GOTTLIEB, M. An evidence-based narrative review of the emergency department evaluation and management of rhabdomyolysis. **The American Journal of Emergency Medicine**, v. 37, p. 518-527, 2019.

LU, Z. *et al.* Resynchronization of circadian oscillators and the east-west asymmetry of jetlag. **CHAOS**, Melville (NY), United States, v. 26, n. 9, 2016.

LUCIA, A. *et al.* Physiological characteristics of the best Eritrean runners: exceptional running economy. **Applied Physiology Nutrition and Metabolism**, Ottawa, Canada, v. 31, p. 1-11, 2006.

LUNDBY, C. *et al.* Does 'altitude training' increase exercise performance in elite athletes? **British Journal of Sports Medicine**, London, England, v. 46, p. 792-795, 2012.

MACHADO, A. F. *et al.* Can Water Temperature and Immersion Time Influence the Effect of Cold Water Immersion on Muscle Soreness? A Systematic Review and Meta-Analysis. **Sports Medicine**, Auckland, New Zealand, v. 46, p. 503-514, 2016.

MADER, A. *et al.* Zur beurteilung der sportartspezifischen Ausdauerleinstungsfähigkeit im Labor. **Sportarzt Sportmed**, Berlin, Germany, v. 24, p. 80-88, 1976.

MAMMEN, G.; FAULKNER, G. Physical Activity and the Prevention of Depression a Systematic Review of Prospective Studies. **American Journal of Preventive Medicine**, Amsterdam, Netherlands, v. 45, n. 5, p. 649-657, 2013.

MARCORA, S. Do we really need a central governador to explain brain regulation of exercise performance? **European Journal Applied Physiology**, Berlin, Germany, v. 104, p. 929-931, 2008.

MARTINÉZ-NAVARRO, I. *et al.* Muscle Cramping in the marathon: Dehydration and electrolyte depletion vs. muscle damage. **Journal of Strength and Condition Research**, Colorado Springs (CO), United States, v. 36, n. 6, p. 1629-1635, 2022.

MARTINEZ-NAVARRO, I. *et al.* The week after running a marathon: Effects of running vs elliptical training vs resting on neuromuscular performance and muscle damage recovery. **European Journal of Sport Science**, Berlin, Germany, v. 21, n. 12, p. 1668-1674, 2021.

MARTINÉZ-SANZ, J. M. *et al.* Intended or Unintended Doping? A Review of the Presence of Doping Substances in Dietary Supplements Used in Sports. **Nutrients**, Basel, Switzerland, v. 9, n. 1093, p. 1-22, 2017.

MANTZIOS, K. *et al.* Effects of Weather Parameters on Endurance Running Performance: Discipline-specific Analysis of 1258 Races. **Medicine and Science in Sports and Exercise**, Indianapolis (IN), United States, v. 54, n. 1, p. 153-161, 2022.

MAUGHAN, R. J. *et al.* A randomized trial to assess the potential of different beverages to affect hydration status: development of a beverage hydration index. **The American Journal of Clinical Nutrition**, Bethesda (MD), United States, v. 103, n. 3, p. 717-723, 2016.

MAUGHAN, R.; GLEESON, M.; GREENHAFF, P. L. **Bioquímica do exercício e treinamento**. 1. ed. Barueri: Manole, 2000.

McARDLE, W. D.; KATCH, F. I.; KATCH, V. L. **Fisiologia do exercício**: energia, nutrição e desempenho humano. 6. ed. Rio de Janeiro: Guanabara Koogan, 2008.

McGUIGAN, H. *et al.* Training monitoring methods used in the field by coaches and practitioners: A systematic review. **International Journal of Sports Science & Coaching**, Thousand Oaks (CA), United States, v. 15. n. 3, p. 1-13, 2020.

McLEAN, B. D. *et al.* Neuromuscular, Endocrine, and Perceptual Fatigue Responses During Different Length Between-Match Microcycles in Professional Rugby League Players. **International Journal of Sports Physiology and Performance**, Hanover (NH), United States, v. 5, p. 367-383, 2010.

McLELLAN, T. M. Ventilatory and plasma lactate response with different exercise protocols: a comparison of methods. **International Journal of Sports Medicine**, Stuttgart, Germany, v. 6, p. 30-35, 1985.

MEEUSEN, R.; DE MEIRLEIR, K. Exercise and Brain neurotransmissor. **Sports Medicine**, Auckland, New Zealand, v. 20, n. 3, p. 160-188, 1995.

MELCHER, D. A. *et al.* Joint stiffness and running economy during imposed forefoot strike before and after a long run in rearfoot strike runners. **Journal of Sports Sciences**, London, England, v. 35, n. 26, p. 2297-2303, 2016.

MEYER, F.; PERRONE, C. A. Hidratação pós-exercício – Recomendações e Fundamentação científica. **Revista Brasileira de Ciência e Movimento**, Brasília, Brazil, v. 12, n. 2, p. 87-90, 2004.

MILEWSKI, M. D. *et al.* Chronic Lack of Sleep is Associated With Increased Sports Injuries in Adolescent Athletes. **Journal of Pediatric Orthopaedics**, New York (NY), United States, v. 34, n. 2, p. 129-133, 2014.

MONTERO, D. *et al.* Haematological rather than skeletal muscle adaptations contribute to the increase in peak oxygen uptake induced by moderate endurance training. **The Journal of Physiology**, London, England, v. 593, n. 20, p. 4677-4688, 2015.

MONTERO, D.; LUNDBY, C. Regulation of Red Blood Cell Volume with Exercise Training. **Comprehensive Physiology**, Bethesda (MD), United States, v. 9, p. 149-164, 2018.

MOORE, E. *et al.* Impact of ColdWater Immersion Compared with Passive Recovery Following a Single Bout of Strenuous Exercise on Athletic Performance in Physically Active Participants: A Systematic Review with Metaanalysis and Metaregression. **Sports Medicine**, Auckland, New Zealand, v. 52, p. 1667-1688, 2022.

MOORE, B; PARISOTTO, R.; SHARP, C. Erythropoietic indices in elite Kenyan runners training at altitude. In: Pitsiladis Y, Bale J, Sharp C, Noakes T, editors. East African Running. London (UK): Routledge, p. 199-214, 2007.

MOTOLLA, M. F. *et al.* 2019 Canadian guideline for physical activity throughout pregnancy. **British Journal of Sports Medicine**, London, England, v. 52, n. 21, p. 1339-1346, 2018.

MOURA, N. A. **Pliometria** – Saltando longe com o treinamento pliométrico: Um guia prático. 1. ed. Londrina: Sport Training, 2018.

MUJIKA, I.; PADILLA, S. Detraining: Loss of Training-Induced Physiological and Performance Adaptations. Part I: Short Term Insufficient Training Stimulus. **Sports Medicine**, Auckland, New Zealand, v. 30, n. 2, p. 79-87, 2000a.

MUJIKA, I.; PADILLA, S. Detraining: Loss of Training-Induced Physiological and Performance Adaptations. Part II: Short Term Insufficient Training Stimulus. **Sports Medicine**, Auckland, New Zealand, v. 30, n. 3, p. 145-154, 2000b.

NIT – NEW INTERVAL TRAINING. 2010. Disponível em: http://www.newintervaltraining.com/fartlek-training.php. Acesso em: 22 abr. 2019.

NICHOLS, A. W. Probiotics and Athletic Performance: A Systematic Review. **Current Sports Medicine Reports**, Philadelphia (PA), United States, v. 6, p. 269-273, 2007.

NIELSEN, R. O. *et al.* Training errors and running related injuries: a systematic review. **The International Journal of Sports Physical Therapy**, Indianapolis (IN), United States, v. 7, n. 1, p. 58-75, 2012.

NIEMAN, D. C.; WENTZ, L. M. The compelling link between physical activity and the body's defense system. **Journal of Sport and Health Science**, Shanghai, China, v. 8, n. 3, p. 201-217, 2019.

NIEMAN, D. C. Is infection risk linked to exercise workload? **Medicine and Science in Sports and Exercise**, Indianapolis (IN), United States, v. 32, p. s406-11, 2000. supl. 7.

NIEMEYER, M.; WEBER, T. G. J.; BENEKE, R. Higher energy and carbohydrate demand of interval training at a given average velocity on track vs. treadmill. **Applied Physiology, Nutrition, and Metabolism**, Ottawa, Canada, v. 44, n. 4, p. 447-449, 2019.

NIGG, B. M.; CIGOJA, S.; NIGG, S. R.; Teeter-totter effect: a new mechanism to understand shoe-related improvements in long-distance running. **British Journal of Sports Medicine**, London, England, v. 0, n. 0, p. 1-2, 2020.

NIKOLAIDIS, P. *et al.* Training, anthropometric, and Physiological characteristics in Men Recreational Marathon Runners: The Role of Sport Experience. **Frontiers in Physiology**, Lausanne, Switzerland, v. 12, p. 1-6, 2021.

NOAKES, T. D. Evidence that a central governor regulates exercise performance during acute hypoxia and hyperoxia. **The Journal of Experimental Biology**, London, England, v. 204, p. 3225-3234, 2001.

NOAKES, T. D. **Lore of running**. 4. ed. Champaign (IL): Human Kinetics, 2002.

NOAKES, T. D. Time to move beyond a brainless exercise physiology: the evidence for complex regulation of human exercise performance. **Applied Physiology, Nutrition, and Metabolism**, Ottawa, Canada, v. 36, n. 1, p. 23-35, 2011a.

NOAKES, T. D. The Central Governor Model and Fatigue During Exercise (Chapter 1), p. 1-26. *In*: MARINO, F. E. **Regulation of Fatigue in Exercise**. [*S. l.*] Nova Science Publishers, Inc., 2011b.

NOAKES, T. D. Fatigue is a Brain-Derived Emotion that Regulates the Exercise Behavior to Ensure the Protection of Whole Body Homeostasis. **Frontiers in Physiology**, Lausanne, Switzerland, v. 3, n. 82, 2012.

NOGUEIRA, F. S. *et al.* Minerais em melados e em caldos de cana. **Ciência e Tecnologia de Alimentos**, Campinas, Brazil, v. 29, n. 4, p. 727-731, 2009.

O'GRADY, T. J.; GRACEY, D. An Evaluation of the Decision by World Athletics on Whether or Not to Ban the Nike Vapor Fly Racing Shoe in 2020. **Entertainment and Sports Law Journal**, London, England, v. 18, n. 3, p. 1-5, 2020.

OLSON, D. *et al.* Exercise in pregnancy. **Current Sports Medicine Reports**, Philadelphia (PA), United States, v. 8, n. 3, p. 147-153, 2009.

PAQUETTE, M. R. *et al.* Moving Beyond Weekly "Distance": Optimizing Quantification of Training Load in Runners. **Journal of Orthopaedic and Sports Physical Therapy**, Alexandria (VA), United States, v. 50, n. 10, p. 564-569, 2020.

PANDY, M. G. *et al.* How muscles maximize performance in accelerated sprinting. **Scandinavian Journal of Medicine and Science in Sports**, Copenhagen, Denmark, v. 0, p. 1-15, 2021.

PAPACOSTA, E.; GLEESON, M. Effects of intensified training and taper on immune function. **Revista Brasileira de Educação Física e Esporte**, Sao Paulo, Brazil, v. 27, n. 1, p. 159-176, 2013.

PASQUA, L. *et al.* Exercising in the urban center: Inflammatory and cardiovascular effects of prolonged exercise under air pollution. **Chemosphere**, Oxford, England, v. 254, p. 1-7, 2020.

PEELING, P. *et al.* Evidence-Based Supplements for the Enhancement of Athletic Performance. **International Journal of Sport Nutrition and Exercise Metabolism**, Hanover (NH), United States, v. 28, p. 178-187, 2018.

PELLICCIA, A. *et al.* The upper limit of physiologic cardiac hypertrophy in highly trained elite athletes. **The New England Journal of Medicine**, Boston (MA), United States, v. 324, n. 5, p. 295-301, 1991.

PEDLAR, C. R. *et al.* Cardiovascular response to prescribed detraining among recreational athletes. **Journal Applied Physiology**, Bethesda (MD), United States, v. 124, p. 813-820, 2018.

PILEGAARD, H. *et al.* Effect of high-intensity exercise training on lactate/H1 transport capacity in human skeletal muscle. **American Journal of Physiology**, Berlin, Germany, v. 276 (Endocrinol. Metab. 39), p. E255-E261, 1999.

POLLOCK, M. L. Submaximal and maximal working capacity of elite distance runners. Part I: Cardiorespiratory aspects. **Annals of the New York Academy of Sciences**, New York (NY), United States, v. 301, p. 310-322, 1977.

PONTZER, H. *et al.* Daily energy expenditure through the human life course. **Science**, New York (NY), United States, v. 13, n. 373, p. 808-812, 2021.

PRATHER, A. A. *et al*. Behaviorally Assessed Sleep and Susceptibility to the Common Cold. **Sleep**, New York (NY), United States, v. 38, n. 9, p. 1353-1358, 2015.

PROMMER, N. *et al*. Total hemoglobin mass and blood volume of elite Kenyan runners. **Medicine and Science in Sports and Exercise**, Indianapolis (IN), United States, v. 42, n. 4, p. 791-797, 2010.

PUGH, J. N. *et al*. Four Weeks of Probiotic Supplementation Alters the Metabolic Perturbations Induced by Marathon Running: Insight from Metabolomics. **Metabolites**, Basel, Switzerland, v. 11, n. 535, p. 1-15, 2021.

QUINN, T. J. *et al*. Step frequency training improves running economy in well-trained female runners. **Journal of Strength and Condition Research**, Colorado Springs (CO), United States, v. 35, n. 9, p. 2511-2517, 2021.

RABADÁN, M. *et al*. Physiological determinants of speciality of elite middle- and long-distance runners. **Journal Sports Science**, London, England, v. 29, n. 9, 2011.

RAICHLEN, D. A. *et al*. Exercise-induced endocannabinoid signaling is modulated by intensity. **European Journal Applied Physiology**, Berlin, Germany, v. 113, n. 4, p. 869-875, 2013.

RAMÍREZ-CAMPILLO, R. *et al*. Effects of jump training on physical fitness and athletic performance in endurance runners: A meta-analysis. **Journal of Sports Sciences**, London, England, v. 6, p. 1-21, 2021.

RAMÍREZ-CAMPILLO, R. *et al*. Effects of plyometric training on endurance and explosive strength performance in competitive middle- and long-distance runners. **Journal of Strength and Conditioning Research**, Colorado Springs (CO), United States, v. 28, n. 1, p. 97-104, 2014.

RAPP, D. *et al*. Reference values for peak oxygen uptake: cross-sectional analysis of cycle ergometry-based cardiopulmonary exercise tests of 10 090 adult German volunteers from the Prevention First Registry. **BMJ Open**, London, England, v. 208, n. 8, p. 1-11, 2018.

RICE, H.; PATEL M. Manipulation of Foot Strike and Footwear Increases Achilles Tendon Loading During Running. **The American Journal of Sports Medicine**, Thousand Oaks (CA), United States, p. 1-7, 2017.

RIDGE, S. T. *et al*. Walking in Minimalist Shoes Is Effective for Strengtening Foot Muscles. **Medicine and Science in Sports and Exercise**, Indianapolis (IN), United States, v. 51, n. 1, p. 104-113, 2019.

ROBERGS, R. A.; GHIASVAND, F.; PARKER, D. Biochemistry of exercise-induced metabolic acidosis. **American Journal of Physiology-Regulatory, Integrative and Comparative Physiology**, Bethesda (MD), United States, v. 287, p. R502-R516, 2004.

ROBERGS, R. A.; LANDWEHR, R. The surprising history of the "HRmax=220-age" Equation. **Journal of Exercise Physiology Online**, Chicago (IL), United States, v. 5, n. 2, p. 1-10, 2002.

ROBERTS, S. S. H. *et al.* Extended Sleep Maintains Endurance Performance Better Than Normal or Restricted Sleep. **Medicine and Science in Sports and Exercise**, Indianapolis (IN), United States, v. 51, n. 12, p. 2516-2523, 2019.

ROBINSON, S. Experimental Studies of Physical Fitness in Relation to Age. **Arbeitsphysiologie**, Bethesda (MD), United States, v. 10, p. 251-323, 1938.

RODRIGUES, L. F. *et al.* Angiotensin II Promotes Skeletal Muscle Angiogenesis Induced by Volume-Dependent Aerobic Exercise Training: Effects on miRNAs-27a/b and Oxidant–Antioxidant Balance. **Antioxidants**, Basel, Switzerland, v. 11, n. 651, p. 1-20, 2022.

ROLIAN, C. *et al.* Walking, running and the evolution of short toes in humans. **The Journal of Experimental Biology**, London, England, v. 212, p. 713-721, 2009.

ROMIJN, J. A. *et al.* Regulation of endogenous fat and carbohydrate metabolism in relation to exercise intensity and duration. **Journal of Applied Physiology**, Bethesda (MD), United States, v. 265, p. E380-391, 1993.

ROPER, J. L. *et al.* Gait Retraining from Rearfoot Strike to Forefoot Strike does not change Running Economy. **International Journal of Sports Medicine**, Stuttgart, Germany, v. 38, n. 14, p. 1076-1082, 2017.

ROY, B. Temporal and dinamic factors of long distance running. *In*: MOREKI, A. *et al.* **Biomechanics VII-B**. Baltimore: Univerity Park, 1982. v. 2. p. 226-33.

SAMOGIN LOPES, F. A. *et al.* Is acute static stretching able to reduce the time to exhaustion at power output corresponding to maximal oxygen uptake? **Journal of Strength and Conditioning Research**, Colorado Springs (CO), United States, v. 24, n. 6, p. 1650-1656, 2010.

SÁNCHEZOTERO, T. *et al.* Active vs. passive recovery during an aerobic interval training session in welltrained runners. **European Journal of Applied Physiology**, Berlin, Germany, v. 122, p. 1281-1291, 2022.

SALTIN, B.; GOLLNICK, P. D. **Skeletal muscle adaptability**: significance for metabolism and performance. In Skeletal Muscle. Handbook of Physiology. Bethesda (MD): American Physiological Society, 1983.

SALTIN, B. *et al.* Morphology, enzyme activities and buffer capacity in leg muscles of Kenyan and Scandinavian runners. **Scandinavian Journal of Medicine and Science in Sports**, Copenhagen, Denmark, v. 5, p. 222-230, 1995.

SALTIN, B. *et al.* The Nature of the Training Response; Peripheral and Central Adaptations to One-Legged Exercise. **Acta Physiologica Scandinavica**, Oxford, England, v. 96, n. 3, p. 289-305, 1976.

SAINT-MAURICE, P. F. *et al.* Association of Daily Step Count and Step Intensity with Mortality Among US Adults. **Journal of the American Medical Association**, Chicago (IL), United States, v. 323, n. 12, p. 1151-1160, 2020.

SANZ, A. *et al.* Range of Motion and Injury Occurrence in Elite Spanish Soccer Academies. Not Only a Hamstring Shortening-Related Problem. **Journal of Strength and Conditioning Research**, Colorado Springs (CO), United States, v. 34, n. 7, p. 1924-32, 2020.

SARAGIOTTO, B. T. *et al.* What are the Main Risk Factors for Running-Related Injuries? **Sports Medicine**, Auckland, New Zealand, v. 44, p. 1153-1163, 2014.

SARGENT, C. *et al.* How Much Sleep Does an Elite Athlete Need? **International Journal of Sports Physiology and Performance**, Hanover (NH), United States, v. 16, n. 21, p. 1746-1757, 2021.

SAWKA, M. N. Physiological consequences of hydration: exercise performance and thermoregulation. **Medicine and Science in Sports and Exercise**, Indianapolis (IN), United States, n. 24, p. 657-670, 1992.

SAUNDERS, P. U.; PYNE, D. B.; GORE, C. J. Endurance training at altitude. **High Altitude Medicine and Biology**, Larchmont (CA), United States, v. 10 n. 2, p. 136-148, 2009.

SAUNDERS, P. U. *et al.* Factors Affecting Running Economy in Trained Distance Runners. **Sports Medicine**, Auckland, New Zealand, v. 34, n. 7, p. 465-485, 2004.

SBH – SOCIEDADE BRASILEIRA DE HIPERTENSÃO. VI Diretrizes Brasileiras de Hipertensão Arterial. **Revista Brasileira de Hipertensão**, Sao Paulo, Brazil, v. 13, n. 1, 2010.

SCHACHE, A. G. *et al.* Lower-Limb Muscular Strategies for Increasing Running Speed. **Journal of Orthopaedic & Sports Physical Therapy**, Alexandria (VA), United States, v. 44, n. 10, p. 813-824, 2014.

SCHEER, V. *et al.* Recommendations on Youth Participation in Ultra-Endurance Running Events: A Consensus Statement. **Sports Medicine**, Auckland, New Zealand, v. 51, p. 1123-1135, 2021.

SCHMIDT, W.; PROMMER N. Impact of alterations in total hemoglobin mass on VO2max. **Exercise and Sport Science and Review**, New York (NY), United States, v. 38, p. 68-75, 2010.

SCHWANE, J. A. *et al.* Is Lactic Acid Related to Delayed-Onset Muscle Soreness? **The Physician and Sportsmedicine**, Abingdon, England, v. 11, n. 3, p. 124-31, 1983.

SEILER, K. S.; KJERLAND, G. Ø. Quantifying training intensity distribution in elite endurance athletes: is there evidence for an "optimal" distribution? **Scandinavian Journal of Medicine and Science in Sports**, Copenhagen, Denmark, v. 16, n. 1, p. 49-56, 2006.

SEILER, S. What is Best Practice for Training Intensity and Duration Distribution in Endurance Athletes? **International Journal of Sports Physiology and Performance**, Hanover (NH), United States, v. 5, n. 3, p. 276-291, 2010.

SENEFELD, J. W. *et al.* Technological advances in elite marathon performance. **Journal Applied Physiology**, Bethesda (MD), United States, v. 130, p. 2002-2008, 2021.

SHARIF, K. *et al.* Physical activity and autoimmune diseases: Get moving and manage the disease. **Autoimmunity Reviews**, Amsterdam, Netherlands, v. 17, p. 53-72, 2018.

SHARMA, A. P. *et al.* Training Quantification and Periodization during Live High Train High at 2100 M in Elite Runners: An Observational Cohort Case Study. **Journal of Sports Science and Medicine**, Bursa, Turkey, v. 17, p. 607-616, 2018.

SHERMAN, W. N.; COSTILL, D. L. The marathon: Dietary manipulation to optimize performance. **American Journal of Sports Medicine**, Baltimore (MD), United States, v. 12, n. 1, p. 44-51, 1984.

SHING, C. M.; HUNTER, D. C.; STEVENSON, L. M. Bovine Colostrum Supplementation and Exercise Performance Potential Mechanisms. **Sports Medicine**, Auckland, New Zealand, v. 32, n. 12, p. 1033-1054, 2009.

SHIRREFFS, S. M. et al. Post-exercise rehydration in man: effects of volume consumed and drink sodium content. **Medicine and Science in Sports and Exercise**, Indianapolis (IN), United States, v. 28, p. 1260-1271, 1996.

SHIRREFFS, S. M.; WATSON, P.; MAUGHAN, R. J. Milk as an effective post-exercise rehydration drink. **British Journal of Nutrition**, London, England, v. 98, p. 173-180, 2007.

SIMON, J. et al. Lactate accumulation relative to the anaerobic and respiratory compensation thresholds. **Journal of applied physiology**: respiratory, environment and exercise physiology, Bethesda (MD), United States, v. 1, p. 13-17, 1983.

SJODIN, B.; JACOBS, I. Onset of blood lactate accumulation and marathon running performance. **International Journal of Sports Medicine**, Stuttgart, Germany, v. 2, p. 23-26, 1981.

SKORSKI, S. et al. A Monetary Reward Alters Pacing but Not Performance incompetitive Cyclists. **Frontiers in Physiology**, Lausanne, Switzerland, v. 8, art. 741, 2017.

SMYTH, B.; MUNIZ-PUMARES, D. Calculation of Critical Speed from Raw Training Data in Recreational Marathon Runners. **Medicine and Science in Sports and Exercise**, Indianapolis (IN), United States, v. 52, n. 12, p. 2637-2645, 2020.

SPENCE, A. L. et al. A prospective randomised longitudinal MRI study of left ventricular adaptation to endurance and resistance exercise training in humans. **The Journal of Physiology**, Oxford, England, v. 589, v. 22, p. 5443-5452, 2011.

SPURRS, R. W.; MURPHY, A. J.; WATSFORD, M. L. The effect of plyometric training on distance running performance. **European Journal of Applied Physiology**, Berlin, Germany, v. 89, p. 1-7, 2003.

STANCANELLI, M. **Efeito ergogênico do caldo de cana**. 2006. Dissertação (Mestrado em Nutrição) – Universidade Estadual de Campinas, Campinas, SP, 2006.

STEDGE, H. L.; ARMSTRONG, K. The Effects of Intermittent Pneumatic Compression on the Reduction of Exercise-Induced Muscle Damage in Endurance Athletes: A Critically Appraised Topic. **Journal of Sport Rehabilitation**, Champaign, United States, v. 30, p. 668-671, 2021.

STEGMANN, H.; KINDERMANN, W.; SCHNABEL, A. Lactate kinetics and individual anaerobic threshold. **International Journal of Sports Medicine**, Stuttgart, Germany, v. 2, p. 160-165, 1981.

STICKFORD, A. S. L. *et al.* Lower-Leg Compression, Running Mechanics, and Economy in Trained Distance Runners. **International Journal of Sports Physiology and Performance**, Hanover (NH), United States, v. 10, p. 76-83, 2015.

STOCKHAUSEN, W. *et al.* Stage Duration and Increase of Work Load in Incremental Testing on a Cycle Ergometer. **European Journal of Applied Physiology**, Berlin, Germany, v. 76, n. 4, p. 295-301, 1997.

STÖGGL, T.; SPERLICH, B. Polarized training has greater impact on key endurance variables than threshold, high intensity, or high volume training. **Frontiers in Physiology**, Lausanne, Switzerland, v. 5, n. 33, p. 1-9, 2014.

STÖGGL, T. L.; SPERLICH, B. The training intensity distribuition among well-trained and elite endurance athletes. **Frontiers in Physiology**, Lausanne, Switzerland, v. 6, article 295, p. 1-14, 2015.

SWAIN, D. P.; FRANKLIN, B. A. Comparison of cardioprotective benefits of vigorous versus moderate intensity aerobic exercise. **American Journal of Cardiology**, New York (NY), United States, v. 97, p. 141-147, 2006.

SVEDAHL, K.; MACINTOSH, B. R. Anaerobic threshold: The concept and methods of measurement. **Canadian Journal of Applied Physiology**, Champaign IL), United States, v. 28, n. 2, p. 299-323, 2003.

TADDEI, U. T. *et al.* Effects of a foot strengthening program on foot muscle morphology and running mechanics: A proof-of-concept, single-blind randomized controlled trial. **Physical Therapy in Sport**, Ediburgh, England, v. 42, p. 107-115, 2020.

TADDEI, U. T. *et al.* Foot Core Training to Prevent Running-Related Injuries: A Survival Analysis of a Single-Blind, Randomized Controlled Trial. **The American Journal of Sports Medicine**, Thousand Oaks (CA), United States, v. 48, n. 14, p. 3610-3619, 2020.

TASK-FORCE. Heart rate variability: standards of measurement, physiological interpretation and clinical use. **Circulation**, London, England, v. 93, n. 5, p. 1043-1065, 1996.

TAYLOR, A. W.; BACHMAN, L. The effects of endurance training on muscle fibres types and enzyme activies. **Canadian Journal Physiology Pharmacology**, Champaign (IL), United States, v. 24, n. 1, p. 41-53, 1999.

TEDJASAPUTRA, V.; BOUWSEMA, M. M.; STICKLAND, M. K. Effect of aerobic fitness on capillary blood volume and diffusing membrane capacity responses to exercise. **The Journal of Physiology**, Oxford, England, v. 594, n. 15, p. 4359-4370, 2016.

THIEL, C. *et al.* Pacing in Olympic track races: Competitive tactics versus best performance strategy. **Journal of Sports Science**, London, England, p. 1-9, 2012.

THUANY, M. *et al.* Running Around the Country: An Analysis of the Running Phenomenon Among Brazilian Runners. **International Journal of Environmental Research and Public Health**, Basel, Switzerland, v. 18, n. 12, p. 1-9, 2021.

TJELTA, L. I.; SHALFAWI, S. A. I. Physiological factors affectingperformance in elite distance runners. **Acta Kinesiologiae Universitatis Tartuensis**, Tartu, Estonia, v. 22, p. 7-19, 2016.

TOMAZINI, F.; MOTA; SILVA, E. V. Idade cronológica e maratona: um estudo a partir dos resultados obtidos por atletas brasileiros na última década e a opinião de seus treinadores. **Revista Mackenzie de Educação Física e Esporte**, Barueri, Brazil, v. 12, n. 2, p. 130-145, 2013.

TOMAZINI, F.; MOTA; SILVA, E. V. Perfil dos praticantes de corrida de rua de uma assessoria esportiva da cidade de São Paulo: Motivos para adesão. **Coleção Pesquisa em Educação Física**, Varzea Paulista, Brazil, v. 13, n. 2, p. 135-142, 2014.

TOMAZINI, F. *et al.* Head-to-head running race simulation alters pacing strategy, performance, and mood state. **Physiology and Behavior**, New York (NY), United States, v. 149. p. 39-44, 2015.

TOMAZINI, F. *et al.* Overreaching e síndrome do overtraining: Da caracterização ao tratamento. **Acta Brasileira do Movimento Humano**, Ji-Parana, Brazil, v. 4, n. 2, p. 77-98, 2014.

TREXLER, E. T. *et al.* International society of sports nutrition position stand: Beta-Alanine. **Journal of the International Society of Sports Nutrition**, Philadelphia (PA), United States, v. 12, n. 30, p. 1-14, 2015.

TUCKER, R. The anticipatory regulation of performance: the physiological basis for pacing strategies and the development of a perception-based model for exercise performance. **British Journal of Sports Medicine**, London, England, v. 43, p. 392-400, 2009.

ULMER, H. V. Concept of an extracellular regulation of muscular metabolic rate during heavy exercise in humans by psychophysiological feedback. **Experientia**, Basel, Switzerland, v. 52, p. 416-420, 1996.

VALENZUELA, P. L. et al. Supplements with purported effects on muscle mass and strength. **European Journal of Nutrition**, Darmstadt, Germany, p. 1-26, 2019.

VAN GENT, R. N. et al. Incidence and determinants of lower extremity running injuries in long distance runners: a systematic review. **British Journal of Sports Medicine**, London, England, v. 41, n. 8, p. 469-480, 2007.

VAN HOOREN, B.; MEIJER, K.; McCRUM, C. Attractive Gait Training: Applying Dynamical Systems Theory to the Improvement of Locomotor Performance Across the Lifespan. **Frontiers in Physiology**, Lausanne, Switzerland, v. 9, art. 1934, p. 1-5, 2019.

VENKADESAN, M. et al. Stiffness of the human foot and Evolution of the transverse arch. **Nature**, v. 579, p. 97-100, 2020.

VERCRUYSSEN, F. et al. The influence of wearing compression stockings on performance indicators and physiological responses following a prolonged trail running exercise. **European Journal of Sports Science**, Berlin, Germany, p. 1-7, 2012.

VIGH-LARSEN, J. F. et al. Muscle Glycogen Metabolism and HighIntensity Exercise Performance: A Narrative Review. **Sports Medicine**, Auckland, New Zealand, v. 51, n. 9, p. 1855-1874, 2021.

VILLARREAL, E. S-S.; REQUENA, B.; NEWTON, R. U. Does plyometric training improve strength performance? A meta-analysis. **Journal of Science and Medicine in Sport**, Victoria, Australia, v. 13, p. 513-522, 2010.

VOLKOV, N. I. **Teoria e prática do treinamento intervalado no esporte**. Campinas: Multiesportes, 2002.

WA – WORLD ATHLETICS. 2020. Disponível em: https://www.worldathletics.org/world-rankings/. Acesso em: 14 nov. 2020.

WASSERMAN, K.; McILROY, M. B. Detecting the threshold of anaerobic metabolism in cardiac patients during exercise. **American Journal of Cardiology**, New York (NY), United States, v. 14, p. 844-852, 1964.

WATSON, B.; RORKE, S. Are compression garments beneficial for endurance runners? **ACSM's Health & Fitness Journal**, ACSMce Online, p. 12-18, March/April, 2016.

WEINECK, J. **Treinamento ideal**. 9. ed. Barueri: Manole, 2003.

WEINECK, J. **Biologia do esporte**. 7. ed. Barueri: Manole, 2005.

WELLS, K. F.; DILLON, E. K. The sit and reach: a test of back and leg flexibility. **Research Quarterly for Exercise and Sport**, London, England, v. 23, p. 115-118, 1952.

WEN, C. P. *et al.* Minimum Amount of Exercise to Prolong Life: To Walk, to Run, or Just Mix it Up? **Journal of the American College of Cardiology**, Washington (DC), United States, v. 64, n. 5, p. 482-484, 2014.

WEN, C. P. *et al.* Minimum amount of physical activity for reduced mortality and extended life expectancy: a prospective cohort study. **Lancet**, London, England, v. 378, p. 1244-1253, 2011.

WENDT, D.; VAN LOON, L. J. C.; VAN MARKEN LICHTENBELT, W. D. Thermoregulation during Exercise in the Heat: Strategies for Maintaining Health and Performance. **Sports Medicine**, Auckland, New Zealand, v. 37, n. 8, p. 669-682, 2007.

WEST, S. W. *et al.* More than a Metric: How Training Load is Used in Elite Sport for Athlete Management. **International Journal of Sports Medicine**, Stuttgart, Germany, v. 42, p. 300-306, 2021.

WESTON, A. R. *et al.* African runners exhibit greater fatigue resistance, lower lactate accumulation, and higher oxidative activity. **Journal Applied Physiology**, Bethesda (MD), United States, v. 86, p. 915-923, 1999.

WESTON, A. R. Z.; MBAMBO, Z.; MYBURGH, K. H. Running economy of African and Caucasian distance runners. **Medicine and Science in Sports and Exercise**, Indianapolis (IN), United States, v. 32, n. 6, p. 1130-1134, 2000.

WEYAND, P. G. *et al.* Faster top running speeds are achieved with greater ground forces not more rapid leg movements. **Journal Applied Physiology**, Bethesda (MD), United States, v. 89, p. 1991-1999, 2000.

WILBER, R. L.; Pitsiladis, Y. Kenyan and Ethiopian Distance Runners: What Makes Them So Good? **International Journal of Sports Physiology and Performance**, Hanover (NH), United States, v. 7, p. 92-102, 2012.

WIEWELHOVE, T. *et al.* Effects of different recovery strategies following a half--marathon on fatigue markers in recreational runners. **PLoS One**, San Francisco (CA), United States, v. 13, n. 11, p. 1-18, e0207313, 2018.

WILLIAMS, K. R. Biomechanics of running. **Exercise and Sport Science Reviews**, Indianapolis (IN), United States, v. 13, p. 389-441, 1985.

WILLIAMS, M. B. *et al.* Effects of Recovery Beverages on Glycogen Restoration and Endurance Exercise Performance. **Journal of Strength and Conditioning Research**, Colorado Springs (CO), United States, v. 17, n. 1, p. 12-19, 2003.

WILMORE, J. H.; COSTILL, D. L. **Physiology of sport and exercise**. 1. ed. Champaign (IL): Human Kinetics, 1994.

ZILINSKI, J. L. *et al.* Myocardial adaptations to recreational marathon training among middle-aged men. **Circulation: Cardiovascular Imaging**, Hagerstown, United States, v. 8, n. 2, 2015.

ZRENNER, M. *et al.* Retrospective Analysis of Training and Its Response in Marathon Finishers Based on Fitness App Data. **Frontiers in Physiology**, Lausanne, Switzerland, v. 12, p. 1-13, 2021.

SOBRE OS AUTORES

Fabiano Tomazini

Doutor em Educação Física com ênfase em Desempenho Esportivo pela Universidade Federal do Paraná (UFPR), mestre em Nutrição, Atividade Física e Plasticidade Fenotípica pela Universidade Federal de Pernambuco (UFPE), especialista em Treinamento Desportivo pela Universidade Federal de São Paulo (UNIFESP/EPM) e graduado em Educação Física pela Universidade Presbiteriana Mackenzie. Docente e treinador da equipe de atletismo da Academia da Força Aérea (AFA). Membro e colaborador do Grupo de Pesquisa em Performance Humana (GPPH/UTFPR). Treinador de atletismo pela Federação Internacional de Atletismo (IAAF).

Orcid: 0000-0001-6002-8134

Ana Carla Santos Mariano

Doutora em Educação Física com ênfase em Desempenho Esportivo pela Universidade Federal do Paraná (UFPR), mestra em Nutrição, Atividade Física e Plasticidade Fenotípica pela Universidade Federal de Pernambuco (UFPE) e graduada em Educação Física pela Universidade Federal de Lavras (UFLA). Docente e treinadora da equipe de atletismo da Academia da Força Aérea (AFA). Membro do Grupo de Pesquisa em Performance Humana (GPPH/UTFPR) e pesquisadora do Grupo de Pesquisa em Nutrição (GPEN/UEMG). Treinadora de atletismo pela *World Athletics*.

Orcid: 0000-0001-7825-5845

Leandro José Camati Felippe

Pós-doutor em Engenharia Biomédica e doutor em Nutrição pela Universidade Federal de Pernambuco (UFPE), mestre em Nutrição pela Universidade Federal de Alagoas (UFAL) e graduado em Educação Física pela Universidade Estadual de Londrina (UEL). Docente na Universidade Estácio de Sá na cidade de Maceió (AL). Membro do Grupo de Pesquisa em Ciências do Esporte (GPCE/UFPE) e do Grupo de Pesquisa em Performance Humana (GPPH/UTFPR).

Orcid: 0000-0002-8837-6349

Marcos David Silva Cavalcante

Pós-doutor em Fisiologia do Exercício pela Universidade Federal de Pernambuco (UFPE), doutor em Educação Física pela Universidade de São Paulo (EEFE/USP), mestre em Nutrição e graduado em Educação Física pela Universidade Federal de Alagoas (UFAL). Ocupou a posição de professor visitante na faculdade de nutrição da UFAL. Docente no Instituto Federal de Alagoas (IFAL). Membro do Grupo de Pesquisa em Ciências do Esporte (GPCE/UFPE) e do Grupo de Pesquisa em Performance Humana (GPPH/UTFPR).

Orcid: 0000-0003-3943-3420